广西高等职业教育示范特色专业系列教材
（作物生产技术专业群）

农产品及农资营销

黎金玲　主编

中国农业大学出版社
·北京·

内 容 简 介

本教材设计了认知农产品、农资以及营销相关概念；分析市场营销心理与行为模式；制定农产品、农资的促销策略；制定农产品、农资的产品策略；制定农产品、农资的分销渠道策略；选择农产品、农资的目标市场；分析农产品、农资的市场环境；认知农产品、农资营销策略；分析种子营销及策略；分析农药营销策略；分析肥料营销策略；农产品、农资营销创业实践等12个学习项目。

本教材具有较强的应用性、综合性、广泛性、创新性，可以作为农业类高等职业教育种植类专业的职业核心能力培养的必修课、选修课教材，也适合作为农产品、农资从业者自学参考书，或作为农产品、农资企业员工培训教材。

图书在版编目(CIP)数据

农产品及农资营销/黎金玲主编. —北京：中国农业大学出版社，2019.6(2024.1重印)

ISBN 978-7-5655-2212-3

Ⅰ.①农… Ⅱ.①黎… Ⅲ.①农产品-市场营销学②农业生产资料-市场营销学 Ⅳ.①F762②F724.74

中国版本图书馆CIP数据核字(2019)第091059号

书　　名　农产品及农资营销

作　　者　黎金玲　主编

策划编辑　司建新　姚慧敏　　**责任编辑**　姚慧敏

封面设计　郑　川

出版发行　中国农业大学出版社

社　　址　北京市海淀区学清路甲38号　　**邮政编码**　100083

电　　话　发行部 010-62818525，8625　　读者服务部 010-62732336

编辑部 010-62732617，2618　　出　版　部 010-62733440

网　　址　http://www.caupress.cn　　**E-mail** cbsszs@cau.edu.cn

经　　销　新华书店

印　　刷　涿州星河印刷有限公司

版　　次　2019年6月第1版　　2024年1月第4次印刷

规　　格　787×1092　16开本　19.25印张　355千字

定　　价　59.00元

教材编审委员会

编写人员

主　编　黎金玲（广西农业职业技术学院）

副主编　谢恩倍（广西农业职业技术学院）

刘印璇（广西农业职业技术学院）

梁　盛（广西农业职业技术学院）

参　编　杨　苛（广西农业职业技术学院）

孙　奇（广西农业职业技术学院）

何元强（广西农业职业技术学院）

李青松（广西农业职业技术学院）

吴　烈（广西农业职业技术学院）

前　言

农产品及农资营销是高职种植技术类专业、农业类高职院校商贸专业等的职业能力培养重要课程之一，为职业能力核心课程，已列入广西农业职业技术学院各类相关专业的人才培养方案。

本教材编写时，在内容选择和组织上打破传统的以章、节编排的知识内容框架，以项目课程为导向，以农产品、农资营销的基本业务流程为基础，选取主要工作环节设计课程的教学项目，以具体的农产品、农资营销工作任务为中心组织课程内容。学习者通过完成具体的农产品、农资营销工作项目的过程，感受市场营销的实际，体会农产品、农资营销策略的运用规律，并在此基础上构建农产品、农资市场营销的理论知识体系，有目的地训练学习者的营销技能。教材设计遵循农产品、农资企业的实际工作流程，工作职位由低到高，工作任务由简单到复杂的职业变迁规律，以树立现代市场营销观念，掌握产品促销策略，选择定位目标市场，构建营销渠道，分析市场环境等为线索来架构教学和教材内容。

本教材由黎金玲担任主编，谢恩倍、刘印璇、梁盛担任副主编，杨苛、孙奇、何元强、李青松、吴烈担任参编。

教材编写分工如下：项目 1 由黎金玲、谢恩倍、刘印璇编写；项目 2 由黎金玲、杨苛、梁盛编写；项目 3 由黎金玲、何元强、谢恩倍、刘印璇编写；项目 4 由梁盛、黎金玲、刘印璇编写；项目 5 由黎金玲、刘印璇编写；项目 6 由谢恩倍、梁盛编写；项目 7 由谢恩倍、孙奇、刘印璇编写；项目 8 由刘印璇、谢恩倍编写；项目 9 由黎金玲、杨苛、孙奇编写；项目 10 由黎金玲、孙奇、刘印璇编写；项目 11 由黎金玲、李青松、杨苛编写；项目 12 由黎金玲、吴烈、李青松、谢恩倍编写。

本教材在充分吸收和运用课程改革和课程教学上的优秀成果和先进经验的基础上，研究并形成以下两个方面的特色与创新：一是教材定位创新。本教材的设计与编写是根据项目课程的要求，经过前期大量的农产品、农资企业调查和召开课程分析会，在分析农产品、农资市场营销的基本业务流程的基础上，按照农产品、农资的市场营销实践活动的工作流程和决策内容确定课程的教学项目、教学任务和教学内容。旨在循序渐进地培养高职毕业生掌握营销工作业务基本知识，具备市场营销的基本知识与技能，并具备现代营销理念和从事营销一线工作能力的复合型、技能型人才，以服务于农产品、农资市场营销与现代农业推广服务等岗位群。二是教材内容的逻辑结构创新。本教材按照职业成长的变迁规律，根据农产品、农资行业企业发展需要和完成职业岗位实际工作任务所需要的知识、能力和素质要求，遵循“工作过程系统化”的课程开发原则，对农产品、农资营销职业的知识和技能体系进行“自下而上，逆向重构”。按照“因枝而振叶，沿波而讨源”的原理，课程学习项目的重要性和学习难度依次递增，以“营销项目”为载体，以完成农产品、农资营销活动的各种策略方案制定的工作任务为教学内容。

把市场营销理论与农产品、农资的市场营销活动相结合，按照农产品、农资营销工作过程系统化的原理，编写一本项目化、理实一体化、适合教学的教材是本团队的初衷，限于编者的水平局限，加之编写时间仓促，难免有不妥之处，敬请指正。

编　者

2019 年 3 月

目　录

项目1

认知农产品、农资以及营销相关概念

学习项目导航

子项目	学习任务
1.1　认知农产品、农资的定义、类别和特征	1. 农产品的定义、类别 2. 农资的定义、类别和特征
1.2　认知农产品和农资市场营销主体	1. 生产商 2. 批发商 3. 零售商 4. 农产品、农资市场营销的主要相关者
1.3　认知农产品、农资市场与营销	1. 农产品、农资市场 2. 农产品、农资的相关市场 3. 农产品、农资市场营销的概念

1.1　认知农产品、农资的定义、类别和特征

产品，是指能够供给市场，被人们使用和消费，并能满足人们某种需求的任何东西，包括有形的物品，无形的服务、组织、观念或它们的组合。

1.1.1　农产品的定义、类别

1. 农产品的定义

农产品，也称为大农产品。是指来源于农业的初级产品，即在农业活动中获得的植物、动物、微生物及其产品。

大农产品是指各农业生产部门生产的所有动植物产品，包括烟叶、茶叶、食用

菌、瓜、果、蔬菜、花卉、苗木、药材、粮油作物、牲畜、禽、兽、昆虫、爬虫、两栖动物类、水产品、林业产品和其他动植物等。

2. 农产品的类别

(1)鲜活农产品。新鲜蔬菜(含未加工的蘑菇、生姜、生鲜茉莉花、生鲜菜用玉米、新鲜的花生、淮山、粉葛、马铃薯、马蹄、莲藕等);时鲜瓜果(含果蔗、保鲜瓜果、新鲜板栗等);鲜活水产品(含未加工的冰鲜鱼、虾、蟹等);活的禽畜;生鲜蛋和鲜奶。

(2)非鲜活农产品。食用调料、非食用瓜果;禽畜、水产品、瓜果、蔬菜、蛋、奶等的深加工产品;花、草、苗木等;粮食、木薯、甘薯、原料蔗等。

3. 转基因农产品

《农业转基因生物安全管理条例》把农业转基因生物定义为:农业转基因生物是指利用基因工程技术改变基因组构成,用于农业生产或者农产品加工的动植物、微生物及其产品,主要包括。

(1)转基因动植物(含种子、种畜禽、水产苗种)和微生物。

(2)转基因动植物、微生物产品。

(3)转基因农产品的直接加工品。

(4)含有转基因动植物、微生物或者其产品成分的种子、种畜禽、水产苗种、农药、兽药、肥料和添加剂等产品。

1.1.2 农资的定义、类别和特征

1.1.2.1 农资的定义

农资,是指农业生产资料的总称,是指农户或农业企业从事农业生产所必需的物质资料的总称。

1.1.2.2 农资产品的类别

农资产品包括的范围很广,种植业的农资产品主要有种子、肥料和农药,还有农机具、农膜等;养殖业的农资产品主要有饲料、兽药等各种农业生产资料。

思考——认识农资

用头脑风暴法,从富硒稻、柑橘或大棚有机蔬菜开始,尽可能想出其生产过程所需的农资种类或名称。

1. 种子

《中华人民共和国种子法》规定：种子，是指农作物和林木的种植材料或者繁殖材料，包括籽粒、果实和根、茎、苗、芽、叶等。生产实践中，种子泛指一切用来繁殖后代的播种材料。它通常包括3类。

(1)植物学意义上真正的种子，由植株花器发育而成的籽粒，如棉花籽、大豆。

(2)类似于籽粒种子的果实，如水稻、小麦、玉米的籽粒等，这类果实是颖果。

(3)营养器官，包括根、茎、苗、芽、叶等无性繁殖器官。

优良种子的定义：优良的种子是农作物获得高产的基础，种子质量是由种子不同特性综合而成的一种概念。在农业生产上要求种子具有优良的品种特性和优良的种子商品特性，通常包括品种质量和播种质量两个方面的内容。对于籽粒果实型的种子而言，品种质量是指与遗传特性有关的品质，可用"真、纯"两个字概括；播种质量是指种子播种后与田间出苗有关的质量，可用"净、饱、壮、健、干、强"六个字概括。

辨别优良种子的指标包括以下8项。

① 真。是指种子的真实可靠度。作为农资的种子商品必须是真实的优良品种，真实性与审定的品种完全相同。

② 纯。是指品种典型、一致的程度，可用品种纯度来表示。品种纯度高的种子因具有该品种的优良特性而可以获得丰收，相反，品种纯度低的种子由于其混杂其他品种或本身种性退化而造成明显减产。

③ 净。是指种子的清洁、干净程度，可用净度表示。种子净度高，表示种子中的杂质(即其他农作物和杂草的种子、沙、泥、枝、杆、杂物等)含量少，可利用的种子数量多。净度是计算种子用量的指标之一。

④ 饱。是指种子饱满、充实的程度，一般用千粒重表示。饱满充实的种子表明其中贮藏物质丰富，有利于种子发芽和幼苗生长。种子的千粒重也是种子活力指标之一。

⑤ 壮。是指种子发芽、出苗齐壮的程度，可用发芽率、生活力表示。壮的种子播种后出苗整齐、幼苗健壮。发芽率也是种子用量指标之一。

⑥ 健。是指种子健全、完善的程度，通常用病虫感染率表示。带病虫害少的种子有利于提高发芽率和出苗率，有利于农作物的生长发育和产量。

⑦ 干。是指种子干燥、耐贮藏的程度，可以用种子水分百分率表示。种子含水分低，有利于种子的安全贮藏，保持种子的发芽率和生活力。

⑧ 强。是指种子强健、抗逆性强、增产潜力大，通常用种子活力表示。活力强的种子可以适当早播种，发芽率高、发芽势好，出苗迅速、整齐，增产潜力大。

说明：不同农作物种子的质量分级有不同的标准，具体可参见我国1996年修订和颁布的GB 4404农作物种子质量标准。

2. 肥料

中华人民共和国农业部*《肥料登记管理办法》规定：肥料，是指用于提供、保持或改善植物营养和土壤物理、化学性能以及生物活性，能提高农产品产量，或改善农产品品质，或增强植物抗逆性的有机、无机、微生物及其混合物料。

3. 农药

《中华人民共和国农药管理条例》规定：农药，是指用于预防、消灭或者控制为害农业、林业的病、虫、草和其他有害生物以及有目的地调节植物、昆虫生长的化学合成或者来源于生物、其他天然物质的一种物质或者几种物质的混合物及其制剂。

前款农药包括用于不同目的、场所的下列几类。

① 预防、消灭或者控制为害农业、林业的病、虫（包括昆虫、蜱、螨）、草和鼠、软体动物等有害生物的。

② 预防、消灭或者控制仓储病、虫、鼠和其他有害生物的。

③ 调节植物、昆虫生长的。

④ 用于农业、林业产品防腐或者保鲜的。

⑤ 预防、消灭或者控制蚊、蝇、蜚蠊（蟑螂）、鼠和其他有害生物的。

⑥ 预防、消灭或者控制危害河流堤坝、铁路、机场、建筑物和其他场所的有害生物的。

1.1.2.3 农资产品的特征

1. 品种多，规格多

种植业类的三大农资的品种都很多。农作物的类型多、品种多，其相应的种子品种也多。目前，仅国家审定的主要农作物品种就有上千个，还有各省（自治区、直辖市）审定的农作物品种。据不完全统计，2006—2012年广西全区自主培育的农作物新品种有470多个。国家登记批准的农药品种有上万个、肥料品种有上千个。

* 2018年3月，根据第十三届全国人民代表大会第一次会议批准的国务院机构改革方案，将农业部的职责整合，组建中华人民共和国农业农村部。

农资商品的规格多种多样。

2. 运输贮藏要求高，占地大，不易陈列和码放

种子商品是有生命的产品，对运输贮藏过程的温度、湿度等都有特殊的要求。肥料产品的占地较大，陈列和码放相对困难。农药产品多为有毒物品，瓶装等易出现渗漏，粉剂袋装也容易出现裂口渗出，运输和贮存都比较困难。

3. 季节性强，地域性强

农业生产受自然条件、季节气候等因素的影响，加上我国地域辽阔，南北跨度大，气温差异大，各地区的土壤土质不相同，所以种植的农作物各具地方特色。因此，相应需要的农资也表现出季节性强，地域性强的特点。

4. 售后服务困难

农资的消费者(使用者)主要是农民。中国农村分布范围广，农民科技文化素质差异大，农村家庭作为农业生产经济基本单位对农资的使用量小，使用方法准确度有差异。因此，农资售后服务困难。由于我国农业产业的迅速发展，农资服务的精细化越来越高，进一步增加了对售后服务的要求。

5. 技术含量高

农业生产资料在研制和生产过程中承载了较高的科技含量，作为农业生产的原料，在使用过程中要求相应的技术方法，否则难以达到农资产品本身应有的效果，甚至产生危害。

6. 产地不一

由于我国农业市场化程度越来越高，速度越来越快，农产品的规模化生产、商业化生产越来越多，农资企业也迅速增加。同类农资品种或相近功能的农资品种由不同的企业生产，通过经销商流通之后，在同一地区销售、使用的农资产品较多地出现产地不一现象。

1.1.2.4　农资商品特殊性

1. 种子商品的特殊性

① 生命群体基因型的相对一致性和种群的大量性。

② 繁殖、使用周期的有限性和生产条件的严格性。

③ 投入时空范围的有限性和生态制约性。

④ 科技承载的密集性。

⑤ 投入产出的显效性。

2. 化肥商品和农药商品的特殊性

化肥和农药是工业化的常年性生产、农业化的季节性使用的特殊商品。

3. 销售对象

所有农资的最终销售对象是农业生产者，包括农业生产企业、种植大户、种植专业合作社以及千家万户农民。

1.2 认知农产品和农资市场营销主体

市场营销主体，是指市场营销活动中权利义务所归属的主体。农资营销主体的主要存在形式有农资生产商、农资经销商、农资零售商。

1.2.1 生产商

1. 生产商的概念

生产商，是指产品生产厂家，又称生产企业或供应商，是指以原材料经过一定的生产工序，制成产品，供应市场销售。

农资生产商主要有种子生产商、肥料生产商、农药生产商、农机具生产商等。较有规模或品牌信誉的生产商除了制造产品的功能外，通常还从事营销及商品流通或进出口业务。例如，合肥丰乐种业股份有限公司(上市公司)、广西兆和种业有限公司、广西新胜利农业生产资料有限责任公司、广西田园生化股份有限公司等。

2. 生产商的形式

生产商的组织形式主要有：有限责任公司、股份有限公司、合伙企业。

(1)有限责任公司。有限责任公司(有限公司)是指根据《中华人民共和国公司登记管理条例》规定登记注册，由 50 个以下的股东出资设立，每个股东以其所认缴的出资额为限对公司承担有限责任，公司以其全部资产对其债务承担责任的经济组织。有限责任公司包括国有独资公司以及其他有限责任公司。

有限责任公司是企业法人，有独立的法人财产，享有法人财产权，是我国企业实行公司制最重要的一种组织样本形式，但与上市公司相比其筹集资金的范围有一定的局限，因此一般适合于中小企业。

(2)股份有限公司。股份公司是指公司资本为股份所组成的公司，股东以其认购的股份为限对公司承担责任的企业法人。

设立股份有限公司，发起人应当有2人以上200人以下，其中须有半数以上的发起人在中国境内有住所；公司的资本总额平分为金额相等的股份；公司可以向社会公开发行股票筹资，股票可以依法转让；法律对公司股东人数只有最低限度，无最高额规定；股东以其所认购股份对公司承担有限责任，公司以其全部资产对公司债务承担责任；每一股有一表决权，股东以其所认购持有的股份，享受权利，承担义务；公司应当将经注册会计师审查验证过的会计报告公开。

（3）合伙企业。是指自然人、法人和其他组织依照《中华人民共和国合伙企业法》在中国境内设立的，由两个或两个以上的合伙人订立合伙协议，为经营共同事业，共同出资、合伙经营、共享收益、共担风险的营利性组织，其包括普通合伙企业和有限合伙企业（有限责任合伙企业）。

普通合伙企业由普通合伙人组成，合伙人对合伙企业债务承担无限连带责任。

有限合伙企业，由一个或几个普通合伙人与一个或几个责任有限的合伙人组成，即合伙人中至少有一个人要对企业的经营活动负无限责任。普通合伙人对合伙企业债务承担无限连带责任。有限合伙人以其认缴的出资额为限对合伙企业债务承担责任，一般不直接参与企业经营管理活动。

1.2.2　批发商

1. 批发商的概念

批发商是指向生产企业购进产品，然后转售给零售商、产业用户或各种非营利组织，不直接服务于个人消费者的商业机构，位于商品流通的中间环节。

批发商是相对于零售商来说的，零售商是直接面向消费者或用户服务。而批发商是同时买、卖大量的产品，批量采购上一级供应商（如工厂、代理商、经销商）的货，然后再批量卖给下一级需求者（如零售商）的经济实体，不直接面向消费者或用户销售商品。

批发商的显著特点，也是区别于零售商的最主要标志是：批发商一端联结生产商，另一端联结零售商。

2. 批发商的类型

（1）商业批发商：完全服务批发商、有限服务批发商。

（2）代理批发商：商业代理商、销售代理商、经纪人。

（3）生产商的销售机构和销售办事处。

1.2.3 零售商

1. 零售商的概念

零售商是指将商品直接销售给最终消费者的中间商，处于商品流通的最终阶段。

零售商的基本任务是直接为最终消费者服务，它的职能包括购、销、调、存、加工、拆零、分包、传递信息、提供销售服务等。在地点、时间与服务方面，方便消费者购买，它又是联系生产企业、批发商与消费者的桥梁，在分销途径中具有重要作用。

零售商是分销渠道的最终环节。面对个人消费者市场，是分销渠道系统的终端，直接联接消费者，完成产品最终实现价值的任务。

2. 农资零售商的概念

农资零售商，指将农资产品和农资服务直接销售给终端消费者——农资用户（农民、农场主、农业种植企业等），以供其作个人消费或非营利用途的各种活动。

3. 零售商的形式

(1)零售商店。包括专业商店、综合商店（或小型农资超级市场）和仓储商店等几类。

(2)无店铺零售。大致分为以下两类。

① 上门推销。企业销售人员直接下乡、进村、上门，在村里集中或挨门挨户逐个推销。

② 电话电视销售。这是一种比较新颖的无店铺零售形式。其特点是利用电话、电视作为沟通工具，向顾客传递商品信息，顾客通过电话直接订货，卖方邮寄或送货上门，整个交易过程简单、迅速、方便。

(3)连锁商业。指众多的、分散的、经营同类商品或服务的零售企业，在核心企业（连锁总部）的领导下，以经济利益为连接纽带，统一领导，实行集中采购和分散销售，通过规范化经营管理，实现规模经济效益的现代流通组织形式。

(4)特许经营。是一种根据合同进行的商业活动，体现互利合作关系。一般是由特许授予人（简称特许人）按照合同要求，约束条件给予被授予人（简称受许人，亦称加盟者）的一种权利，允许受许人使用特许人已开发出的企业象征（如商标、商号）和经营技术、诀窍及其他工业产权。

(5)自愿组团购买。

1.2.4　农产品、农资市场营销的主要相关者

2013 年中央一号文件提出，鼓励和支持承包土地向专业大户、家庭农场、农民合作社流转。

目前，我国农业经营主体主要有以下一些形式，它们既是农产品的生产者，又是农资的消费(购买)者，主要包括以下几类。

(1)农户，指传统的农村农户。

(2)专业大户、家庭农场。是以农村家庭成员为主要劳动力，通过土地流转，从事农业规模化、集约化、商品化生产经营，并以农业收入为家庭主要收入来源的新型农业经营主体。"家庭农场"的概念是 2013 年首次在中央一号文件中出现。2013 年中央一号文件起草时，"家庭农场"是作为括号中的内容对"专业大户"进行补充的，农业部农村经济体制与经营管理司负责人曾经解释说，家庭农场是指以家庭成员为主要劳动力，从事农业规模化、集约化、商品化生产经营，并以农业收入为家庭主要收入来源的新型农业经营主体。

(3)农民合作社。即农民专业合作社，是以农村家庭承包经营为基础，通过提供农产品的销售、加工、运输、贮藏以及与农业生产经营有关的技术、信息等服务来实现成员互助目的的组织，从成立开始就具有经济互助性。拥有一定组织架构，成员享有一定权利，同时负有一定责任。

《中华人民共和国农民专业合作社法》的第一章有第二条和第三条对农民专业合作社进行了简要的定义，农业合作社网上直销包括两个方面的内容：一方面，从概念上规定合作社的定义，即"农民专业合作社是在农村家庭承包经营基础上，同类农产品的生产经营者或者同类农业生产经营服务的提供者、利用者，自愿联合、民主管理的互助性经济组织"；另一方面，从服务对象上规定了合作社的定义，即"农民专业合作社以其成员为主要服务对象，提供农业生产资料的购买，农产品的销售、加工、运输、贮藏以及与农业生产经营有关的技术、信息等服务"。

(4)农业种植企业。即通过投资，租赁、承包土地进行农业种植业的经济组织，一般以有限责任公司的形式存在。

【案例——农民专业合作社】

2019 年 3 月 5 日，农业农村部官网发布《关于公布 2018 年国家农民合作社示范社和全国农民用水合作示范组织名单的通知》，对最新一批国家农民合作社示范

社和全国农民用水合作示范组织进行公布。广西有21家农民合作社入选国家农民合作社示范社名单，其中，贺州市利成种植专业合作社入选国家农民合作社示范社名单。

企业名称：贺州市利成种植专业合作社

法定代表人：沈利成

统一社会信用代码/注册号：934511020771124735

企业类型：农民专业合作经济组织

成立日期：2013-08-22

所在地址：贺州市八步区信都镇北联村幸福组104号

经营范围：组织成员进行水稻种植、销售成员种植的产品；为成员组织采购、供应成员所需的生产资料；引进新技术、新品种；开展技术培训、交流和咨询服务。

沈利成是贺州市八步区信都镇北联村人。2010年，60岁的沈利成回到贺州市八步区信都镇北联村开始从事粮食规模种植，当年以自家8口人承包的10亩(1亩≈667米^2)水田，再以每年400～500元/亩的价格租下650亩水田，签订10年租赁经营合同，自此开始了专业种粮之路。他带领周边种植户在2013年成立了利成专业种植合作社，逐年扩大水稻种植面积。至2018年，沈利成承包水田560亩，合作社共种植水稻1 120亩，年总产粮食630多吨，成为当地水稻种植典型。2018年1月，获人力资源社会保障部、农业部联合授予的“全国农业劳动模范”称号。2019年3月，贺州市利成种植专业合作社入选国家农民合作社示范社名单。

1.3 认知农产品、农资市场与营销

1.3.1 农产品、农资市场

1.3.1.1 市场的概念

市场，是指商品交换关系的总和。

【拓展知识——市场构成三要素】

人们说，广西具有独特的自然资源优势，农产品丰富，农资市场很大！从营销角度看，这句话是指广西农产品品类多、产量大、上市季节分布均衡；同时表明，广西农资的需求量很大，销量大、利润高。市场构成三要素：人口、购买力、购买欲望。市场构成的这三个要素是相互制约、缺一不可的，它们共同构成企业的微观市场，而市场营销学研究的正是这种微观市场的消费需求。

1.3.1.2　农产品市场的类型及特点

1. 农产品市场类型

根据交易场所的性质划分为产地市场、消费市场、集散市场、转载市场。

根据商品的性质划分为粮食市场、蔬菜市场、肉禽蛋市场、果品市场等。

2. 农产品市场营销的特点

① 体积大，种类多，部分产品有生命或含水分较多。

② 区域性生产，全国性消费，本身不耐贮存运输。

③ 品质和形状差异大，有较大的品质差价。

④ 农产品市场的消费弹性有较大的差异。

1.3.1.3　农资市场的类型及特点

1. 农资市场的类型

一般按产品的自然形态分为种子市场、农药市场、肥料市场等。

(1)按购买者的购买目的和身份来划分：消费者市场，生产商市场——工业使用者市场或工业市场，转卖者市场——中间商市场，政府市场。

(2)按照企业的角色划分：购买市场——企业在市场上是购买者，其购买生产要素；销售市场——企业在市场上是销售者，出售自己的产品。

(3)按产品或服务供给方的状况(即市场上的竞争状况)划分：完全竞争市场，完全垄断市场，不完全竞争市场，寡头垄断市场。

(4)按交易对象是否具有物质实体来分类：有形市场、无形市场。

(5)按交易对象的具体内容不同来分类：商品市场、技术市场、劳动力市场、金融市场、信息市场。

(6)按市场的时间标准不同来分类：现货市场，期货市场。

2. 农资市场的特点

(1)农资市场的商品——农资产品的来源和结构比较复杂。农资产品既有国内的农资产品，也有国外进口的农资产品。既有当地生产的农资产品，也有国内其他地方生产的农资产品。一个地方农资市场销售的农资产品，一家公司、一个门店销售的农资产品，其种类多样，规格繁多，即使是同一类农资产品也可能来自多个生产商，产品结构复杂。

（2）农资市场的需求的地域性、季节性比较强。农资是为农业生产提供生产资料服务的。由于农业生产的种植业是生物再生产活动，生物的生长发育在不同地区的环境有不同的适应性，因此农作物的生长发育是有明显的季节性和地域性的，相对应的农资产品的需求也表现出明显的季节性。那么，农资供应销售也应该结合农事季节、地方生产的需要进行。

（3）农资市场的商品的技术性比较高。农资产品本身在研究、生产制造的过程中，已经承载了较高的科技含量，并且农资的价值需要再生产才能体现，因此农资的使用方法、贮藏运输等都需要不同的技术。

（4）农资市场的经营活动具有明显的连续性和配套性。农资商品主要是为农业生产提供服务，农资市场则要根据农资商品和农资市场需求的特点，围绕某种农作物的种子、肥料、农药等提供连续的、配套的农资商品供应服务。

（5）农资市场具有工业品、消费品的双重市场属性。从生产性质来看，农资产品中的种子生产具有农业属性，而肥料、农药的生产具有工业属性。从购买目的来看，农资市场具有工业品市场的属性，因为农资消费者购买农资的目的是为了再生产而不是直接消费。从购买行为看，农资市场具有消费品市场的属性，因为农资购买者多为农民，他们是非专业、重复购买、分散购买的。

（6）农资市场易受外界的人为因素和自然因素的影响。由于农资产品的特殊作用和地位，相比于其他商品，农资受国家政策直接、间接影响比较大。由于农业生产受自然气候因素影响比较大，而用于农业生产的资料的需求变化是随着农业生产而变化的，因此农资市场受自然因素影响比较大。

（7）农资市场的商品的贮运要求高。农资商品中，种子是有生命活力的特殊商品，肥料商品的体积比较大、占地多，农药有毒且易泄漏造成污染等，农资产品的这些特殊因素决定了其贮存和运输的条件要求相对较高。

（8）农资市场的服务要求高。农资的价值是需要在农业生产中，通过再生产才能体现出来的，农资作为农业技术的载体其使用方法和技术要求高，而目前我国农业生产劳动者的科技文化素质参差不齐，平均技术水平较低。这两方面的矛盾，决定了农资的售前服务和售后服务，特别是技术服务要求比较高。

3. 影响农资市场需求变化的因素

(1)农业生产发展速度。农业生产发展越快,对农资总量的需要越多。

(2)农业结构。农业是指大农业概念,包括农、林、牧、副、渔各业,农业结构是指农、林、牧、副、渔各业的构成(即其在农业中占的份额)和种植业中的农作物种植结构(各类农作物的种植份额)。农资产品的种类、品种的市场需求随着农业结构的调整而发生变化。

(3)农业生产组织的规模大小。目前,我国农业生产组织仍以家庭为主,部分为农场型或企业型。农业生产组织规模的大小,直接影响农资需求的种类和数量。

(4)自然条件变化。不同地区的农业生产是与其自然条件变化相适应的,自然条件,特别是气候条件变化直接影响农业生产的类型。例如降雨量的充足程度、气温的高低、土壤情况等,将影响农作物种植的种类及其规模,影响农作物的生长发育及其对肥水的需求,影响农作物的病虫害发生和危害程度。自然条件变化将影响种子、肥料和农药等农资的需求种类和数量。

(5)农业科学技术普及程度及国家政策。农业劳动者的科学技术水平对农业生产技术水平、生产方式都将产生直接的影响,间接影响耕作制度的改变和农业生产资料的选择和使用。

(6)农资本身在生产过程中的消耗速度。不同的农业生产资料在农业生产过程中使用周转速度是不一样的,因此其消耗量也会产生不同变化。例如,长效缓释的肥料与速效速溶的肥料相比,要达到相同的效果后者的使用次数和量要大,也将增加市场需求量。

(7)消费者的购买力。消费者的市场购买力与农资投入生产的数量、质量档次形成一定的正比,与农资市场需求的产品种类有较大的关系,购买力强,则增加科技含量高、价格相对高的农资的市场需求。

(8)农产品价格。价格是价值的体现,农产品价格的高低将体现农业劳动的价值,也影响农业生产者对产品市场的收益预期和扩大生产的信心,从而影响现期和近期的农业生产资料投入,进而影响农资市场需求。

1.3.2 农产品、农资的相关市场

1. 农业技术市场

(1)农业技术市场的概念。在一定区域范围内,拥有各种技术商品的供给方和具有货币支付能力的需求方进行相关农业技术商品交易的关系总称。

(2)农业技术市场的类型。

① 按市场体系完善度分:常设型技术市场、零散型技术市场。

② 按交易的技术形态分:有形技术市场、无形技术市场。

③ 按技术的作用特点分:管理型技术市场、生产型技术市场。

④ 按经营范围划分:专业性技术市场、综合性技术市场。

(3)农业技术市场中技术交易的主要形式。

① 技术转让。技术转让是指拥有技术的当事人一方将现有技术有偿转让给他人的行为。尚未研究开发出的技术成果不属于技术转让范畴。所转让的技术包括获得专利权的技术、商标,以及非专利技术,如专有技术、传统技艺生物品种、管理方法等。技术转让是技术市场的主要经营方式和范围,是技术贸易的一种主要类型。

② 技术承包。是指一方根据另一方的要求,通过合同的形式,就某一工程技术项目的研究、开发、设计、生产、应用全面负责。在一般情况下,技术承包含有大量非技术性内容,如采购、运输、辅助劳力等。

通常,科技人员利用自己的一技之长,与直接生产者签订技术承包合同,承担大田生产或果、菜和猪、鸡、牧场中的农业生产技术问题的解决责任。目前,技术承包在具体组织上有多种形式,但比较集中的是企业行政发包,科技人员个人或者自愿结合的承包组承包,厂矿科协作为中间方具体负责组织实施和协调工作。承包合同完成后,有关部门进行技术鉴定,核算效益和兑现报酬。

③ 技术入股。是指技术持有人(或者技术出资人)以技术成果作为无形资产作价出资公司的行为。技术成果入股后,技术出资方取得股东地位,相应的技术成果财产权转归公司享有。技术入股有两种形式:一种是卖方以其智力和研究、开发项目作为股份向企业进行技术投资,联合研制、开发新产品,共同承担风险,分享效益,这种技术入股叫作研究开发中的技术入股;另一种是卖方自己掌握的现成的技术成果折合成股份,向企业进行技术投资,然后分享效益,这种形式叫作技术转让中的技术入股。

在农科教或农业生产、科研单位、推广机构等组成的联合开发集团的合股经营中,农业科研单位将技术作为投资要素,进行折价入股,等于把技术商品化,与其他各种生产要素等价交换。

④ 技术咨询。是指咨询方根据委托方对某一技术课题的要求,利用自身的信息优势,为委托方提供技术选用的建议和解决方案,或专职农业技术咨询机构,为

生产单位或农户有偿提供技术知识、信息和情报等。

技术咨询的内容很广泛，有项目的可行性研究、效益分析、工程设计、施工、监督、设备的订购、竣工验收等。在目前情况下，技术咨询是农业技术市场中的一个非常重要的内容。市场需求量极大，生产、销售、宣传等各个环节都需要技术咨询。

⑤ 技术服务。是指拥有技术的一方为另一方解决某一特定技术问题所提供的各种服务。如技术修理、果树修剪等，或代为考察资源、制定区划、承包科研课题、进行非常规性的计算、设计、测量、分析、安装、调试，以及提供技术信息、改进工艺流程、进行技术诊断等服务。技术服务是技术市场的主要经营方式和范围。

⑥ 技术培训。是指通过举办各类农业技术培训班，传授技术知识和技术方法，培训农业技术人才，收取一定报酬。在市场经济条件下，这是技术使用权转让采取的又一种方法。

(4)农业技术市场的特点。

① 市场交易具有局限性。由于农业技术本身商品化程度低，又不能全部进入市场，决定了其交易的局限性。对于结合在农业生产资料上有形技术成果，如种子、饲料、新农药、化肥等，比较容易商品化进入市场；对于无形技术成果，如各种栽培、技术承包、技术入股、联合分成等方式进入市场。而一些服务性、公益性的技术成果尚不能进入市场。

② 技物结合。农业技术市场交易的绝大部分是凝结在农业生产资料上有形技术与无形技术的组合，因为，从市场的供方来讲，技术单位是希望他们的无形技术能够得到市场的承认，实现其价值。而从市场的需求主体——广大农民来说，则对无形技术的重视程度远不如对有形技术的重视程度，他们习惯于购买看得见、摸得着的有形技术。

③ “买方”的市场难以开拓。发展三高农业、创汇农业、生态农业，以及农产品的加工增值、贮运保鲜等，都必须依靠科学技术。但目前农村大多数地区，特别是西部地区经济力量还很薄弱，支付能力不强，农业技术市场服务的主要对象或称买方主体是经营分散、购买力偏低、文化素质不高、信息闭塞的近2亿农户。由于农业科技成果的公益性、技术的保密性较差的特点，加之工农产品的“剪刀差”较大，农业比较利益偏低等原因，使农业技术市场中的“买方”市场难以开拓，农业技术市场发育相对滞缓。

④ 地域性。不同地区之间的自然、生态、社会经济和习惯差异，导致对农业技

术需求的巨大差异。

⑤ 季节性。大部分农业技术商品的营销,均受农时季节的制约,因此必须做到不误农时。

2. 农业知识和信息市场

(1)概念:农业知识和信息市场,是指农业科技、生产、营销等知识和信息产品的生产及交换。

(2)农业知识和信息市场与农资市场的关系。

① 农业知识和信息市场为农资市场更好运作提供了指导。

② 农业知识和信息市场可以帮助农资市场准确地定位。

③ 农资市场的需求刺激产生大量的农业知识和信息。

【案例】

蔡老师是国内一大型种子公司的育种专家,2004 年辞职办了一个玉米育种研究所,专业从事玉米新品种选育工作。正苦于前期经费不足,这时另外一家民营种子公司的经理找到他谈合作事宜,双方商定由种子公司出资资助其研究,育出新品种以后优先折价提供给该种子公司经营。两年后,蔡老师如期选出了新品种,在按合同交付部分新品种之后,新育出的其他品种又作价卖给了其他的种子公司。

这个实例说明了什么?体现了农业技术市场的哪些类型和特点?

1.3.3 农产品、农资市场营销的概念

1. 农产品、农资市场营销的概念

是指在以顾客需求为中心的思想指导下,企业所进行的农产品、农资产品生产、流通和售后服务等与市场有关的一系列经营活动。

2. 对农产品、农资市场营销概念的再认识

(1)创新,包括一切新技术、新产品、新设备、新方法、新知识、新观念等。

(2)营销。营销不等于推销、促销,营销就是要把推销、促销变得多余。

旧观念——生产观念:先生产,再进行推销销售。

新观念——营销观念:以顾客为中心,以市场需求为导向,组织生产,然后销售。

(3)营销和推销的区别。

① 推销是一对一的,营销是一对多的。

② 推销就是把产品卖好，营销是让产品好卖。

(4)市场营销的目的。市场营销的目的是让顾客不买的时候会记得你，要买的时候想起你。一句话就是："建立起客户对你的产品认识"。让顾客熟悉你，这就是为什么这么多的广告在拼命地播、拼命地砸钱。也许有人会问砸钱也没有人买啊，其实不然，这是一种建立客户认识的过程，让产品变得好卖的一个过程。

【案例】

美国有个叫罗西的人，经营了一家家庭餐馆。餐馆菜单上的菜单无标价，广告牌上有五个字："随你给多少"。他规定："让顾客根据饭菜和服务的满意程度自定价格，给多给少，悉听尊便；若不满意，也可分文不付"。罗西这一绝招，使好奇的食客们闻风而至，罗西餐馆顿时顾客爆满，应接不暇，收入大增。许多食客心甘情愿地付出比实际价格高许多的价款。虽然难免有个别无赖之徒和饕餮之客，但对餐厅的整体经营却不伤筋骨，最终使他腰缠万贯。

该案例的市场营销理论要点：①市场营销不等于推销，推销仅仅是市场营销的一个组成部分。②现代市场营销的核心内容，就是"以消费者为中心，想消费者之所想，急消费者之所急，适消费者之所需"。为此，就必须从调查消费者需要开始，在弄清消费者需求爱好的前提下，从产品设计、功能、名称、包装、价格、促销等诸方面全面为消费者着想，当你真正做到了以消费者为中心，推销就显得不必要了。

【拓展知识——市场营销观念的演变过程】

市场营销观念发展到今天，形成了 5 种主要观念，分别是：生产观念、产品观念、推销观念、市场营销观念、社会营销观念。前 3 种是传统的市场营销观念，具体解释为"以生产者为导向"的观念，后两种则是现代市场营销观念，是顺应时代潮流的发展形成的观念。

市场营销观念是在 20 世纪 50 年代中期出现的，强调"以顾客为中心"，认为顾客是企业营销活动的起点和终点。这种观念导向型企业的营销特点是，不再是为自己的产品找到合适的顾客，而是为顾客设计适合的产品。

复习思考题

一、基本概念

农资、农产品、市场、市场营销、农资市场。

二、判断题

1. 农资是一种独特的商品，具有生命性和明显的季节性。（　　）
2. 市场就是指商品交易的场所。（　　）
3. 农资市场是指农资商品交换关系的总和。（　　）
4. 市场营销实际上是广告宣传。（　　）
5. 市场营销观念应坚持以消费者为中心。（　　）
6. 需要和需求只是从不同角度考察消费者的商品满足状态。（　　）
7. 学习市场营销的目的在于确立营销观念，创造竞争优势。（　　）

三、问答题

1. 什么是市场营销观念？
2. 农资产品的特性有哪些？为什么？
3. 农资的市场需求有哪些特点？为什么？
4. 为什么说农资市场具有技术性比较强的特点？
5. 为什么说农资市场具有地域性、季节性比较强的特点？
6. 为什么说农资市场具有服务要求高的特点？
7. 为什么说农资市场经营具有连续性、配套性的特点？
8. 为什么说有限责任公司的股东以其认缴的出资额为限对公司承担责任？股份有限公司的股东以其认购的股份为限对公司承担责任？
9. 为什么说零售商是分销渠道的最终环节？

四、案例分析题

三个卖药人，给你上别样的营销课

一个农民的地里生了虫子，想要买一瓶杀虫剂，在这个村庄里，有三个卖农药的店。

第一个卖药人说："你看我的药，包装很好看，价钱还便宜，只要五块钱。你上哪里也没有这个价钱了，要买赶紧买。我这个效果很不错，但有一点，不能赊销，只要现金，买了是不能退的。"

农民摇了摇头，走了。

第二个卖药人说："我这个药，杀虫效果那是相当好，今年都卖好多了，没有人说不好的，一瓶只要八块钱。你八块钱拿走，回家尽管用好了。要是没有效果，杀不死虫子的话，你来找我，我退你八块钱！”

农民有点心动，接着来到第三家店面前。

第三个卖药人说：“你以前都用过什么药？你家虫子厉害不厉害？要不我跟你去你家地里看看吧，我这里有十块钱一瓶的药，我先帮你打点药做个小试验，你可以亲自看看杀虫效果。你觉得效果好的话，可以放心用这个药。钱我先不收，一周之后我再来，要是没有效果，或者有什么问题，钱我一分钱不要。虫子都死完了，庄稼长得也还不错，你再把钱给我。”

第三个卖药人，简直让这个农民两眼放光。这位农民痛快地答应了他的提议，甚至没有讨价还价的想法。

分析思考：从现代市场营销观念角度，分析这个故事给我们哪些启示。

技能训练

1. 一分钟自我推销演讲

要求：第一，穿着整洁，精神饱满。第二，能清楚地表达自己的身份、特长优势和目的。注意和对方有目光接触，并保持良好的姿势，看起来专注而自在。第三，态度要积极而自信。对自己的能力有信心，对未来感到乐观自信。

2. 调查农资种类

根据自己的兴趣爱好选定某种农作物，通过调查和查阅资料，列出其生产全过程所需的农资种类或名称。

项目2

分析市场营销心理与行为模式

学习项目导航

子项目	学习任务
2.1　认知顾客的消费心理与购买行为	1. 顾客的个体心理与购买动机 2. 顾客群体消费心理与购买行为产生
2.2　分析农产品、农资顾客购买行为模式	1. 消费市场的特点 2. 购买行为模式 3. 购买行为类型 4. 改变消费者购买行为的途径
2.3　分析农资顾客购买动机	1. 顾客的农资购买过程 2. 农资购买行为的影响因素

2.1　认知顾客的消费心理与购买行为

2.1.1　顾客的个体心理与购买动机

1. 认知顾客的心理过程

农资营销心理，是指农资商品买卖过程的客观现象在人脑中的反映。

农资营销心理与其他商品营销心理一样，是人脑进行特殊生理活动的产物，包括心理过程和个性心理两个方面。

心理过程:指人的心理活动的一般过程,包括认识过程、情感过程和意志过程。

个性心理:由于每个人的遗传基因和社会生活实践的差别,每个人会形成各自特有的心理与行为特点。正如世界上不存在两片完全相同的树叶一样,人类社会中也没有两个完全相同的人。

本节主要学习了解心理活动过程(即心理过程)。

2. 认知顾客的购买心理活动过程

购买心理活动过程,是指顾客从对某种商品的需要出发,到引起购买行为,要经过复杂的心理活动过程。

心理学研究的结果表明,人脑对客观世界的认识是从感觉和知觉开始的。感觉和知觉是人的心理活动的基础,也是营销心理的基础。

购买心理活动过程可分为三个阶段:

(1)对商品的感知过程。指商品的形状、色彩、气味等刺激顾客的感官(例如:玉米种子、农药),使顾客感觉到商品的个性。然后,顾客把感觉到的各种信息进行分析、综合,把商品的各种属性有机联系起来,形成对这一商品的知觉过程。

(2)对商品的情感过程(思维过程)。指在对商品产生的感性认识的基础上,顾客根据自身的知识、经验等,对商品做进一步的认识,并做出分析、判断和概括。由此,对商品的认识由感性阶段上升到理性阶段,对商品有了深入的、全面的、较为本质的认识和理解。

(3)对商品的意志过程(情绪过程)。对于任何商品,顾客都会表示出喜欢或不喜欢的最初印象或情感,这是购买心理活动的一个重要方面。它对购买行为是否发生,有着重要的影响。如果顾客对某一商品的最初印象很好,就可能引起强烈的购买欲望,反之就不会产生购买欲望。

3. 认知顾客的购买动机和行为

(1)顾客的购买动机。什么是动机?动机可以解释为"具有明确目的的需要"。简而言之,动机就是最迫切的需要。动机是由需要产生的。人的需要是多种多样的,动机也就多种多样。顾客的购买动机可划分为三种类型:①以使用为主要目的的动机和以得到心理满足为主要目的的动机,如:求实用动机、求廉价动机、求名牌动机、求趋同动机;②感情动机、理智动机和信任动机;③初始动机、挑选动机和惠顾动机。

(2)购买行为。行为是指人在环境的影响下所引起的内在的生理和心理变化的外在反映。

行为具有两方面特征:明确的目的性和倾向性。

行为产生机制:人的需要产生动机,动机产生行为,行为为了实现目的。在外界刺激下产生新的需要,新的需要又产生动机,动机产生行为,行为为了实现目的。周而复始,循环往复。图 2.1.1 为行为产生机制。

思考:用头脑风暴法,从大爷购买农药开始,尽可能想出诱发大爷购买农药的外部刺激条件(图 2.1.2)。

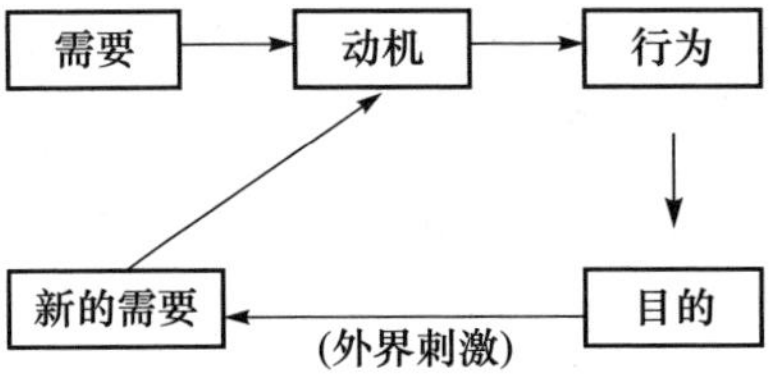

图 2.1.1　行为产生机制图示

图 2.1.2　购买行为机制之外部环境的刺激

解析:由于外部环境的刺激可以引起消费者需要和购买动机,企业在市场营销活动中如何不失时机地给消费者更多的刺激,就成为企业营销人员要面临的重要课题。方法有以下几个。

① 企业面对面地向消费者介绍、展示商品,通过各种广告媒体进行宣传。

② 举办各种类型的展评会、推展会、展销会。

③ 商品良好的质量、美观的造型、精致的包装、实惠的价格,以及主动、热心、耐心、周到的营销服务。

这些都是卓有成效的强化刺激的方式。

2.1.2　顾客群体消费心理与购买行为产生

1. 认知消费习俗

消费习俗:指一个地区或民族的人们在长期的经济活动和社会活动中约定俗成的消费习惯。

消费习俗具有以下特点：独特性、长期性、社会性、地域性、非强制性。

消费习俗分类：物质生活习俗（饮食、服饰、日用品、住宿、劳动工具、生产资料等）和社会活动习俗（喜庆性消费、社会文化性消费、地域性消费、宗教信仰消费等）。

2. 认知顾客心理变化与互动

顾客的消费需要随着社会进步的步伐而变化，与经济结构、社会时尚、文化氛围、价值观念等息息相关。

顾客的个体心理与行为具有一定的规律性，同时，他们又总是处于某一群体之中，他们的心理与行为往往会受相关群体的影响。

心理作用与购买行为的产生：个体在心理、行为上与群体中的多数人保持一致的从众心理和个体拒绝接受群体规范的束缚，喜欢独树一帜的逆反心理，以及在信息沟通上的相互作用构成了顾客消费心理的交互影响，直接引起或激发了顾客的某种购买行为。

从众心理：在群体的影响下，自觉与群体的多数成员的意志保持一致的心理学现象。这是一种极为普遍的心理现象，每个人都不同程度具有这种心理。具有从众心理的人，喜欢"随大流"或效仿别人。

逆反心理：个体在一定条件下产生的与群体意愿相悖的要求与愿望。虽然，从众心理与逆反心理同样是受群体的影响，但影响效果却大相径庭，逆反心理有一种与众不同的心理倾向。逆反心理的产生原因主要有：强烈好奇心、较强自尊心、出于抵制群体压力的心理（为了显示自己的独立性、不盲从）。

【案例】

1. 广西桂林永福村农民杨志兴今年承包了 20 亩水田种植优质谷，春耕期间第一次到镇上农资店购买稻田除草剂。走了几家农资店，看到除草剂的种类很多，稻田专用除草剂的品种也有很多不同厂家的产品，一时不知道选择哪一个厂家的产品好。正在犹豫的时候，在街上遇到了高中时的同学黄大刚，黄大刚是县里有名的优质谷种植大户和科技示范户，正好也要去购买稻田除草剂，杨志兴马上决定跟随黄大刚去购买相同品牌的稻田除草剂。

这个案例说明了顾客什么样的心理作用与购买行为变化？请分析。

2. 广西沙田村农民黄崇杰到镇里农资店购买玉米种子。沙田村近十多年的鲜食玉米种植逐渐形成习惯，发展成为较大的面积规模，主要是种植甜玉米。黄崇杰看到镇里农资店今年销售一种新的玉米种子——水果型生食甜玉米品种，产生了购买这种玉米种子的想法。但是旁边同村的村民劝黄崇杰不要冒这个风险，大家认为这个新品种村子里还没有人种过，还不知道好不好，风险太大了。黄崇杰听了大家的劝阻，原本打算购买种植3亩水果型生食甜玉米的，为了不太冒大家所说的风险，以免万一真的种植失败了被村里人笑话，最后只买了种植1亩地的水果型生食甜玉米种子。

这个案例说明了顾客什么样的心理作用与购买行为变化？请分析。

2.2　分析农产品、农资顾客购买行为模式

2.2.1　消费市场的特点

1. 认知消费市场的概念

(1)消费者市场与组织市场。市场，是市场营销的出发点和归宿点，是企业制定营销策略的前提和基础。按购买者的不同，可以将市场分为消费者市场和组织市场，组织市场又包括生产者市场、转卖者市场、政府市场等。

(2)消费者市场。消费者市场，又称消费品市场，或最终产品市场，它是指个人或家庭为了满足自身的生活消费或生产需要而购买商品和服务的市场。购买的目的是为了满足生活需要或生产需要，而不是为了转卖、营利或其他目的。

农资消费者市场(农业生产资料市场)，是指农资终端用户为了满足自身的生产活动需要而购买农资商品和农业服务的市场，是指为了生产或再生产的需求而购买或准备购买生产资料的消费者群体。购买的目的是为了满足生产活动的需要，而不是为了转卖、营利或其他目的。生产资料与消费资料共同构成社会物质资料即社会总产品。

列宁曾指出："生产消费(生产资料的消费)归根到底总是同个人消费联系着，总是以个人消费为转移的。"生产资料市场的需求，最终取决于生活资料市场的需求，生产资料市场的需求以生活资料市场的需求为基础。生活资料市场需求的增减变化，往往会导致生产资料市场需求的相应变化，甚至剧烈的变化。因此，一名优秀的市场营销人员，在经营生产资料市场时，绝不会忽视生活资料市场的变化，而是时刻关注和预测生活资料市场的变化动向，准确判断生产资料市场的相应变化趋势，超前开展有效的营销活动。

2. 认知农资消费市场的特点

(1)季节性和地区性。农资的消费需求具有季节性和地区性,这是农业生产的季节性特征决定的。即要求以农作物生长的自然规律为转移,保证不违农时,满足供应。同时,不同地区受不同气候、土壤、地势等地理条件的限制,农业生产资料的需求与供应的方式和时间都会有所不同。

(2)相对的稳定性。农资市场的稳定性特征表现为短时间内,市场波动不大,对经济、技术等因素的影响反应较为迟钝,需求价格弹性小。这是因为:农业生产资料的生产和消费相对稳定(属于刚性市场,市场需求弹性小),价格机制对农业生产资料市场的调节效应低。

(3)复杂性。农资产品品种多,品牌差异大,农民对农资产品缺乏了解,而每个农资消费者处在一定的社会经济和文化环境中,其年龄、性别、文化、收入、习惯和兴趣爱好等不同,决定了每个农资消费者的农资消费需求、心理动机和购买方式千差万别。

(4)可替代性。农资市场上同类、同种、同质的商品很多,不同品牌之间,不同品种之间的商品可以互相代替。

(5)可诱导性。农资消费者大多属于非专家购买,他们对所购买的商品大多数人缺乏专业的知识。对产品质量、性能、使用、效果以及市场行情等缺乏专门的研究,加上多数农资购买者集消费需要、购买决策和购买支付于一身,购买时往往受外界促销环境的刺激影响,呈现出非理智型的购买行为。因此,农资消费市场具有可诱导性。

2.2.2　购买行为模式

1. 认知消费者购买行为的含义

农资消费者购买行为,是指农资消费者为了满足自身的生产活动需要,在一定的购买动机驱动和支配下,用货币购买农资商品或农业服务的实际活动。

农资消费者的购买行为是以购买动机为先导的,而购买动机是在一定的心理活动基础上产生的。

2. 认知农资购买行为模式

营销学认为,虽然不同的消费者的购买心理、动机、目的、对象、方式、时间、地点各不相同,但其购买行为中存在着某些共性的规律,因此,建立了消费者购买行为模式,称之为刺激-反应购买模式,如图 2.2.1 所示。

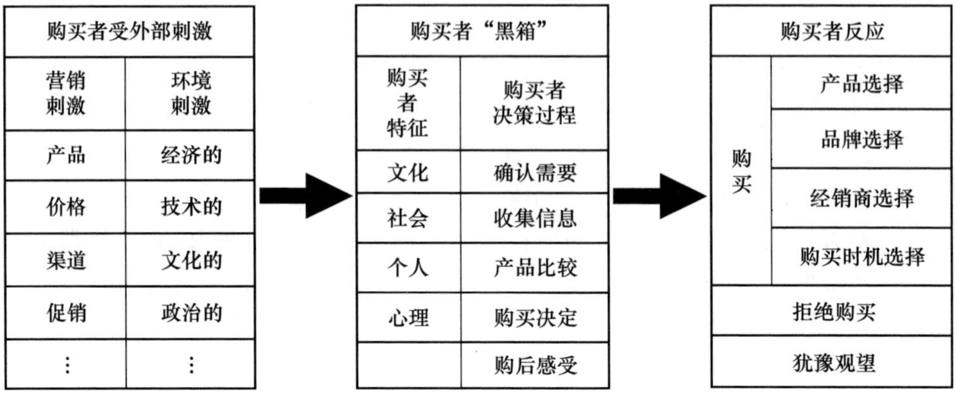

图 2.2.1　购买行为模式

2.2.3　购买行为类型

1. 顾客购买方式

(1)新购。生产者用户初次购买某种产品或服务,需要做多种比较、评价和判断,是最复杂的购买方式。销售方需要做大量的工作以促成交易。

针对农资新购客户,农资企业经常要做人员推销、种养示范等促销工作。

(2)直接重购。生产者用户直接按过去的购买习惯继续向原先的供应商购买产品或服务,是最简单的购买方式。

针对农资老客户,农资企业要做好售后服务,及时了解客户的需求,积极促销,抓紧时机和老客户下新订单。

(3)修正重购。生产者用户改变购买的规格、价格或其他交易条件后购买。

针对农资老客户,农资企业要做好售后服务和竞争者市场调查,满足客户随市场变化的差异化要求,对有更改购买意向的老客户加大促销力度以争取老客户重新购买。

2. 顾客购买行为类型

(1)习惯型。按照农资消费者个人的习惯对不同品种、不同品牌的偏好而产生的购买行为。

这是由于长期种植某一种农作物品种或使用某一企业的农资产生了安全感和信赖感,从而在每个生产季节购买农资时,农资消费者无需花时间进行选择,习惯到某一处购买某一种农资。

(2)跟随型。这类农资消费者的购买行为多数受当地的农业政策、种植结构和种田能手影响，其购买行为属于跟随型或从众型。

(3)理智型。农资消费者经过周密的思考，货比三家，仔细比较，对农资的品牌、品种、质量、价格、产地等作细致的考查、比较，才做购买决策。

(4)冲动型。农资消费者没有预定的购买目的和购买模式，大多数情况下是外界因素刺激下引起的购买行为。这种购买行为容易受到广告宣传、产品包装、产品说明和销售人员介绍的影响。

2.2.4 改变消费者购买行为的途径

1. 消费者购买决策过程

确认需要—收集信息—产品比较评价—决定购买—购后感觉。

2. 改变消费者购买行为的方法(图 2.2.2)

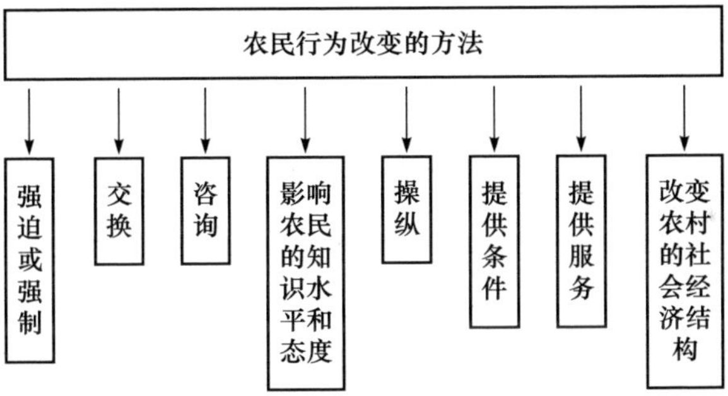

图 2.2.2 改变农民购买行为的方法

2.3 分析农资顾客购买动机

2.3.1 顾客的农资购买过程

1. 农民购买农资行为的一般过程

确认需要—现状分析与考证过程—相关资金、使用技术等的准备过程—购买决策及购买行动过程—购买后使用结果的评价过程。

2. 农民购买农资的心理活动过程

认识阶段—感兴趣阶段—评价阶段—试用阶段—采用阶段。

2.3.2 农资购买行为的影响因素

2.3.2.1 文化因素

所谓文化，就是指人类在社会发展过程中创造的物质财富和精神财富的总和，是根植于一定的物质、社会、历史传统基础上的特定价值观念、信仰、宗教、思维方式、习俗等的综合体。

人类行为的本能控制大部分是通过学习而得到的，因此，市场营销理论认为，文化对人们的行为具有最广泛和最深远的影响。

2.3.2.2 社会因素

(1)社会阶层。处于同一社会阶层的人有着相似的社会经济地位、利益和价值观倾向，对商品、品牌、大众宣传媒体等有着较为相同或相似的看法。

(2)相关群体。相关群体，就是指那些直接或间接地对人们的态度、爱好和行为产生影响的群体。

(3)家庭。家庭是社会中最重要的消费单位和购买决策单位，对消费者购买行为的影响最大。

2.3.2.3 个人因素

个人因素主要包括年龄、家庭生命周期、性别、职业和受教育程度、经济状况、生活方式、个性和自我形象等。

2.3.2.4 心理因素

人的购买行为主要受动机、知觉、学习、信念和态度四种心理因素的影响。

1. 动机

动机是一种推动人们为达到特定目的而采取行动的迫切需要，是行为的直接原因。

【核心知识——农资顾客购买动机】

农民作为农资消费者，具有一般商品消费者的购买动机，也有自己的特殊要求，可划分为以下 6 种。

① 求实动机。求实动机是指以注重商品或服务的实际使用价值为主要目的的购买动机。消费者在购买商品或服务时，特别注重“实惠”“实用”和“货真价实”，即非常注意商品的效用和质量，讲求经济实惠、经久耐用、使用便利，而对商品的外观造型、色彩、商标、包装装潢等不大重视。在购买时大都比较认真仔细地挑选，对商品的广告宣传和实物进行比较；要求“名副其实”。一般而言，消费者在购买基本生活资料、日用品的时候，求实动机比较突出，而在购买享受资料、较高档次的、价值大的消费品时，求实动机不太突出。此外也要看消费者的消费支出能力和消费的价值观念。

思考：如何引导农民买到物美价廉的农资商品？见图 2.3.1。

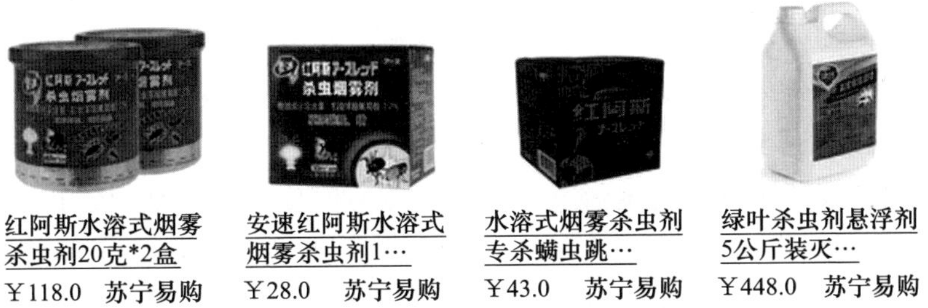

图 2.3.1　农药杀虫剂的标价图示

解析：农民收入有限，抗风险能力低，每分钱都要用在对的地方。种植业是主要的经济和收入来源，一年到头盼望的是农作物能增产增收，能卖个好价钱。必须要为农民着想，既要给农民提供有效的产品，也要想方设法为农民降低成本。面对一种害虫，它会给出多种杀虫剂，各个价位都有，让农民自己选择。

② 求廉动机。求廉动机（也称求廉心理）是指以追求商品价廉实用为主要目标的购买动机。其主要表现是，消费者在购买某一种商品时，对其价格特别重视，希望购买到既实用又价廉的商品，购买商品过程中喜欢对各类商品或同类商品的价格进行反复比较，然后决定自己的购买。求廉动机可简单地分为两类：购买高级或高档商品时求廉，常常是在确定购买品种、款式之后，希望能少花点钱，其实是“得了便宜”的心理在发挥作用。购买低级或低档商品时求廉，即对商品质量、花色、款式要求不高，只要商品价格低廉、实用就会购买，特别喜欢购买处理、降价、折价商品。

对于农资顾客而言，也有可能购买相对价格比较贵的农资商品。一般是通过销售人员在促销活动和销售话术上采用了“让客户得了便宜的感觉”。

③ 求同动机。求同动机又称仿效动机，是一种仿效他人或追求社会潮流为主要特征的购买动机。它突出地表现在人们在购买商品方面要和别人保持同一步调的趋势。社会风气和周围的环境会给购买者一种驱使力，使他们渴望购买别人已经拥有的同类产品。

从农资顾客的角度出发，求同动机的外在表现行为就是大家常说的“从众行为”“随大流”“跟随型购买”。基于对农资产品的使用要求“安全”和“避害”的心理，当市场上有新产品出现时，大多数顾客往往处于观望态度，不愿轻易购买和使用。当农资企业用新产品做好成功的生产示范之后，尤其是有部分生产者获得了良好的效益之后，观望者基于求同动机跟随购买。

④ 求便动机。求便动机是指消费者以追求商品购买和使用过程中的省时、便利为主导倾向的购买动机。具有这种购买动机的消费者特别重视时间和效率，对商品本身则不多挑剔。他们希望能够快速、方便地买到中意、合适的商品，讨厌烦琐的购货方式、过长的等候时间和过低的销售效率，对购买的商品要求使用方便，便于携带与维修。随着人们生活节奏的加快和时间成本的增加，持有这种动机的消费者将越来越多。求便的形式可以分为三种：一是商品可以减少或减轻劳动强度，节省许多的体力；二是商品具有一些方便顾客使用的功能，减少操作使用中的麻烦；三是可以方便顾客的购买，减少购买中的不便。

对于农资顾客而言，一些新产品、新技术的操作简易性，获得售后服务的方便性与及时性，会明显地影响顾客做出购买决定。

⑤ 求名动机。求名动机是指的是消费者以追求名牌、高档商品，借以显示和提高自己的身份地位而形成的购买动机。顾客对商品的商标、商店的牌号等特别重视，喜欢名牌产品，在购买时受商品的知名度和广告宣传等影响较大。这种动机驱使下，顾客购买时几乎不考虑商品的价格和实际使用价值，只是通过购买、使用名牌来显示自己的身份和地位，从中得到一种心理上的满足。具有这种购买动机的顾客一般都具有相当的经济实力和一定的社会地位。此外，表现欲和炫耀心理较强的人，即使经济条件一般，也可能具有这种购买动机。一般而言，青年人、收入较高的人常常具有这种购买动机。

对于农资顾客而言，基于求名动机会更倾向于相信知名企业、名牌产品的质量及信誉保证；相信有名气的技术专家、种养能手和致富带头人的意见和建议。

⑥ 求新动机。求新动机是指消费者以追求商品或服务的时尚、新颖、奇特为

主导倾向的购买动机。其核心是追求商品的时令性和潮流性。顾客在购买商品时，特别重视商品的外观、造型、式样色彩和包装装潢等，追求新奇、时髦和与众不同，而对陈旧落后的东西不屑一顾。在购买时受广告宣传、社会环境和潮流导向影响很大。具有这种购买动机的顾客一般来说观念更新较快，容易接受新思想、新观念，生活也较为富裕，追求新的生活方式。具有这种购买动机的多为经济条件比较好的青年顾客。并且，这类顾客对社会时尚反应敏感，他们也是时装、时尚商品和新产品的主要购买者。

对农资顾客而言，求新动机体现在追求使用新品种、新技术，期望给自己带来好的回报。

【拓展知识——人的行为发生理论】

美国著名的人本主义心理学家马斯洛认为：人的一切行为都是由需要引起的。人类的需要是分层次的，由低到高。马斯洛在 1943 年出版的《调动人的积极性的理论》一书中提出了著名的需要层次论。马斯洛认为，人类的需要由低到高排列成五个不同的层次。

① 生理的需要。这是人类最原始的也是最基本的需要，包括饥、渴、性和其他生理机能的需要，它是推动人们行为的最强大的动力。只有在生理需要基本满足之后，高一层次需要才会相继产生。

② 安全的需要。要求劳动安全、职业安全、生活稳定、希望免于灾难、希望未来有保障等，具体表现在：物质上的，如操作安全、劳动保护和保健待遇等；经济上的，如失业、意外事故、养老等；心理上的，希望解除严酷监督的威胁、希望免受不公正待遇，工作有应付能力和信心。

安全需要比生理需要较高一级，当生理需要得到满足以后就要保障这种需要。

③ 社交的需要。社交的需要也叫归属与爱的需要，是指个人渴望得到家庭、团体、朋友、同事的关怀爱护理解，是对友情、信任、温暖、爱情的需要。社交的需要比生理和安全需要更细微、更难捉摸。它包括两个方面：社交欲，希望和同事保持友谊与忠诚的伙伴关系，希望得到互爱等；归属感，希望有所归属，成为团体的一员，在个人有困难时能互相帮助，希望有熟识的友人能倾吐心里话、说说意见，甚至发发牢骚。而爱不单是指两性间的爱，而是广义的，体现在互相信任、深深理解和相互给予上，包括给予和接受爱。

④ 尊重的需要。尊重的需要可分为自尊、他尊和权力欲三类，包括自我尊重、自我评价以及尊重别人。

尊重的需要也可以如此划分:渴望实力、成就、适应性和面向世界的自信心以及渴望独立与自由;渴望名誉与声望。声望为来自别人的尊重、受人赏识、注意或欣赏;满足自我尊重的需要导致自信、价值与能力体验、力量及适应性增强等多方面的感觉,而阻挠这些需要将产生自卑感、虚弱感和无能感。基于这种需要,愿意把工作做得更好,希望受到别人重视。

尊重的需要很少能够得到完全的满足,但基本上的满足就可产生推动力。

⑤ 自我实现的需要。自我实现的需要是最高等级的需要。满足这种需要就要求完成与自己能力相称的工作,最充分地发挥自己的潜在能力,成为所期望的人物。这是一种创造的需要。有自我实现需要的人,似乎在竭尽所能,使自己趋于完美。自我实现意味着充分地、活跃地、忘我地、集中全力地、全神贯注地体验生活。

成就感与成长欲不同,成就感追求一定的理想,往往废寝忘食地工作,把工作当是一种创作活动,希望为人们解决重大课题,从而完全实现自己的抱负。

2. 感觉和知觉

指消费者通过其感官接受外界环境刺激时所形成的心理上的反应,是个体对社会和物质环境的最简单、最初步的理解。消费者有了购买动机后,就要采取行动,至于如何行动还要看他对商品等刺激物和对市场环境的反应,即感觉和知觉的影响。

3. 学习

学习是由于经验而引起的行为变化的过程,人们的大多数行为是从后天经验,即通过学习得来的。

人们的学习过程是驱使力、刺激物、提示物,反应和强化的相互影响和相互作用的过程。

4. 信念和态度

信念,是指人们对某些事物所特有的看法。企业应非常关心消费者对其商品的信念,这些信念会形成产品和品牌的形象,并影响消费者的购买行为。特别对那些因消费者的误解而形成的错误信念,企业应通过积极开展宣传促销活动,加以纠正。态度,是指人们长期持有的对某些事物或观念的好与坏在认识上的评价、感受和行为倾向。对某种商品的肯定态度可以使它长期畅销,而否定态度则可能妨碍商品在市场上的销售。企业应该注意消费者的态度,一般情况下应该使自己的产品适宜消费者现有态度,以便自己的产品畅销不衰。

根据给出的资料,分析农资顾客购买行为决策过程及动机。

【案例1——小规模农户化肥购买决策案例】

沙田镇刘田村刘支书买化肥。刘田村位于沙田河滩区，离沙田镇街道15千米，从镇到村的主要公路为柏油路，但路面多有破损，坑坑洼洼。该村250多户人家，1 000多人，人均耕地面积为1亩。村里80%以上的青壮年劳动力外出打工。村里主要种植水稻、玉米等传统农作物，小部分农户种植了一点金银花。村里养殖业为养羊，户均2～3头的小规模养殖。村里有在农闲季节做金银花收购生意的传统，大约有100人做这个生意。刘支书，52岁，初中文化，共有3个儿子，其中两个大儿子已经成家，并分家出去。现在最小的儿子与老两口一起过，并常年在外边打工。农资推广(推销)业务员与刘书记座谈的时候，他的妻子也在现场。当农资推广(推销)业务员多次试图向女主人询问一些农业生产投入的问题的时候，女主人总是回答“买什么肥料我不管……，当家的把肥料拉回来，我就负责下地劳动了”。刘支书向农资推广(推销)业务员反映“我们村里现在用常规肥料比较多，如尿素、磷酸二铵，用复合肥的还是比较少”“现在化肥品种太多了，农民都不知道如何去选择了”。当问到农民是否愿意到邮政“三农”服务站等正规农资经销单位去购买化肥时，刘支书说，他们的质量虽然都有保证，但是价格上还是有点高，所以，大家买化肥的时候也没有个明显的定点单位。

案例分析要求：结合“农资购买行为模式”框架，分析案例中农户的农资购买行为决策过程、影响因素、动机。

【案例2——小规模农户化肥购买决策案例】

三江镇李垌村李支书。李垌村离三江镇街道8千米，从镇到村的主要公路是柏油路，路况比较好，但是村内支道多是土路，由于调查时刚下过雨，路面积水严重。全村80户人家，共310口人，人均耕地1.4亩。村内主要产业是传统甘蔗、玉米种植，养猪业比较发达。此外，李垌村距离邻省比较近，移动电话信号覆盖不全，容易漫游到邻省去。李支书，66岁，生有四女两男，孩子均已成家，并在村外发展。老两口在家种植2.8亩地，常年养殖3头母猪，所产仔猪都育成肥猪，2012年养猪的毛收入接近20万元。李支书主要向农资营销人员反映了当地农资市场混乱的现象。他说每年一到农资销售旺季，村里一天能来好几拨人搞宣传，比如今年，先是一拨打着“县科协”的推销商，这些推销商来到村里后，先是请了7个人(2个村干部，5个村民)到县城吃了一桌饭(大约一桌150元的标准)，还给每人发了一件“老人头”T恤(后来一洗就掉色，证明是假冒的“老人头”T恤)，而且对于购买农户还按购买数量多少送价值不等的赠品(包括送蔬菜种子，如冬瓜种子5颗，豇豆种子10颗等)。这些人因为吃了人家的饭,拿了人家的T恤,不好意思,所以,都在“县科协”那里买了化肥,全村从“县科协”处买化肥20吨左右。

再是来了一拨推销奥磷丹控释肥的,人家宣传口号是“用了奥磷丹,种地好简单”。该推销商规定,每买10袋(100斤1袋)化肥送电饭煲1个,买6袋送水杯1个,买3袋送水盆1个。李支书就是买了这种化肥,大约12袋,得到了1个电饭煲和1个水杯。

李支书说,每年这种宣传很多,老百姓也没有鉴别能力,也上过当。比如2013年春,村里来了一拨推销玉米种子的,推销商们是驾着豪华轿车进村的,推销商宣传队中有两个漂亮的姑娘(李支书的措辞是“穿得妖精”),嘴巴特能说,把村子里的人都说迷了,全村人共买了人家6 000多元的玉米种子。但是,该玉米品种到了收割时棒子只长到5厘米左右,那拨经销商再也找不着了。

同时,李支书也反映道,他家去年的种子化肥都是在邮政物流“三农”服务站买的,质量都不错,玉米棒大,价格也适中。但是,他今年却没有到那里买了,全是买了进村宣传的奥磷丹控释肥。个中缘由,李支书也没有向农资营销人员说清楚。

案例分析要求:结合“农资购买行为模式”框架,分析案例中农户的农资购买行为决策过程、影响因素、动机。

【案例3——小规模农户化肥购买决策案例】

灵山县定远乡侯家村侯支书。侯家村离定远乡街道6千米,县级公路从村旁经过,交通十分便利,人均耕地1.9亩。侯支书,56岁,初中文化,家有老母亲、一个闺女及两口子,计四口人,闺女长期在深圳打工。侯支书家主要种植水稻和玉米,同时还经营了一个邮政物流的“三农”服务站。侯支书主要跟农资营销人员谈了农资经营上的事情。他说,现在农村农资竞争也很激烈,经营主体有供销社(私人承包经营的)、市县两地的种子公司(如冠丰种业)、农技站以及邮政物流等。

每到农资销售旺季的时候,各经营主体都会派车到村子里用大喇叭搞宣传,然后,用车免费接农民到农资公司参观,并免费派送那些选购农资的农民(主要是化肥),中午也陪一顿家常便饭。私人经营的农资公司和市县种子公司等相对于邮政物流“三农”服务站,推销形式灵活,价格灵活性大,具有价格优势。村子里以前也出现过有人买到过假农资,但最近几年没有人反映这种情况了。

侯支书也谈到,农民其实对种植质量要求很高,因为,如果买到了假农资或劣农资,一年下来就没了收成。但是,由于农民对农资(以化肥为例)的质量多是不清楚的,他们不太看包装上的成分数据,对质量好坏的评价,是听其他人说和凭自己经验。同时,由于亩均耕地施用化肥量较大,如每亩水稻需复合肥 60～80 斤,每亩玉米需要复合肥 60 斤,一年一个农户的化肥投入比较大,所以,农户对价格更加敏感些。

案例分析要求:结合“农资购买行为模式”框架,分析案例中农户的农资购买行为决策过程、影响因素、动机。

对以上案例的简要分析如下。

1. 化肥购买决策和化肥施用决策存在可分性

从案例 1 中刘支书的妻子反映来看,可以验证我们在第一部分的假定,即农户化肥购买决策和化肥施用决策存在着不同步性,即化肥购买者不一定是化肥施用者。而且,即便化肥购买者与施用者是同一个人,但是,在时间上也存在不同步性。因此,Croppenstedt 和 Demeke(1996)在采用 Heckman 模型研究埃塞俄比亚农户的化肥需求时,区分了化肥施用的选择(adoption)和化肥消费(consumption),他们的研究发现这两种决策存在不一致性:受教育水平变量在化肥施用方程中显著(即受教育水平会增加化肥施用量),但受教育水平变量在化肥需求方程中作用不显著。

2. 化肥需求量与化肥质量正相关

案例 2 中李支书反映,李垌村村民受过假玉米种子的危害,损失不少。但是,案例 3 中侯支书认为最近几年来假农资发生率明显下降了。在农户化肥购买决策中,化肥质量是一个重要的影响因素,因此,农民在购买化肥之前喜欢向左邻右舍打听情况,有时候也向村里干部打听情况。在多种可供选择的化肥品之间,如果价格差异不大,农民更加倾向于质量高的化肥。但是,由于目前农民对化肥质量的了解与评价多是基于经验的,案例 3 中的侯书记就反映过,农民购买化肥的时候其实很少关注化肥的数据,说明很少真正关心化肥的有效成分的含量。闫湘(2008)用分类变量作为化肥质量的替代变量时,出现了农户化肥质量评价等级越高,化肥施用量越低的实证分析结论,这与农民购买某种具体品牌化肥的决策逻辑(即质量高的多买些)并不矛盾。

3. 化肥需求价格弹性可能高于化肥需求质量弹性

三个案例都反映到化肥价格对化肥需求的影响,由于小规模经营农户自有资金比较少,加之“一个便士”的经济理性,他们对化肥市场价格非常敏感。一个品牌的化肥每袋便宜 5 元对农户购买的影响非常显著,同样地,在购买化肥时是否能得到赠品(在购买者眼里也是可以折算为现金的,相当于在价格上的优惠)也会明显影响到化肥购买者的决策,如案例 2 中李支书去年买了正规经销商的化肥,今年却买了其他推销商的产品，并得到了电饭煲等赠品。

案例3中侯支书作为一个农资经营者，他观察到的现象可能更有深度。他反映尽管农民在购买化肥的时候会向其他人打听化肥质量问题，但是，他们却很少有认真阅读每种化肥品质说明书的，即对化肥质量的评价多是定性判断，少有定量计算。在这种状态下，尽管农民很关注化肥品质，但是，在促销面前，更加容易受到来自价格因素的冲击。换言之，农民购买化肥时，化肥需求价格弹性往往高于化肥需求质量弹性。这与案例2中“有赠品的化肥推销商往往能很容易把产品卖给村民”的事实相符。

4. 启示

农村化肥市场规则。当前传统内陆农区小规模农户整体较为贫困，农户自有资金非常有限，抗风险能力比较低。因此，理论上讲，农户在购买化肥的时候往往追求总购买支出最小化行为逻辑，而且，当面对可供选择的不同化肥之时，他们会在价格与品质之间达成一个妥协。但在实践中，由于农户对化肥品质的定量化了解很少，这一方面是农户受制于其自身文化水平和检测水平，另一方面也是化肥生产厂商和化肥经销商刻意的信息隐匿所致。

由于农户化肥需求价格弹性高于农户化肥需求质量弹性，在农村农资销售市场上，各经销主体会利用这一规律，在促销宣传中加大价格优惠信息的发送，而刻意隐匿化肥质量信息。在农村调查中会经常听到老农的抱怨“现在这化肥、农药价格老是往上涨，但越来越不管事了”，或许是个印证。

因此，为了规范农村化肥市场，必须从以下几个方面着手解决：首先，政府要向农民大力宣传科学用肥，以便农民关注化肥质量从定性的、经验的向定量的方向转变。其次，农资监管部门要加大对化肥生产厂商及分销商对化肥品质的标准化监督。同一名称的化肥，如尿素、复合肥中各有效成分的含量要标准化。最后，规范农资销售市场的不正当竞争现象，农资销售旺季，在各村各点设置农资投诉点和开通免费农资投诉电话。坚决查处无照经营，一照多点经营，随意流动经营等情况。

复习思考题

一、基本概念

动机、行为、购买行为、心理过程、从众心理、逆反心理、顾客个性心理、消费习俗。

二、填空题

1. 按照马斯洛的需求层次论，把需要按重要性程度分为生理需要、________需要、________需要、________需要和自我实现需要。

2. 行为，是指人在环境的影响下所引起的内在的生理和心理变化的________。

3. 农民的购买动机可以分为________动机、________动机、________动机和________动机、________动机、________动机。

4. 影响消费者购买行为的基本因素，主要有文化因素、________因素、________因素及心理因素。

5. 影响市场购买决策的因素有________、________、________和个人因素。

三、判断题

1. 消费需求实际上也是一种需要。（　　）

2. 在影响消费者购买行为的个人因素中，年龄是最直接的因素。（　　）

3. 感觉的选择性即指消费者在接触的大量信息中下意识地拒绝无用的信息，只对有用的信息加以注意。（　　）

4. 根据农民学习的特点，利用晚上时间或农闲时间进村入户或到田间地头开展农业技术培训，促销农资商品，效果会更好。（　　）

5. 一般消费者的购买动机可分为感情动机、理智动机和信任动机。（　　）

四、选择题（不定项选择）

1. 消费者需要是多层次的，主要包括________。

A. 生理需要　　B. 心理需要　　C. 物质需要

D. 精神需要　　E. 审美需要

2. 一般农资消费者（农民）的具体购买动机有________。

A. 求实动机　　B. 求廉动机　　C. 求名动机

D. 求美动机　　E. 求新动机

3. 消费者购买行为按照个性特点划分，有________类型。

A. 理智型购买　　B. 感情型购买　　C. 习惯型购买

D. 经济购买　　E. 冲动型购买

4. 影响消费者购买行为的基本因素是________。

A. 文化因素　　B. 社会因素　　C. 个人因素

D. 心理因素　　E. 经济因素

五、问答题

1. 农民采纳创新的心理过程主要有哪些阶段?

2. 购买者决策过程可以分为几个阶段?

3. 消费者购买决策行为有哪些主要类型?

4. 认知消费习俗的定义、特点、分布以及消费习俗对消费行为的影响。

5. 分析消费心理变化与互动,顾客心理的交互影响。

6. 分析农资顾客购买行为模式和类型。

7. 分析顾客的购买过程,以及影响购买行为的主要因素。

8. 顾客的购买动机可划分为:以使用为主要目的的动机和以得到心理满足为主要目的的动机。请分析:

① 农民购买超级杂交稻种子的行为具有以上哪些购买动机?

② 农民购买只有一个销售价格的花生种子的行为具有以上哪些购买动机?

③ 农民选择购买国产除草剂或进口除草剂的行为具有以上哪些购买动机?

④ 农民购买选择不同类型、不同价格的蔬菜杀菌剂的行为具有以上哪些购买动机?

9. 农资零售商进货所形成的农资购买市场,属于消费者市场还是组织市场?

10. 种子公司(或农药厂商)的根据销售需要组织生产所形成的市场,属于消费者市场还是组织市场?

技能训练

1. 实训项目

农资消费心理与行为的现状调查。

2. 实训目的与要求

① 培养学生敢于进入社会,掌握与企业及与人打交道的能力。

② 培养学生有意识地运用知识把握社会心理现象的能力。

③ 锻炼学生学会研究现实问题的途径和方法。

3. 实训内容与安排

① 指定一个时间组织市场调查。

② 学生选择一个市场，可以是超市、批发市场、贸易市场。

③ 对消费者购买行为进行观察记录。

④ 可以对消费者不同的性别、年龄进行观察，适当时可以有礼貌地询问需求意向。

⑤ 调查资料的整理和报告撰写。

4. 实训考核标准

① 调查信息量多少，不得少于50人。

② 调查的对象应照顾各类人群。

③ 调查的内容如农资的对象可以有所选择。

④ 数据资料的分析挖掘水平。

⑤ 调查报告的水平：文字清楚有条理，数据分析较真实，有依据。

项目3

制定农产品、农资的促销策略

学习项目导航

子项目	学习任务
3.1　促销组合策略	1. 促销的基本概念 2. 促销的作用 3. 促销组合策略
3.2　人员推销	1. 人员推销的概念 2. 人员推销的方式 3. 人员推销的常用策略 4. 人员推销的技巧
3.3　营业推广	1. 营业推广的概念与作用 2. 对消费者营业推广的常用方式 3. 对中间商营业推广的常用方式
3.4　广告	1. 广告的概念 2. 广告媒体的类型与特点 3. 选择广告媒体
3.5　公共关系	1. 公共关系的概念 2. 公共关系的主要方式及作用
3.6　农资促销的准备和技巧	1. 农资市场常用的促销活动方式 2. 农资市场促销的常见技巧

3.1　促销组合策略

农产品、农资产品属于特殊的商品，传统营销组合，已经无法有效激发广大消费者的消费诉求。基于这种状况，营销策略的创新，使深陷于营销困境和产能过剩的农产品、农资企业逐渐步入一方新的天地。

3.1.1　促销的基本概念

1. 促销的概念

促销概念一：指企业运用各种方式方法，传递产品或服务的信息，帮助与说服顾客购买本企业的产品或服务，或使顾客对企业产生好感，从而有利于企业产品的销售。

促销概念二：指企业采用各种手段和方式，向消费者或用户传递商品或劳务的信息，从而引起消费者的兴趣，激发消费者的购买欲望和购买行为的活动。

促销概念包含以下三层含义：

① 促销实质是企业（卖方）与顾客（买方）之间信息的传播与沟通过程。

② 促销目的在于激发顾客的购买欲望，影响其购买行为，从而扩大产品或服务的销售。

③ 促销方式分为人员促销和非人员促销两大类。人员促销亦称为直接促销或人员推销，非人员促销亦称为间接促销或非人员推销，包括广告、营业推广和公共关系等方式。一般情况下，企业在促销活动中两种以上结合使用。

2. 促销的主体和对象

(1)促销的主体：营销单位（卖方）。

(2)促销的对象：消费者（用户）、经销商（买方）。

(3)促销的载体：是指促销主体将促销信息输出所借用的工具，如广播、电视、书报、文字、图像等。

3. 促销的主要方式

促销活动实质上是一种信息沟通活动。促销的方式可分为人员推销和非人员推销，非人员推销又包括广告、营业推广、公共关系三种形式。

(1)按沟通方式分为：单向传播、双向沟通。

(2)按传递载体分为：人员推销、非人员推销。

(3)按促销形式分为：人员推销、广告推销、营业推广、公共关系。

(4)按策略效果分为：拉引策略、推动策略。

3.1.2 促销的作用

1. 提供商品信息，扩大消费需求

一种商品进入市场以后，甚至在尚未进入市场的时候，为了使更多的消费者知道这种商品，就需要生产者及时提供商品情报，向消费者介绍产品，引起他们的注意。大量的中间商要采购适销的商品，也需要生产者提供情报；同时，中间商也需要向零售商和消费者介绍商品，以便沟通情报。

生产者向中间商和消费者介绍商品，不仅可以诱导需求，有时候还能够创造需求；当某一种商品的销量下降时，通过适当的促销活动，可以促使需求得到某种程度的恢复。

2. 突出商品特点，强化竞争地位

在同类商品竞争比较激烈的情况下，许多产品只有细微的差别，消费者往往不易察觉。这时，企业可以采取促销活动，宣传自己产品区别于竞争产品的特点，使消费者认识本企业产品带给消费者的特殊利益。

3. 稳定销售渠道，稳定产品市场

有的企业由于各种原因，全年销售量波动很大，这是市场地位不稳定的反映。企业可以通过促销活动，使更多的消费者形成对本产品的“偏爱”，达到稳定销售的目的。有的公司认为，规划广告最重要的使命是稳定公司产品的市场地位。

3.1.3 促销组合策略

1. 促销组合的概念

促销组合，是对各种促销手段进行有计划、有目的地综合运用，以便各种促销手段相辅相成，取长补短，实现整体最佳效能。

促销组合由四种最基本的促销手段构成，即人员推销、广告、营业推广和公共关系，每一种促销手段都包括若干特定的内容。

2. 影响促销组合的因素

(1)促销目标。企业的营业目标有销售额、利润等，企业的促销就要围绕着这些目标使用各种促销手段。

(2)市场性质。对不同的市场需求应采取不同的促销组合。从不同的角度看市场，市场会呈现不同的特点，市场的特点不同，应采用不同的促销组合。从市场的顾客数量及市场的集中程度来看，产品的目标市场集中或不同类型的潜在顾客数量不多，人员推销的作用就会得到充分发挥，而且能够把一些广告费用省下来。如果销售市场的范围广阔，分散于全国各地，或不同类型的潜在顾客数量很多，就应以广告宣传为主，大量采用人员推销则无法适应广泛的市场需求。

(3)企业情况。企业的规模与资金状况不同，应该运用不同的促销组合。一般情况下，小型企业资金力量弱，支付大量的广告费用比较困难，这样就应该以人员推销为主；大型企业有规模效应，产品数量多，资金雄厚，有能力使用大量的广告向广泛的消费者施加影响，所以就应该以广告促销为主，人员推销为辅。

(4)产品性质。不同性质的产品，购买要求和使用特点不同，需要采取不同的促销组合。一般按产品的不同性质把产品划分成工业品和消费品两大类。消费品与工业品比较，消费品更多地使用广告，工业品则更多地使用人员推销。无论是工业品还是消费品，营业推广和公共关系这两种形式几乎可以被工商企业随时采用。

(5)产品的市场生命周期。产品生命周期的不同阶段，市场的环境不同，企业的促销目标不同，所以促销手段的配合结构也有所不同。

① 产品进入市场之前。在产品即将进入市场的时候，如果能够利用某一方面的宣传，把这一产品信息传播出去，往往会起到先声夺人的作用，消费者知道将有新产品问世，并留有记忆，就为产品上市奠定了基础。这一时期运用广告宣传形式是较为合适的。

② 产品市场的导入期和成长期。产品处于市场生命周期的这两个阶段，销售促进的主要形式都是广告，人员推销只起配合作用。但是广告在产品导入期的宣传重点是广泛的介绍，在成长期的重点是树立品牌，突出特色，引起消费者的偏爱，广告的目标与内容是不同的。至于人员推销，在导入期则主要是劝说经销商经销产品，在成长期去努力扩充销售渠道，创造需求，增加市场占有率。

③ 产品市场的成熟期。在这一阶段，竞争达到高潮，促销的目的是努力巩固产品的市场地位。这时候的消费品促销手段仍以广告为主，同时辅以营业推广；工业品则更多地运用人员推销，并发动公共关系予以协助，扩大企业和产品的声誉，争取在竞争中取胜。

④ 产品市场的衰退期。企业在产品的这一阶段，一般多采用营业推广的形式，进行有奖销售、抽彩、赠送销售以及大批量产品展销等。这时候的广告，只能寄希望于忠实的顾客，提示他们继续购买，不要忘了老产品。

(6)促销费用预算。量力而行，促销活动的筹备和实施建立在物资支持的基础上。

3. 促销组合的基本策略

(1)推动策略。推动策略是将产品通过分销渠道推销给最终消费者,以中间商为主要促销对象。

推动策略的定义,指企业以中间商为主要促销对象,通过推销人员的工作,把产品推进分销渠道,最终推向目标市场,推向消费者的一种方法。

推动策略多用于以下情况的市场促销:

① 对象比较集中,目标市场的区域范围较小;

② 处于平销状态、市场趋于饱和的产品;

③ 品牌知名度较低的产品;

④ 投放市场已有较长时间的品牌;

⑤ 需求有较强选择性,如种子、专用肥;

⑥ 顾客购买容易疲软的产品;

⑦ 购买动机偏于理性的产品;

⑧ 需要较多介绍消费、使用知识的产品。

(2)拉引策略。拉引策略是针对消费者,以广告为主,配合应用示范推广,引导消费者购买产品的一种策略。

拉引策略的定义,就是以最终消费者为主要促销对象,通过运用广告、营业推广、公共关系等促销手段,向消费者展开强大的促销攻势,使之产生强烈的兴趣和购买欲望,纷纷向经销商询购这种商品,从而诱导中间商积极向制造商进货的一种方法。

拉引策略多用于:

① 目标市场范围较大,销售区域广泛的产品;

② 销量正在迅速上升和初步打开销路的品牌;

③ 较高知名度的品牌;感情色彩较浓的产品;

④ 容易掌握使用方法的产品;选择性的产品;

⑤ 经常需要的产品。

4. 促销组合的常用方法

(1)教育引导法。通过介绍商品和劳务的原理、性能、使用方法等有关知识,使消费者感到商品和劳务能给自己带来利益和好处,产生强烈的购买愿望,达成交易。

(2)新闻焦点法。利用新闻媒体中报道的重大事件和新闻人物或由企业制造新闻事件，将企业产品与新闻联系起来，使企业产品成为新闻的焦点，引起社会公众关注，让消费者对企业产品产生深刻印象，起到促销作用。

(3)感情交流法。这种方法主要是注重人们之间感情交流，激发情感。如利用人员促销，或公共关系有针对性地推广，动之以情，晓之以理；或者利用广告画面中的色彩、音乐、人物对白等手法，激发促销对象的潜意识或情感上的共鸣，从而达到促销目的，并保持对产品的忠诚和信赖。

3.2　人员推销

3.2.1　人员推销的概念

1. 人员推销的概念

人员推销是指农资营销企业派出推销人员直接与目标顾客(用户)面对面接触、洽谈、宣传农资产品，了解用户需求，以达到促进销售目的的活动过程。

2. 人员推销的优势和特点

(1)人员推销的优势。实践证明，人员推销与其他促销手段相比，具有不可替代的优势。人员推销虽然是一种古老传统的促销方式，但是在现代农资企业的市场营销活动中仍然起着十分重要的作用。人员推销给购买者提供极大方便，并可根据用户的实际情况，提供相应的技术指导。

(2)人员推销的五个特点：

① 人员推销具有灵活性。人员推销可以根据用户需要、动机和行为习惯，设计推销策略，并随时加以调整。不仅直接向用户介绍农资的特性、质量、使用和保管方法，还可以解答各类疑问。对新开发的品种，通过介绍和答疑，消除疑虑，诱发购买。

② 人员推销具有针对性。在每次推销前，可以选择较大购买潜力的用户，针对性地推销。可以事先进行市场调查、研究，确定具体推销方案、推销目标和推销策略，以强化效果，提高成功率。

③ 人员推销具有完整性。人员推销过程首先是选择目标用户，当面洽谈，说服用户，提供服务，最后促成交易，并能反馈购买者对农资商品和农资企业的评价信息。整个促销过程是完整的。

④ 人员推销具有情感性。推销人员与用户直接接触，建立友谊，稳定购销用户，促进农资销售。

⑤ 人员推销具有局限性。农资用户（顾客）居住分散，人力资源有限，推销规模范围受到一定的限制。

3.2.2 人员推销的方式

人员推销的主要方式有：门店推销（柜台推销）、上门推销、会议推销、电话推销、书面推销等方式。

1. 门店（柜台）推销

（1）门店（柜台）推销的概念。门店（柜台）推销，是指企业在适当地点设置固定门店，由营业员接待进入门店的顾客，推销产品。门店的营业员是广义的推销员。门店（柜台）推销与上门推销正好相反，它是等客上门式的推销方式。由于门店里的产品种类齐全，能满足顾客多方面的购买要求，为顾客提供较多的购买方便，并且可以保证产品完好无损，故顾客比较乐于接受这种方式。

（2）门店（柜台）推销的步骤：第一步是与用户打招呼，第二步是了解用户需求，第三步是针对性地介绍农资特性、应用技术、销售政策、企业情况等。

（3）门店推销的作用。

① 门店推销是争夺顾客的前沿阵地。门店推销能刺激消费者的购买欲，配合电视、报刊广告，以门店营销为枢纽，就可取得“1＋1＞2”的整合营销效果。

② 生动、立体、有效的门店推销必能赢得顾客。一个成功运作的门店推销，必须具备四种特性：一是创新，不断推出新的促销经营手段；二是鼓动性，充分调动人们的购买欲；三是规模性，即在商品布局上展现宏大，彰显实力；四是时代性，即站在产品潮流前沿。

2. 上门推销（洽谈、铺货）

（1）上门推销的概念。上门推销是最常见的人员推销形式。它是由推销人员携带产品的样品、说明书和订单等走访顾客，推销产品。这种推销形式，可以针对顾客的需要提供有效的服务，方便顾客，故为顾客所广泛认可和接受。此种形式是一种积极主动的、名副其实的“正宗”推销形式。

上门推销可以直接同顾客接触，这就决定了人员推销的优势所在。顾客可以根据推销员的描绘而形成一定的看法和印象。当然，这并不是意味着一个好的推销员就一定可以获得推销的成功，但是，他可以留给顾客一个很重要的第一印象。

至少，当顾客要购买时，最先想起来的可能是这个推销员，接下来是他所属的公司。上门推销在国外十分普遍，在我国还仅仅是开始，从长远来说，人员推销将成为营销的一种重要方法。

(2)上门推销的步骤。

① 对所推销的产品、售后服务和相关法规、金融政策了如指掌，并携带必不可少的基本文件资料。

② 到达目的地，先打招呼，向对方介绍自己的姓名、单位和身份，随后向接待者、秘书和其他人员递上你的名片。

③ 简要而直接地阐明你此行的目的，若接待者有兴趣或有耐心，再进一步介绍企业或产品，利于推销对象迅速了解自己，加快交易。

(3)上门推销的注意事项。

① 盲目推销。任何商品和服务都有其特定的需求对象和需求时间。推销员选准推销对象，把握好推销时机是推销成功关键。有些推销员整天忙忙碌碌，路没少跑，话没少说，而收效甚微，原因主要在于，他们没有选择好一个明确的推销目标。

② 粗鲁无礼。上门推销要给顾客留下良好的第一印象，就必须注意礼节礼貌。首先，应穿戴整洁，注意个人卫生。其次，进门之前应按门铃或轻轻叩门，得到允许后方可入内。再次，得体的称谓，礼貌的问候会缩短与顾客的心理距离。

③ 夸大其词。向顾客介绍商品应实事求是。漫无边际，把你的商品说得完美无缺，顾客未必信任你；相反适当找出一点商品缺点，反而能取得顾客的信任。

④ 不懂装懂。推销员对所推销的商品应有一个比较全面的了解，只有这样才能回答顾客提出的各种疑问，并解决顾客在商品使用中所出现的问题。但我们也必须承认，对所有的知识不可能样样精通。如果遇到不甚了解的问题，绝不能用“大概”“可能”“也许”“差不多”这样的话来搪塞顾客，或故弄玄虚，卖关子。应实事求是地向顾客解释，如果遇到的顾客是这方面的专家，应虚心向他们学习，以丰富自己的知识。

⑤ 强行推销。推销应建立在尊重顾客、双方自愿的基础上。一些推销员为了提高自己的推销额，不替顾客着想，而是采取软磨硬泡，甚至欺骗的方法强行推销。这样做，不但违反了商业道德，损害了顾客的利益，也会作茧自缚，损害了推销者本身的利益。

⑥ 一锤子买卖。推销员要提高自己的推销业绩，不仅要通过不懈的努力来扩大自己的销售市场，建立起新的销售网络，还要加强和巩固已有的推销点，使一般

的顾客成为熟人，进而成为朋友。上门推销不可能一次成功，经常走访你的老顾客，进行感情上的联络与沟通，他们就可能成为你下次的主顾，同时还会向他的朋友介绍你，帮你挖掘出新的顾客。对购买了你商品的顾客，实行定期跟踪调查，提供售后服务，会使他成为你忠实而长久的顾客。

3. 会议推销

(1)会议推销的概念。会议推销是指利用各种会议向与会人员宣传和介绍产品，开展推销活动。譬如，在订货会、交易会、展览会、物资交流会等会议上推销产品。这种推销形式接触面广、推销集中，可以同时向多个推销对象推销产品，成交额较大，推销效果较好。

(2)会议推销的步骤。会议推销最主要是有一个好的策划，主要步骤包括策划、执行以及会后工作。

① 前期：筹备工作。一是组织部门预计会议场所，预期请多少人，本次会议的内容，大致完成多少销售额以及安排交通、点心等相关辅助程序和突发事件的应急。二是销售部门对客户资源的收集分类，对有意向客户进行电话邀请等，将名单上报给组织部门。三是布置会场，举行会议前的准备会议，也可以说是打气会。

② 中期：会议宣传期。按前期工作，设置好迎宾接待、登记招待等人员，安排好已入会场人员(防止来的人看看就走了)。举行会议，宣传本次会议你们的目标(这一块很重要，特别是讲解人对会议气氛的控制)。会议完毕，对邀请来的客人根据每个销售部门的计划进行销售。

③ 后期：会议总结。对本次会议哪里做得好，哪里不好，有什么不满足，为什么没达到会议的目的等情况，进行分析，总之就是要分析原因为以后做得更好。

(3)会议推销策略的核心问题。

① 产品力。营销业内的一句话："你能将水当作药卖出去是你的本事。"这句话有一定的道理，但是太过于强调"销售力"了，而忽略了"产品力"。"产品力"是市场运作成功的第一要素，它直接决定了产品的"口碑"和产品的"生命周期"。我们不排除有人能将水当作药卖出去的可能，但是你能否持续地获得利润却不在于你是否卖出去了，而在于购买方是否在持续消费你的产品。也就是说，不在于你是否卖出了，而在于你能卖多久。因此，如果要采用会议营销的模式进行市场运作，首先要保证产品过硬，否则将举步维艰。

② 充足的客源及场外工作。会议推销的实施以充足的客源为基础，如果不能保证客源充足，会议营销根本无法实施。很多会议营销的策划者都存在这样一个误区：

到场的客户越多，销售业绩就越好。而通过工作经验总结得出的结论却与此迥然不同，一场营销会议销售业绩的好坏在很大程度上取决会场外的工作，主要是指销售人员与目标客户的沟通，而不是取决于来了多少顾客。因此，会议营销的功夫全在场外。

③ 专家。对于会议推销来说，到场专家的水平会影响整场会议的销售业绩，特别是主讲专家。采用会议营销的企业应该严格地选择适合企业的真正的专家，不应该弄虚作假。

④ 典型案例的培养。典型案例在整个营销会议的过程中起到画龙点睛的作用，通过典型案例的现场说法来证实产品确实具备企业所宣传的效果，从而促使适应人群购买。因此，采用会议营销的企业一定要注意培养自己的忠实顾客，并从忠实顾客中培养典型案例。典型案例的培养对于采用会议营销的企业来说是一个应该持续、认真对待的工作。

⑤ 流程设计。每一场营销会议都应该有一个主题，围绕会议主题要进行整个营销会议的流程设计，会议的流程要力求做到自然、流畅。即使会议的流程再熟悉，会前也要演练一遍。主题不同的营销会议，其流程也应该不同。良好的会议流程可以有效地促进销售。

⑥ 主持人。主持人是整个营销会议的灵魂。他将整个会议的各个细节串联起来。好的会议主持人可以有效地把控整个会议现场的局面，可以根据需要调动会议现场的气氛，可以处理好突发事件，可以将参会者的注意力集中起来。

4. 电话推销

(1)电话推销的概念。电话推销是推销人员通过电话向潜在客户展示产品或服务，以达到获取订单、成功销售的目的。这种方法用以联系距离较远的顾客，或为现有顾客服务方面有一定的优势，因为推销人员可以坐在办公室里开展业务，扩大销售，减少出差和旅行方面的费用。电话推销的目标就在于能以一种经济有效的方式满足客户需要，为客户提供产品或服务。电话销售的对象是公司现有或潜在的目标市场顾客，通过与他们的沟通，不仅可以维持与客户之间良好的关系，还可以为企业树立良好的形象(图 3.2.1)。

图 3.2.1　电话推销

此外电话销售还可以作为其他营

销方式(邮寄销售、目录销售、电视销售、电子购物等)的补充和支持。这些方式和电话销售结合时,虽然侧重的方面各有不同,但最终目的都是要充分利用当今先进的通信及计算机技术,为企业降低成本,创造更多的商机,增加收益。

(2)电话推销的步骤。

① 准备工作。在进行电话联络之前,推销人员应做好充分的准备,准备得越充分,促成交易的成功率就会越高。

收集客户资料。对将要联络的公司和顾客,推销人员应主动收集客户资料,内容包括公司名称、业务类型、资金实力、职工人数、联系人姓名、电话号码和地址等,对潜在顾客了解得越多,越容易列出适当的特征以及有效的推销方法,更重要的是可据此促成交易成功。这样在从事电话推销的起步时,就已经有了一定的准备。

了解客户潜在需求。电话推销之前,推销人员要在综合考虑客户的行业及其在行业中所处位置的基础上,了解客户可能有哪些潜在需求,进一步明确能给客户提供的产品和服务。

② 规划电话推销谈话内容,设计开场白。为了克服电话推销中的缺点,提高成功率,在注意礼仪,赢得顾客好感的基础上,推销人员必须规划电话推销的谈话内容。把开场白和想要表达的内容依顺序排列出来,可在其他人的面前预演电话推销谈话内容,或打电话给其他推销人员进行“彩排”,尽可能地去预料顾客提出的问题或反对意见,说明的方法应有弹性,能有效针对不同的顾客。努力使之成为一般的谈话方式,以很自然的方式表达出来。

开场白中以最快的速度说明自己的身份,让客户了解自己的姓名、所属的公司以及能提供什么类型的产品及服务,引发顾客的兴趣。下面是电话推销中最简单有效的 6 种开场白:

a. 提供给客户最大的好处。例如,“您好,是杨光先生吗?我是兴农公司的李强,今天给您打电话,是为了去您那儿告诉您我们能提高您的业绩。我相信您会对这个产品感兴趣。”或者:“杨光先生,我公司的产品实在是太棒了,非常适合您。我们可以见面谈谈吗?”

b. 分享一个重要的信息。例如,“您好,是杨光先生吗?我是兴农公司的李强。今天打电话给您的原因是我们刚刚成功结束了与××先生的一次重要合作项目。我希望下周能到您那儿拜访,告诉您我们与××先生合作的成功经验。您看什么时候方便?”

c. 利用第三者的推荐。例如,“您好,是杨光先生吗?我是兴农公司的李强,是吴华建议我给您打电话预约。我想知道……”

d. 缘故开场白。例如，“您好，是杨光先生吗？我是兴农公司的李强，上星期我与您联系时，您让我今天再给您打电话预约。您看明天下午两点方便吗？”

e. 赞美开场白。例如，“听朋友说您是位学识渊博同时非常谦虚的人，果不其然。从您说的这几句话，我已经感受到您的人格魅力了。”

f. 请教问题开场白。例如，“您好，是杨光先生吗？我是兴农公司的李强，早就听说您是××方面的专家，可以打扰您五分钟，向您请教两个问题吗？”

③ 约请面谈。因为电话推销成功率低于面谈推销的成功率，推销人员要尽量通过电话获得与客户面谈的机会，要敢于向客户提出面谈请求，最好主动地提出面谈的时间，要向客户明确自己已充分地了解了客户现在的需求，并且自己有能力满足其需求。这种方式可能既省时省力，同时又可以避免模糊的信息。

④ 克服异议。如果只能通过电话推销产品或服务，推销人员要在充分了解顾客需求的前提下，向顾客介绍自己能够提供给顾客的利益并处理顾客异议。除了通常面谈时推销人员常常碰到的各类异议之外，电话推销时，推销人员往往会遇到客户说马上要开会，不方便继续通话等情况，这其实是客户提出异议的另一种方式。对于客户的此类异议，最好的处理方法是请求客户给自己一两分钟的时间简明扼要地表达自己的意图，在一般情况下，客户都会满足这样的请求。销售人员可以利用这个机会想方设法地引发客户的兴趣，再一次尝试约请面谈或为下一次电话拜访创造机会。总之在遇到客户异议时，切记不可绝望地马上挂掉电话，因为立即挂掉电话往往标志着客户拜访的失败。

⑤ 注意问题。在利用电话获取面谈机会以及推销产品服务时，目的明确，语言简练准确是十分重要的原则。因此要注意以下三个问题。

避免讨论商业细节。细节问题应在与客户面谈时讨论，在电话中可以简明扼要地介绍自己公司的优势，但要避免谈论细节。

避免向关键人物询问琐碎信息。可以通过其他的方式，如通过客户的秘书等获取。

及时电话回访，维持良好关系。电话推销成功之后或是在产品送达顾客之后，推销人员应及时与顾客联系，询问产品是否按时送到，或使用是否满意，这是与顾客维持良好关系的重要步骤。对方在接听了推销人员的电话之后，往往会留下良好的印象。

5. 书面推销

就是推销人员通过书信或发传真等方式向目标消费者邮寄或传送广告单、商品目录、订单等的推销方式。这种推销方式最大的优点是费用低,目标顾客明确。缺点是信件或传真的返回率低,必须辅以其他促销手段才能达到预期效果。比如,结合电话推销和上门推销等方式效果会更好。

3.2.3 人员推销的常用策略

1. “刺激-反应”策略

销售人员预先准备好几套接待新用户的话,进行演说(刺激),看用户的反应,再演说,再看反应……,通过一系列的刺激,以引起用户的兴趣,促成交易。

2. “启发-参谋”策略

销售人员从询问用户开始,了解用户所处的地域、环境、气候、土壤等情况及内心意向,利用自己的专业知识为用户提出一些建议,做参谋,通过启发交流促成交易。

3. “需要-满足”策略

适用于对老用户,销售人员已基本了解用户的购买习惯、知识水平、地域环境及经济收入等,同时用户也对销售人员和企业有信任感。这时,销售人员只需给一些建议,帮助选购试用一些新品种,力所能及的一些承诺,使双方都满意。

3.2.4 人员推销的技巧

1. 应对用户拒绝的技巧

(1)迂回法。先同意用户的看法,再抓住某一方面的关键,针对不足之处加以其他意义上变化的阐释,采取迂回战术,消除顾虑。

(2)回避法。对用户的拒绝避而不谈,用轻松语言或笑声引开话题,消除紧张和尴尬,并借此显出推销人员的大度和宽容。在销售的过程中,销售人员时常要接触一些喜欢纠缠不清的客户,这时就要适当的考虑暂时回避法,有效地抓住客户的心。

(3)提问法。针对用户的拒绝,反问原因,变守为攻,为用户倾诉提供机会,从中获取信息,再有的放矢,消除用户顾虑,有利于推销成功。

(4)例证法。主要是用户有时缺乏自信,对农资的认可度不高,可用其他用户类似的成功例子来加以说明,增强用户对农资产品和企业的信任感。

2. 谈判与讨价还价的技巧

著名"哈佛谈判"项目研究指出，有利于双方达成一致的谈判四要素是：

第一，将人与问题分开，理智地理解对方。

第二，利益服从立场。

第三，创造双方有利的交易条件。

第四，坚持客观标准，非原则问题适当让步。

3.3 营业推广

3.3.1 营业推广的概念与作用

1. 营业推广的概念

营业推广又称销售促进，是指那些不同于人员推销、广告和公共关系的销售活动，它旨在激发消费者购买和促进经销商的效率，诸如陈列、展出与展览表演和许多非常规的、非经常性的销售尝试。它是企业用来刺激早期需求或强烈的市场反应而采取的各种短期性促销方式的总称。

2. 营业推广的作用

(1)可以吸引消费者购买。这是营业推广的首要目的，尤其是在推出新产品或吸引新顾客方面，由于营业推广的刺激比较强，较易吸引顾客的注意力，使顾客在了解产品的基础上采取购买行为，也可能使顾客追求某些方面的优惠而使用产品。

(2)可以奖励品牌忠实者。因为营业推广的很多手段，譬如销售奖励、赠券等通常都附带价格上的让步，其直接受惠者大多是经常使用本品牌产品的顾客，从而使他们更乐于购买和使用本企业产品，以巩固企业的市场占有率。

(3)可以实现企业营销目标。这是企业的最终目的。营业推广实际上是企业让利于购买者，它可以使广告宣传的效果得到有力的增强，干扰消费者对其他企业产品的品牌忠实度，从而达到本企业产品销售的目的。

3. 营业推广的不足

(1)影响面较小。它只是广告和人员销售的一种辅助的促销方式。

(2)刺激强烈，但时效较短。它是企业为创造声势获取快速反应的一种短暂促销方式。

(3)顾客容易产生疑虑。过分渲染或长期频繁使用，容易使顾客对卖者产生疑虑，反而对产品或价格的真实性产生怀疑。

4. 营业推广的工作步骤

(1)确定推广目标。营业推广目标的确定，就是要明确推广的对象是谁，要达到的目的是什么。只有知道推广的对象是谁，才能有针对性地制定具体的推广方案，例如，是为达到培育忠诚度的目的，还是鼓励大批量购买为目的。

(2)选择推广工具。营业推广的方式方法很多，但如果使用不当，则适得其反。因此，选择合适的推广工具是取得营业推广效果的关键因素。企业一般要根据目标对象的接受习惯和产品特点，目标市场状况等来综合分析选择推广工具。

(3)推广的配合安排。营业推广要与营销沟通其他方式，如广告、人员销售等整合起来，相互配合，共同使用，从而形成营销推广期间的更大声势，取得单项推广活动达不到的效果。

(4)确定推广时机。营业推广的市场时机选择很重要，如季节性产品、节日、礼仪产品，必须在季前节前做营业推广，否则就会错过了时机。

5. 确定推广期限

即营业推广活动持续时间的长短。推广期限要恰当，过长，消费者新鲜感丧失，产生不信任感；过短，一些消费者还来不及接受营业推广的实惠。

3.3.2 对消费者营业推广的常用方式

1. 赠送促销

向消费者赠送样品或试用品，赠送样品是介绍新产品最有效的方法，缺点是费用高。样品可以选择在商店或闹市区散发，或在其他产品中附送，也可以公开广告赠送，或入户派送。

2. 折价券

在购买某种商品时，持券可以免付一定金额的钱。折价券可以通过广告或直邮的方式发送。

3. 包装促销

以较优惠的价格提供组合包装和搭配包装的产品。

4. 抽奖促销

顾客购买一定的产品之后可获得抽奖券，凭券进行抽奖获得奖品或奖金，抽奖可以有各种形式。

5. 现场演示

企业派促销员在销售现场演示本企业的产品，向消费者介绍产品的特点、用途和使用方法等。

6. 示范

示范田是某种新产品或新技术已经在当地试验成功，企业的促销人员进行一定面积的示范，做给人看，以便促进大面积推广。示范田作为一种典型的体验营销，通过建设示范田，直接展示产品及技术效果，让用户认可，提高品牌在当地的影响力。

7. 联合推广

企业与零售商联合促销，将一些能显示企业优势和特征的产品在商场集中陈列，边展销边销售。

8. 参与促销

通过消费者参与各种促销活动，如技能竞赛、知识比赛等活动，获取企业的奖励。

9. 会议促销

各类展销会、博览会、业务洽谈会期间的各种现场产品介绍、推广和销售活动。

【案例1——搞定种植大户】

张波从事农资经营10多年，生意一直不温不火。随着当地土地流转加快，种植大户、专业合作社越来越多。然而，到张波店里购买农资的人却越来越少，种植大户更是无人问津。张波认识到，要想让销量提升，必须从种植大户和专业合作社的客户开发上突围。

张波经过长期观察发现，种植大户或专业合作社的老板或理事长一般不直接参与农业生产，农田多交给一个懂农技的人员负责管理，这个管理员具有选择农资产品的决定权，所以赢得管理员的信任至关重要。于是张波经常去种植大户的农田、果园，与管理员进行面对面的交流沟通，并对他们遇到的农业技术问题及时提供解决方法。依靠这种方式，越来越多的管理员选择去张波店里购买产品，肥料销量年年提升。

思考：

(1)农资经销商如何适应对土地流转，零散农户购买农资下滑的困局？

(2)你认为除了直接对接种植大户或合作社销售农资外，农资经销商需要提升哪些方面的能力？

【案例2】

小王是某农药公司的业务员，为了打开公司新产品的市场，小王向公司申请在自己的区域进行促销活动，公司批准后，小王就开始采购促销品。去某批发市场采购了一批汗衫，在汗衫上印制上自己公司的名称以及新产品的促销广告，然后就让各个零售商对农民购买新产品时赠送汗衫，经过一段时间的促销后，小王发现，新品销量有一段时间短暂的上升后急剧下降，而且老的产品也出现了下滑，调查后发现原来是自己促销用的汗衫由于采购时没有注重质量，农民拿回去后，短期内就出现了破损，农民对赠品质量的怀疑进而怀疑公司产品的质量，使公司的产品遭到了严重的信任危机。

思考：小王运用了哪些促销方式？采用此类促销手段的时候应该注意哪些方面？这个案例给我们的启示是什么？

分析：促销本是销售的一种重要手段，但促销品一定要精挑细选，不然就可能使农民由于对促销品的不满转移到对公司产品的不满。

3.3.3 对中间商营业推广的常用方式

1. 推广津贴

企业为促使中间商购进企业产品并帮助企业推销产品，可以支付给中间商一定的推广津贴。

2. 销售竞赛

根据各个中间商销售本企业产品的实绩，分别给优胜者以不同的奖励，如现金奖、实物奖、免费旅游、度假奖等，以起到激励的作用。

3. 扶持零售商

生产商对零售商专柜的装潢予以资助，提供POP广告，以强化零售网络，促使销售额增加；可派遣厂方信息员或代培销售人员。生产商这样做的目的是提高中间商推销本企业产品的积极性和能力。

3.4 广　　告

3.4.1 广告的概念

广义的广告，是指一切借用传播媒体形式向公众传播信息的活动。狭义的广告就是商业广告，是指特定的广告。主要以付费的方式，利用各种媒体向目标市场和广大公众传播商品和劳务信息，以达到特定目标的一种信息传播手段。营销活动中的广告仅指狭义的广告。

3.4.2　广告媒体的类型与特点

信息网络科技的进步和不断发展，广告可以利用的媒体越来越多，根据使用频率和影响范围，报纸、杂志、广播、电视和互联网成为公认的五大广告媒体。

1. 报纸

报纸是一种历史最长的大众传播媒体，至今仍然是非常重要的广告媒体之一。优点有：报纸发行量大，宣传面广，拥有稳定的读者群体；传播迅速，时效性强；有较高的可信度；读者可以反复仔细研究广告内容，广告信息保留时间长，具有保存价值；费用较低。缺点有：无强制接受效应，易被忽略；报纸易受纸张质量和印刷效果的影响，表现力差，吸引力弱。

2. 电视

电视事业的蓬勃发展为电视作为广告媒体的功能提供了广阔的发展舞台，是应用很广的广告媒体。优点有：综合色彩、声音和动作，富有感染力，表现手法多样，艺术性、表达力和吸引力强；具有传播的广泛性，深入千家万户；有一定的强制接受效应，它一般穿插在电视节目中，使观众在不知不觉中接受了广告信息。缺点有：广告对象难以选择，针对性差；价格昂贵，成本高；广告信息转瞬即逝；竞争者多。

3. 杂志

杂志与报纸同属印刷媒体，同样具有报纸的受众稳定、有保存价值等优点，但它有着自身独特的优缺点。优点有：杂志的专业性强，直接对目标读者展开广告优势，针对性强；有较长的时效性，可反复阅读；印刷精美，艺术表现力强；发行地域广、宣传面大。缺点有：发行周期较长，时效性差；专业性强，接触面不广，传播范围有限；版面紧张，无法保证。

4. 广播

我国在电视普及以前，广播是非常重要的传播媒体。但在电视开始广泛进入城乡人民的生活之后，有一段时期，广播的收听对象局限于农村，传播范围大大缩小。近年来随着电台的不断创新，广播频道越来越多，文艺台、交通台、金融台等的不断出现，广播媒体重新焕发出活力。优点有：传播迅速，时效性强；传播范围广泛;制作简便、借助语言、音乐发挥听觉效果,通俗易懂;播放时间灵活;成本低廉。缺点有:信息量小;听众过于分散;难以保存;相对于电视来说创新形式有所限制,只闻其声,不见其形,表现力有限;听众注意力不集中,记忆效果差。

5. 网络

随着信息技术的高速发展,互联网正在成为重要的广告媒体,为广告业拓展了新的天地。网络媒体一般发布文字和图文两类广告,具有特有的互动功能,很好的视觉和听觉效果以及三维动画效果,越来越受到广告业主的高度重视。优点有:信息可以在全球传播,传播范围广;信息表现手段多,图像、声音、文字都可以使用;信息可以双向传播,互动效果好;可以定制信息,针对性强;修改广告方便;可以精确统计出广告收视率;费用较低。缺点有:互联网的普及率偏低,有些产品不宜选择该媒体;被动传播多于主动传播。

3.4.3 选择广告媒体

广告媒体与广告设计人的关系,就像农民与田地的关系。广告媒体是广告人进行广告活动的物质前提。它具有传递性、吸引性、适应性三个基本功能,从而能够把广告包装设计适时准确地传递到一定范围、一定区域的消费者群中去,以便适应他们的要求。一般来说,广告媒体策划的基本目的是:选择能够达到潜在顾客群的媒介物;公司应该选择交流效果大的媒介物;公司更应该选择用低成本能达到预期目标的媒介物。因此,广告人在进行广告媒体策划时应对媒体适当选择。而这首先要求广告人对各种广告媒体有充分的了解,尤其是各种广告媒体的优缺点应有所掌握,在此基础上才能正确进行广告策划。专家认为选择广告媒体应注意的因素。

1. 商品的性质

商品的性能、用途、价值、使用者不同,应分别选择不同的媒体。一般而言,技术含量高,结构复杂的生产资料用品,如兽药,宜用印刷广告,如专业杂志、报纸等,这些广告能详细地说明产品的性能特征。而使用相对简单的种子、化肥,最好利用电视媒体或广播媒体,这些媒体能很好地诱发消费者的购买欲望。另外,产品生命周期的阶段不同,也会影响到广告媒体的选择方式的不同。

2. 目标群体(农民)接触媒体的习惯

做广告一定要考虑不同广告对象对媒体的偏好,最有效的广告媒体是那些能最准确、最迅速将广告信息传达到目标市场的媒体。不同的消费者对杂志、报纸、广播、电视等媒体有不同的阅读、收视习惯和不同的特殊偏好。

3. 广告媒体传播的效果

媒体传播的效果，是指媒体传播的范围和影响力的大小，以及广告信息的时效性。不同的媒体传播效果不同，企业选用媒体时应从广告媒体的传播范围，影响力等方面进行全面衡量，尽可能选择效果好，声誉高的媒体。如果广告传播目标是全国市场，则应选择全国性的报刊、电视等做广告，而地域性产品则可以选择地方性的广告媒体。

4. 媒体成本和企业支付能力

广告费用是选择广告媒体的重要制约因素之一，不同广告媒体的收费标准不同，同一媒体的不同时段，或不同版面，收费标准也不一样。所以企业要考虑广告费用和自己的支付能力来选择广告媒体。

3.5 公共关系

3.5.1 公共关系的概念

公共关系是指企业通过一系列社会活动，增进公众对企业的认识、理解与支持，在公众中树立良好的形象和信誉的经营管理活动。公共关系作为一门经营管理艺术，越来越为现代企业管理界所重视，它是一种特殊的促销活动，又称为“隐性促销”。

3.5.2 公共关系的主要方式及作用

1. 新闻宣传

利用新闻媒介宣传企业及产品是企业常用的公关手段。新闻宣传不用支付费用，而且具有客观性、真实感，消费者在心理上往往不设防，能取得比一般商业广告更为有效的宣传效果。但是新闻宣传的重要条件是，所宣传的事实必须具有新闻价值，即具有时效性、接近性、奇特性、重要性等特点。企业应学会与媒体树立良好的合作关系，善于发现和创造对企业或产品或公司人员有利的新闻。一次成功的新闻宣传活动，可以使企业分文不花，却能做一个惊天动地的大广告，起到意想不到的良好效果。

2. 社会公益活动

赞助和支持各项公益活动，对企业是极好的宣传机会。因为这些活动往往万众瞩目，新闻界会争相报道，企业会在其中得到特殊利益，能够向公众表明自己的社会责任感，从而赢得公众的好感和信任。

3. 专题活动

企业通过举办一些专题活动，来吸引公众对企业自身和企业产品的注意。比如，召开新闻发布会、招待会、展览会、举行庆典活动、主办有奖竞赛等。

4. 广告宣传

公共关系中的广告宣传同一般的商业广告是不同的。公共关系中的广告具有含蓄性，宣传的是企业的整体形象，而一般的商品广告单纯以促销某产品或劳务为目的，是显性广告促销。企业在公共关系中通过广告宣传向公众致意，或倡导某项活动，提倡某种观念，如提倡亲情、提倡环境保护等方式树立企业形象。

5. 企业文化

企业形象的传播，一个重要的方面是要通过全体员工的言谈举止来进行的。社会各界从与之交往的企业员工身上，可以感受到该企业的形象。因此，企业应结合实际，有计划、有步骤、有重点地建设企业文化，全面提高企业职工素质，活跃企业文化氛围，美化企业环境，从深层次有效地进行公关活动。

3.6 农资促销的准备和技巧

【案例——做“乡村明星”，促农资销售】

老彭从事农资经营30多年，自己的农资经营店在镇上颇具规模，老彭年龄大了，把店面交给儿子小彭打理。小彭高中毕业后就一直在大城市打拼，所以镇上认识他的人并不多，好多老客户一看换了位陌生老板，就改去其他农资店购买肥料。

小彭为了让当地农民认识他，把自己“推销”出去，他便与代理的肥料企业合作制作了有自己农资店的名称、自己的照片和经营肥料的产品信息的宣传海报，并把海报粘贴到镇里每一个村口、街道。这样不到半年，小彭就成了镇里的“乡村明星”，好多农民冲着小彭前来购买农资产品。如今，农资店肥料年销量比老彭经营时更大。

思考：

(1)小彭为什么起初销量不如老彭？

(2)小彭后续取得销量提升的主要原因是什么？

3.6.1　农资市场常用的促销活动方式

随着农贸市场竞争的加剧，各个公司、厂家逐步将工作的重点由服务一级经销商向服务二级商再向服务终端消费者进行转移，各个公司、厂家纷纷开展形式各样的宣传促销活动，加大对终端购买的截获。对于农资市场第一线的业务人员，经常应用且行之有效的宣传促销方式主要有以下10种。

1. 集市促销

集市是农村主要经济活动的重要组成部分。考虑到集市对农民强大的组织力，做好集市促销必不可少。销售人员在做集市促销前要准备充足，农资知识要全面掌握，语言沟通要高效有力。

2. 农民会

召开农民会要充分考虑农民的作息习惯以及农忙农闲时节，与当地村委会取得联系并争取支持，准备适当的小礼品，吸引更多农民参加。农民会主要宣传推广企业形象、产品特点、科学施肥知识等。

3. 送货到户

这种方法原始、效率低，却非常有效。

4. 广播宣传

开宣传车或跟乡政府、村委会、农技站联系，利用他们的广播系统插播宣传，并限时、限量优惠，此种方式可用在消费市场启动之前。

5. 小剧团演出或送电影下乡

剧团演出或送电影下乡要经过充分策划，时间、地点的选定要科学、合理，安排人员提前造势扩大影响，赠品要有效配发以带动销售。

6. 农资代理员

吸收在当地有威望或人脉关系较广的人员，经公司培训作为农资推广销售人员。农资代理员的稳定性、长期性，可以弥补销售网络不稳固的缺失。

7. 试验田、示范村

试验田、示范村的建立，要充分考虑该品牌在当地的销售情况，切不可盲目建立，后续的农化服务工作要持续跟进。

8. 会员证、优惠卡

通过办理会员证、优惠卡等办法建立长期稳定消费群体，并通过这些消费者带来更大的消费群。

9. 建立农资品牌的专营店、专卖店

建立农资品牌的专营店、专卖店既可增加基层客户代理销售积极性，又直观有效地方便了农民购买。

10. 农化服务跟踪与回访

坚持有效的农化服务和定期对产品效果的回访是一项长期有效的宣传促销办法。

【案例】

农资促销手段，没有太多创新，还是会议营销（农民三大会：农民会、示范田、现场会），反复、坚持在做。会议一直开下去，开了三年，农民对你的印象就会加深（情感营销），见图 3.6.1 至图 3.6.3。

桂林市某农资公司 2018 年 3 月、4 月开了 9 场农民会，不是在村里开农民会，而是把农民拉到镇上来开会，把全年 80% 的销售量完成了。

图 3.6.1　农民会

图 3.6.2　农作物新品种示范田

图3.6.3 柑橘技术现场示范培训会

思考:很多公司每年都定为农资的服务年,因此现在不管是企业,还是农资渠道商都需要召开农民会,你是某农资公司的区域经理,如何办好一场主题为"柑橘栽培技术"的农民会?

解析:(1)会前沟通和造势。要发现农民的共性问题,会前沟通就是一件非常重要的事情,不调研就没有发言权。会前沟通的对象有3个:本地业务员、本地零售店、农民,了解当地农作物的种植结构、产量、收购价、病虫害、栽培管理等情况。发放传单,告知农民会和公司产品信息。

(2)开会时应注意的几个方面。农民会场地的选择是非常随机的,有时在室内,有时在户外,在零售店、饭店、村委会、小学教室算是条件比较好的,受开会场地的限制,想标准化布置场地难度很大,但是最基本的1个条幅2个展架是必须要做到的。会议最佳讲课时间控制在半小时内,讲课内容以讲解柑橘栽培技术和解答问题为主,结合案例和讲故事,适当穿插产品知识。让农民参与进来,现场互动方式很多种:回答有奖、抽奖等。同时插入小的促销活动,如:现场抽奖、现场众筹、前三奖励、最大购买量奖励。抽奖是一个缓和气氛的很好方式。

(3)会后做好详细的记录。一般农民会开完之后,服务才正式开始。针对有合作意向的农户,做详细登记,还要到田间地头实地看看,情况不同,管理略有不同。

3.6.2 农资市场促销的常见技巧

1. 访前准备

(1)设定访问目标。目标是衡量销售成功的唯一标准,一个好的目标,应该是明确的、清楚的、可测量的、可达成的,也应该有时限性。确定目标时,不应该只有一个目标。只有一个目标,一旦达不成,就没办法评估你的工作。在目标设置时应该设置最理想的目标、中等目标和最低目标。

(2)确定访问客户。根据拜访的目的确定要访问的客户,把客户按A、B、C排序;按照目标达成的重要程度,将客户分类;按照顾客对目标合作的意愿高低进行分类;根据分类情况,来确定拜访的目标客户、访问顺序及访问时间。

(3)客户分析。销售的98%是对人的了解,加上2%的商品知识。销售有两个90%定律:一个是销售人员用于准备的时间应占整个销售的90%;二是在准备的时间中,对客户进行了解和分析应该占90%。

(4)拟定访问计划。访问计划主要包括:确定访问的时间;确定访问的地点;确定访问的路线;访问预约。

2. 态度准备

(1)对自己的态度。心态决定命运,心态就是人们的内心活动,是一个思维的习惯状态,是人生情绪和意志的遥控器,它决定着人生行为的方向和质量。

① 绝不放弃。绝不放弃是销售人员的至尊法宝。职业销售人员应该把三个字"不可能"从脑子中删除,换成"一切皆有可能"。

② 积极的心态。积极的心态是创造人生,而消极的心态则是消耗人生。积极的心态是成功的源泉,是生命的阳光和温暖,而消极的心态是失败的开始,是生命的无形杀手。不因某一目标不能实现而放弃,不因某件事情难以办到而失去信心。

(2)对产品的态度。

① 热爱你所销售的产品。作为一个职业销售员,一定要有这样的理念和态度,你销售的产品就是最好的,否则,你就不要去销售它。世界上没有最好的产品,产品的好与坏是相对的,你只要销售它,就要把它销售得最好。

② 我销售的,就是你需要的。需求是变化的,消费是感性的。在农药销售当中,产品的同质化、消费的非专业化,很大程度上在于你创造需求与引导需求,但前提是,他一定是目标客户,不从事农业的人送给他农资产品,他也不需要。

③ 一个产品也能做活一个企业。有一家企业每次开会介绍的都是一个产品,很多其他企业的销售人员能把他介绍产品的内容倒背如流,可是,这家企业的业务人员非常执着、敬业,几年下来,在市场把产品逐步推广开,销售额逐年上升,通过这一个品种,使该企业在市场上站稳了脚跟。

④ 对竞争者的态度。

a. 竞争对手使你不断的提升。弈棋的人都喜欢与高手对弈,这样才能使自己不断进步。

b. 竞合的态度。市场上有竞争也有合作，不一定卖农药的人都是你的敌人，也不一定都是朋友。

c. 不要贬低对手。人抬人高，人贬人低。如你比高人还高说明你更突出；如你比低人高说明你也高不到哪儿去。商业上有一个规则，你可以说你的产品好，但不要说别人的坏，不要刻意攻击对手，否则会造成两败俱伤。

⑤ 对客户的态度。

a. 客户是给你发工资的人。我们的薪资是企业给发放的，只有在企业有效益时，我们的薪资才能发得长、发得久；只有把产品变成商品，通过向市场、向客户要效益，才能实现企业的发展和我们个人的价值。

b. 尊重客户。尊重客户就是尊重你自己，因为你尊重别人，别人才会尊重你，只有客户受到尊重后，才会有兴趣和我们合作；只有让他们得到利益，我们才能得到利益；只有在双赢和互相尊重的情况下，才能保持关系的发展和生意的延续。“买卖不成仁义在”，今天不等于明天，今天不成交，并不意味着以后没有生意。让你的客户受到尊重，让你的客户感觉到好，生意才能长久。

c. 守信于客户。诚实是销售之本。据美国纽约销售联谊会的统计，70%的人之所以从你那购买产品，是因为他们喜欢你、信任你和尊敬你。“有信则灵”是商业的金科玉律。个人、企业信誉是最重要的，诚实守信，没有客户会有客户，没有生意会有生意，讲信誉是关系到个人与企业核心利益和长远利益，也是品牌价值之所在。

⑥ 对工作的态度。

a. 人生需要“表演”的舞台。人要想实现自己的价值，也必须借助一个舞台。工作就是一个表演的舞台，好与坏、成功与否，操之在我。

b. 工作能得到你所要的一切。你想得到的，只有通过工作或者通过工作的辅助才能实现。

c. 工作是你生命的组成部分。像珍惜生命那样来对待工作，不认真对待自己所从事和喜爱的工作，无异于浪费青春和自己的生命。

3. 职业形象准备

(1)得体的衣着打扮。在客户拜访中，给客户第一感觉的是你的穿着打扮。一个人的穿着打扮，不仅是外在的美，更能体现出是否是一个职业人员，能体现出你的修养、气质、情操和内在心理。

(2)良好的个人卫生。不修边幅、不拘小节，会给客户带来很坏的印象。在客户拜访前，自己要检查头发、眼角、鼻子、牙齿、颈部、口腔等部位的卫生。

(3)注意销售礼仪。与客户接触要彬彬有礼、落落大方、精神饱满、面带微笑，主动与客户握手。落座时，不能跷起二郎腿，正视客户，讲话明快，言语清晰。在没有放烟灰缸或已标明禁烟的房间不能吸烟。交谈要亲切、礼貌，不轻易打断客户的谈话，对周围的人士也要保持礼貌。

4. 销售工具准备

销售工具，指为了促进或达到销售目标的手段。工具一词原意指工作时所需要的器具，后引申为达到、完成或促进某一事物的手段。

(1)知识准备。

① 产品知识。对公司生产的产品、特性、施用范围、防治对象、施用方法、施用剂量、施药时间、施药的影响因素、施用中注意事项等有关产品知识要了然于心。

② 专业知识。主要涉及的专业知识有农资含义、农资分类、农资产品类型、农资使用方法和农资产品应用效果的影响因素。

③ 行业知识。主要包括中国农资行业现状、发展趋势、竞争格局、有关政策法规、农资管理情况、主要农资企业生产情况、市场需求情况、进出口情况、渠道情况、经销商情况、用户情况。

(2)销售工具准备。销售工具的含义有广义和狭义之分。从狭义上来理解，销售工具是销售人员宣传、介绍、展示产品给客户的手段，一般包括名片、信函、展示工具、宣传资料、销售手册等。随着科技的发展，网络兴起并逐渐进入人们的日常生活，于是网络(电子邮件、Flash 动画等)在新时代也成了最有效的销售工具之一。如何让销售人员从林林总总的工具箱里，挑出哪些是适合自己的销售工具，是新时代销售人员的一个重要技能。

5. 接近技巧

接近技巧主要是开场白，开场白包括三个内容:吸引客户注意力，说明身份，说明拜访目的。

(1)吸引客户注意力。吸引注意力，说好第一句话是关键，内容要言简意赅，态度要诚恳，要有激情，要有影响力，同时表明你能给客户带来利益。只要你能给他带来利益，他就会对你感兴趣。与客户初次接触时，不说抱歉话、没用话，如“很抱歉，打扰您了，但……”“我正巧路过……”“我来是为了……”“我只是想知道……”“我来只是告诉您……”“我到这里来的目的是……”。采取巧妙提问的方式也可以很好地吸引客户注意力。当别人问你问题时，你一定精神会紧张，注意力会集中。在销售拜访中，可以利用提问题的方式吸引客户的注意力。比如，赞美的方式，调动顾客好奇心等。

(2)说明身份。要说明你自己姓甚名谁,说明你代表的是哪家公司,同时还要说明你的职位。

(3)说明拜访目的。要让客户清楚地知道,你这次拜访是什么目的,能给客户带来什么效益,要求客户采取什么样的行动,什么时间采取行动。

6. 客户沟通技巧

(1)倾听技巧:

① 听清事实。客户说话中,陈述事实时关键性的词语一定要听清楚,如客户说:“我打算……”“我想要……”“我想了解……”“我的意思是……”“你们公司可不可以……”开头的有关客户的看法、想法、要求的句子,必须要听清。对客户所表达的一些数字、重要信息、重要人物的电话号码等,要听清楚。特别是对客户的一些异议,更要听清楚。

② 听出关联。话到嘴边留半句。人们所表达出来的,绝不是他心里所想的全部,他表述出来的,只是他思想的冰山一角。听清事实固然重要,听出关联才有可能判定他真实的意图,不仅要听他的内容,更要听他的语音、语调、语气,观察他的表情、肢体动作。

③ 听出感觉。有一个销售员去拜访客户,客户与销售员不温不火地谈着,谈了一会儿,客户说,我中午有点事,得出去一下。业务员想了想说,那就下次我再来拜访您吧。

(2)发问技巧。销售人员在销售过程中经常犯的一个错误是“只说不问”。人们为什么要购买产品?每一次购买背后都有购买动机,许多销售人员在销售过程中,他们也比较勤奋,也有把产品销出去的愿望,但他们的销售业绩并不理想,原因就是他们只是想把产品销售出去,他们没有想客户为什么要买你的产品,为什么不买别人的产品。

了解消费者购买动机,主要从三个方面展开。第一,消费者被刺激和吸引的内在需求,也就是消费者个人内在动力行为的源泉是怎样产生的。第二,消费者选择目标方向的问题,也就是消费者从许多具有不同性质的行为中选择什么。第三,消费者行为系统定向问题,也就是消费者的行为是怎么维持的。

在销售产品之前,必须要先了解客户的购买动机。了解客户购买动机的唯一方法就是使用发问技巧。

(3)表达技巧。在表达产生效果的过程中,你所表达的内容仅占7%,你运用的语调占38%，你的肢体语言影响力要占55%。在表达时，要内容准确，吐字清楚，逻辑严密；在语调上音质清晰，富有感染力，音调应有抑扬顿挫的变化，音量要配合语气、突出重点，速度不宜过快，适时停顿，可以采用快—停顿—慢的表达策略；在肢体语言运用上，要配合内容，配合语调，适当正确使用肢体语言，发挥肢体语言的感染力和影响力，使表达达到最佳效果。

7. 处理客户异议

销售都是从被拒绝开始的，没有拒绝就没有销售。统计结果表明，当客户有异议时，60%以上的销售都是成功的。对于销售员来讲，没有拒绝的问题，只有销售的问题。

(1)以积极的心态对待异议。销售过程中出现异议，是必然现象。没有异议就不能成交，在销售过程中出现异议，是一种必然现象。销售人员要建立一种积极的心态、正面的思维。要相信你的产品，如不相信你的产品，你就不要销售它，更要相信自己的产品能给客户带来利益。你去不是抢客户的钱，也不是硬要销售给他产品，是帮助客户解决他想解决的问题，做客户购买的顾问，帮助他获得利益。客户的异议只是对某些事情不清楚，或是还没有最后下决心。

(2)异议是一种成交信号。客户提出异议，能使销售与客户进行深入的双向的沟通。越是有异议的客户，表明他购买产品的兴趣更大，这时，销售人员应该运用处理异议的技巧，采用恰当的方法，因势利导，消除客户的疑虑，激发客户的购买欲望，达成交易。

(3)异议是客户还要了解更多的信息。客户异议的内容和表达形式多种多样，客户的异议有真的异议、假的异议之分，也有的是表象和真相之分。销售人员必须善于观察和判断，特别是对客户的肢体语言进行把握，掌握客户心理，运用不同的技巧来处理异议。

(4)处理客户异议的方法。

① 转换注意力。对于客户提出的假异议、无关紧要的异议或故意刁难的异议，采取转换注意力是一个很好的办法。一个职业销售人员，要根据经验和技巧准确判断假的异议，不受假的异议干扰，按照预定的销售策略、销售步骤，控制销售局面，推进销售进程，提高销售效率。

② 所答非所问。有些异议怎么回答都是负面的，这时可以采取所答非所问的方式处理。

③ 使用幽默。对于非常棘手的异议和假异议，可以采取幽默的方式来处理。幽默是一种智慧，幽默可以化解难堪，可以缓解矛盾，可以用来含蓄地拒绝，也可以

获得有利的反击。

④ 补偿法。补偿法是销售人员对顾客异议以外能给予补偿的处理方法。补偿法适用于客户所提出的异议是事实,而这个事实你又没有其他处理办法。

⑤ 询问法。指销售人员对客户利用询问的方式,对异议进行确认的一种方法。很多异议是假异议,弄清真异议和假异议,需要使用发问的技巧来进行确认。

⑥ 利用法。指销售人员直接将客户异议中有利于成交的因素进行强化,克服不利的因素,说服顾客,达成交易的一种方法。

⑦ 反驳法。反驳法适用于顾客的信息不足、信息有误,成见、误解等原因引起的异议,对这些异议可以进行直接反驳。你有充分的事实与理由来证明,此时没有必要和他做什么解释,直接用事实说话。以科学、合理的根据增强说服力,强化顾客购买信心。

⑧ 但是法。是销售人员根据有关事实和充足的理由来间接否定客户异议的一种方法。但是法不是直接反对客户的异议,而是先对客户异议表示同情和理解,或者把客户的利益先重复一遍,使客户心理得到一种满足,然后用“但是”把话锋一转,再对客户异议进行反驳。但是法比较符合中国国情,不管你讲多少,大家听的都是“但是”后边的内容。

⑨ 预防处理法。预防处理法是防患于未然。事先预料到客户对产品和服务会有哪些异议,在客户没有提出之前,销售人员抢先提出,并进行处理,使客户张不开口。

⑩ 拖延处理法。对顾客的深层异议或你现在还没有办法处理的异议,可以采取拖延的办法,暂不做处理,待客户重新提出或下次拜访时再处理。

复习思考题

一、名词解释

非人员促销、人员推销、促销组合、公共关系、营业推广、广告。

二、单项选择

1. 促销的实质是________。

A. 促进销售　　　　B. 信息沟通

C. 转让商品的所有权　　D. 促使消费者做出购买决策

2. ________是一种影响最广泛、费用最高的促销手段。

A. 广告宣传　　B. 人员推销

C. 营业推广　　D. 公共关系

3. 现在，在一般的农资公司中，占到市场营销费用总额一半以上的是________。

A. 广告　　B. 人员推销

C. 促销　　D. 公共关系

4. 促销的目的是引发刺激消费者产生________。

A. 购买行为　　B. 购买兴趣

C. 购买决定　　D. 购买倾向

5. 对于单位价值高、性能复杂、需要做示范的产品，通常采用________策略。

A. 广告　　B. 公共关系

C. 推式　　D. 拉式

6. 人员推销的缺点主要表现在________。

A. 成本低，顾客量大　　B. 成本高，顾客量大

C. 成本低，顾客有限　　D. 成本高，顾客有限

7. 公共关系的目标是使企业________。

A. 出售商品　　B. 盈利

C. 广结良缘　　D. 占领市场

8. 公共关系是一项________的促销方式。

A. 一次性　　B. 偶然

C. 短期　　D. 长期

9. 营业推广是一种________的促销方式。

A. 常规性　　B. 辅助性

C. 经常性　　D. 连续性

10. 人员推销活动的主体是________。

A. 推销市场　　B. 推销品

C. 推销人员　　D. 推销条件

11. 公共关系活动的主体是________。

A. 一定的组织　　B. 顾客

C. 政府官员　　　　　　　　　　D. 推销员

三、判断题

1. 从事销售工作的人统统被称为推销员。(　　)

2. 农资企业派出推销人员直接与用户面对面接触、洽谈、宣传农资产品，了解用户需求，以达到促进销售的目的的活动过程，属于广告推销。(　　)

3. 公共关系手段是不需要付费的。(　　)

4. 促销的一切活动实质上是信息的传播和沟通过程。(　　)

5. 营业推广是一种经常、持续使用的企业促销方式。(　　)

6. 在所有的传播形式中，人际传播是最有效的形式。(　　)

7. 在对促销策略的运用中，农资品偏重人员推销与公共关系，而工业品则偏向于广告和营业推广。(　　)

8. 广告是一种具有双向信息交流的信息沟通。(　　)

9. 企业在其促销活动中，在方式的选取上只能在人员促销和非人员促销中选择其中一种加以应用。(　　)

10. 由于人员推销是一个推进商品交换的过程，所以买卖双方建立友谊、密切关系是公共关系而不是推销活动要考虑的内容。(　　)

11. 促销的目的是与顾客建立良好的关系。(　　)

12. “刺激-反应”策略是在不了解顾客的情况下，推销者运用刺激手段引发顾客产生购买行为的策略。(　　)

13. 广告的生命在于真实。(　　)

四、填空题

1. 引发、刺激消费者产生购买行为是促销的__________。

2. 农资推销对象有消费者、生产用户和______________三类。

3. 营业推广方式主要有__________、____________、______________和__________________配销、订货会。

4. 促进销售的基本方式有_________、_________、_________、_________四种。

5. 所谓推动策略是以______________为主要促销对象。

6. 所谓拉式策略是以__________为主要促销对象。

7. 一般来说，__________促销费用最高。

8. 人员推销的主要缺点是__________和__________。

五、简答题

1. 人员推销与非人员推销相比，其优点表现在哪些方面？

2. 公共关系的主要方法有哪些？

3. 促销有哪些作用？

4. 什么是农资促销？农资促销的种类有哪些？什么是农资促销组合，影响农资促销组合的因素有哪些？

5. 人员推销有哪些主要方式？简述店面推销、上门推销、电话推销、会议推销的概念及其推销策略。

6. 营业推广的概念、作用、主要方式和工作步骤是什么？

7. 公共关系的概念、主要方式和作用是什么？

8. 农资市场常用的促销活动方式有哪些？

9. 拜访客户前做哪些准备工作？

10. 客户沟通技巧主要有哪些？

11. 处理客户异议的方法主要有哪些？

技能训练

1. 实训项目

① 实践调查：调研县级农资经销商可利用哪些公共活动形式促销产品？为经销商在当地找到最佳广告组合来宣传产品？

② 实践调查：调查你所在的省级电视台农资广告的数量和播放时间。

③ 促销实训：人员推销的方式和技巧应用。

2. 实训目的与要求

① 理解促销组合的概念并运用，体验“了解自己的产品，推广出去”。

② 结合本公司经营范围设计促销组合。

3. 实训内容与安排

① 以公司为单位，设计“促销组合”，分配角色。

② 准备工作 40 分钟。

③ 展示 90 分钟(10 分钟/公司)。

4. 实训考核标准

评分项目	公司名称									
使用的促销组合(2种以上促销手段)										
促销商品:结合本公司经营范围(3种以上产品)										
角色分配:每个人承担一定的工作任务(合理)										
促销语言的组织和表达										
促销人员的仪表仪态(得体大方)										
合计得分										

5. 实训地点与学时分配

地点:实训室　　　　时间:4课时

项目4

制定农产品、农资的产品策略

学习项目导航

子项目	学习任务
4.1　认知市场营销“4P”理论	1. “4P”营销理论及“4PS”营销理论 2. “4P”营销理论的实践和发展
4.2　认知整体产品	1. 产品的概念 2. 整体产品的五个层次
4.3　分析品牌策略	1. 商标和品牌的概念 2. 品牌策略
4.4　设计和策划产品组合方案	1. 产品组合 2. 产品的组合及其策略

4.1　认知市场营销“4P”理论

4.1.1　“4P”营销理论及“4PS”营销理论

1960年，美国营销学学者E. 杰里米·麦卡锡将一个新的商业管理学概念带给了商业理论界。麦卡锡套用了营销组合理论，并将营销组合中的主要因素定义为“4P”，即产品(product)、渠道(place)、价格(price)、促销(promotion)。

1967年，菲利普·科特勒在其畅销书《营销管理：分析、规划与控制》第一版进一步确认了以“4P”为核心的营销组合方法(图4.1.1，图4.1.2)，即：

产品(product)：注重开发产品的功能，要求产品有独特的卖点，把产品的功能诉求放在第一位。

价格(price):根据不同的市场定位,制定不同的价格策略,产品的定价依据企业的品牌战略,注重品牌的含金量。

渠道(place):生产企业并不直接面对消费者,而是注重分销商的培育和销售网络的建立,生产企业与消费者的联系是通过分销商来进行的。

促销(promotion):企业注重销售行为的改变来刺激消费者,以短期的行为(如让利,买一送一,促销现场气氛等等)促成消费的增长;以吸引其他品牌的消费者或导致提前消费来促进销售的增长。

“4PS”营销理论:归结为四个基本策略的组合,即产品(product)、价格(price)、渠道(place)、促销(promotion),由于这四个词的英文字头都是P,再加上策略(strategy),所以简称为“4PS”。

“4PS”理论主要从商品供方出发来研究市场的供求及变化,是产品导向而非消费者需求导向,注重提升产品在市场的竞争力以取胜。“4PS”理论强调打造好的产品、构建顺畅的分销渠道、做好促销宣传与销售、合理定价以实现好的利润。“4PS”理论是营销学的基本理论,它最早将复杂的市场营销活动加以简单化、抽象化和体系化,构建了营销学的基本框架,促进了市场营销理论的发展与普及。

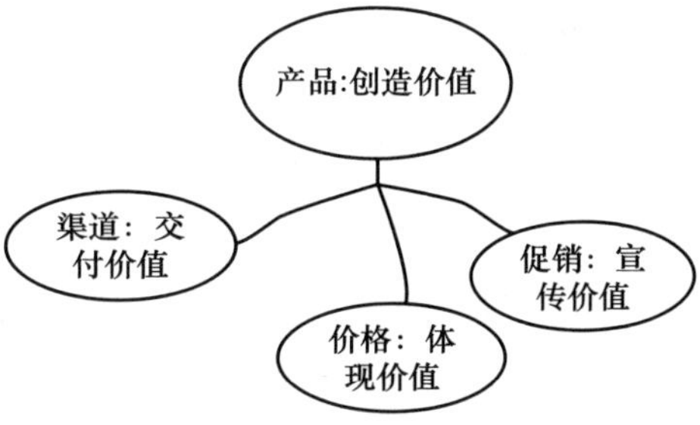

图4.1.1　市场营销“4P”理论示意图1

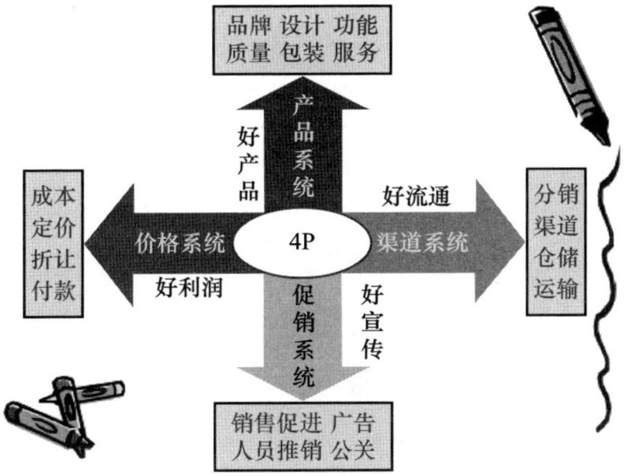

图4.1.2　市场营销“4P”理论示意图2

4.1.2 “4P”营销理论的实践和发展

1. 市场营销理论“4C”的出现

在以消费者为核心的商业世界中，厂商所面临的最大挑战之一便是：这是一个充满“个性化”的社会，消费者的形态差异太大，随着这一“以消费者为中心”时代的来临，传统的营销组合“4P”似乎已无法完全顺应时代的要求，于是营销学者提出了新的营销要素。

劳特朗先生1990年在《广告时代》上面，对应传统的“4P”提出了新的观点：营销的“4C”。它强调企业首先应该把追求顾客满意放在第一位，产品必须满足顾客需求，同时降低顾客的购买成本，产品和服务在研发时就要充分考虑客户的购买力，然后要充分注意到顾客购买过程中的便利性，最后还应以消费者为中心实施有效的营销沟通。“4C”即。

① 消费者的需要与欲望(customer's needs and wants)；

② 消费者获取满足的成本(cost and value to satisfy consumer's needs and wants)；

③ 用户购买的方便性(convenience to buy)；

④ 与用户沟通(communication with consumer)。

有人甚至认为在新时期的营销活动中，应当用“4C”来取代“4P”。但许多学者仍然认为，“4C”的提出只是进一步明确了企业营销策略的基本前提和指导思想，从操作层面上讲，仍然必须通过“4P”为代表的营销活动来具体运作。所以“4C”只是深化了“4P”，而不是取代“4P”。“4P”仍然是目前为止对营销策略组合最为简洁明了的诠释。“4P”与“4C”二者之间的比较参见表4.1.1。

表4.1.1 “4P”与“4C”的比较对照表

类别	4P		4C	
阐释	产品(product)	服务范围、项目、产品定位和品牌等	客户(customer)	研究客户需求欲望，并提供相应产品或服务
	价格(price)	基本价格，支付方式，佣金折扣等	成本(cost)	考虑客户愿意付出的成本、代价是多少
	渠道(place)	直接渠道和间接渠道	便利(convenience)	考虑客户购买、支付、货物交付的便利
	促销(promotion)	广告、人员推销、营业推广和公共关系等	沟通(communication)	积极主动与客户沟通，寻找双赢的认同感
时间	20世纪60年代中期(麦卡锡提出)		20世纪90年代初期(劳特朗提出)	

其实,“4P”与“4C”是互补的而非替代关系如。

customer's needs and wants,是注重探寻某些潜在消费者的需求与购买欲望,然后再去设计、生产和销售顾客确定想要买的产品;

cost and value to satisfy consumer's needs and wants,是先调查了解顾客为满足其需要与购买欲望所愿意付出的成本,再去制定定价策略;

convenience to buy,是考虑消费者购买的“便利性”,制定分销策略时要尽可能让顾客方便快捷地购买及收付;

communication with consumer,是做好调查分析顾客需求信息及向顾客充分宣传产品信息,“沟通”是双向的。

2. 市场营销组合的“4M”观点

2010 年,在中国出版了一本《中国本土市场营销原理与实战》(广东经济出版社),这本书在“4P”基础上又提出了一个“4M”的市场组合概念,并认为“4P+4M”这两者结合才能组成一个完整的大市场营销组合策略。“4M”指市场调查(market research)、市场分析(market analysis)、市场细分(market segment)、市场定位(market position)。

4.2　认知整体产品

4.2.1　产品的概念

1. 产品的概念

产品(product),是指能够提供给市场以满足需要和欲望的任何东西。广义的产品概念:凡是能够满足人们的某种需要和欲望的东西。狭义的产品概念:能够供给市场以满足需要和欲望的任何东西。

二者的区别在于是否提供给市场。因此,在营销中,产品与商品为同一语。

2. 产品的类别

产品在市场中包括实体商品、服务、经验、事件、人、地点、财产、组织、信息和创意等。

种植业的农资产品主要包括以下四类。

种子:水稻种子、玉米种子、蔬菜种子、果树苗木等。

肥料:氮肥、磷肥、钾肥、复合肥等。

农药：杀虫剂、杀菌剂、除草剂等。

农具：喷雾器、农膜等。

4.2.2 整体产品的五个层次

1. 整体产品的五个层次

(1)核心产品。即产品的核心利益，是指顾客真正所购买的基本服务或利益。例如：

种子——植物繁殖材料；

肥料——植物营养元素；

农药——杀灭植物病虫病菌或调控植物生长的成分；

喷雾器——喷洒雾剂的功能；

农地膜——覆盖土壤的保湿、保温、遮光等功能。

顾客所购买的基本利益或服务，也是一个产品真正对顾客起作用所在。核心产品回答了“顾客真正要购买什么”的问题。营销者在形式上是出售产品，但在本质上出售的是顾客需要的核心利益或服务。

(2)形式产品。即产品的基本形式。是指核心产品借以实现的形式或对目标市场需求的特定满足形式。

核心产品必须通过形式产品才能实现，形式产品是作为核心产品的“载体”，通过其向顾客传送所需要的东西。形式产品对于有实物形体的产品来讲，就是有形产品。例如，水稻种子的谷粒、农药的水剂粉剂等。实物产品一般有五个特征构成，即品质、式样、特征、商标及包装。

形式产品对于服务这类非实物产品来讲，就是进行这项服务所采用的活动方式(服务流程)、服务设施、服务态度、环境和气氛等。

(3)期望产品。是指购买者购买产品时通常默认或期望得到的一组产品属性或条件。

默认属性，是顾客没有偏好的共同要求，营销者在提供产品中应作为基本功能提供给顾客。

例如，种子具备发芽的功能，农药具备杀虫杀菌的功能等。

期望属性还包括顾客希望在产品提供的默认属性之外还要求的属性，这不是每个顾客都要求的，因此，这种对于一部分顾客要求的属性形成特定的需求差别。

例如，农户期望购买不同类型高效低毒的农药、不同抗性的优质种子等。

(4)附加产品。是指营销者在出售的产品上增加的服务或利益，或顾客在得到期望产品时，所得到的增加的服务和利益。

附加产品是构成产品差异化的重要基础，主要的意义就在于能使顾客更好享受到核心产品或增加顾客购买产品时得到的利益。营销企业必须注意产品的整体消费系统，即购买产品并使用产品的顾客想要完成的整体任务和解决方法。

例如，农资经营店能提供技术咨询和指导服务等。

注意：在发达市场，竞争主要发生在附加产品层次；在欠发达市场，竞争主要发生在期望产品层次。提供附加利益需要增加企业的成本，附加利益很快会变为顾客期望利益。公司为其附加产品提价，其他竞争者可能反其道而行之。

(5)潜在产品。是指一个产品最终可能实现的全部附加部分和将来可能会转换或增加新的功能属性。表示现有产品在明天的发展方向。

对一个现有产品可能进行的附加与扩展，就是这个产品的潜在产品。

2. 整体产品概念对营销管理的意义

(1)整体产品概念体现了以顾客为中心的现代营销观念。

(2)整体产品概念为企业开发适合消费者需要的有形与无形产品、挖掘新的市场机会提供了新的思路。

(3)整体产品概念给企业产品开发设计提供了新的方向。

(4)整体产品概念为企业的产品差异化提供了新的线索。

(5)整体产品概念要求企业重视各种售后服务。

4.3　分析品牌策略

4.3.1　商标和品牌的概念

1. 认知商标的概念

(1)商标的概念。是指商品的生产者、经营者在其生产、制造、加工、拣选或者经销的商品上或者服务的提供者在其提供的服务上采用的，用于区别商品或服务来源的，由文字、图形、字母、数字、三维标志、声音、颜色组合，或上述要素的组合所构成的一种可视性、具有显著特征的标志。

在商业领域而言，商标包括文字、图形、字母、数字、三维标志和颜色组合，以及上述要素的组合，均可作为商标申请注册。经国家核准注册的商标为“注册商标”，受法律保护。商标通过确保商标注册人享有用以标明商品或服务，或者许可他人使用以获取报酬的专用权，而使商标注册人受到保护。

(2)商标的具体特征。

① 商标是用于商品或服务上的标记，与商品或服务不能分离，并依附于商品或服务。

② 商标是区别于他人商品或服务的标志，具有特别显著性的区别功能，从而便于消费者识别。商标的构成是一种艺术创造。

③ 商标是由文字、图形、字母、数字、三维标志和颜色组合，以及上述要素的组合的可视性标志。

④ 商标具有独占性。使用商标的目的就是为了区别与他人的商品或服务，便于消费者识别。所以，注册商标所有人对其商标具有专用权、受到法律的保护，未经商标权所有人的许可，任何人不得擅自使用与该注册商标相同或相类似的商标，否则，即构成侵犯注册商标权所有人的商标专用权，将承担相应的法律责任。

⑤ 商标是一种无形资产，具有价值。商标代表着商标所有人生产或经营的质量信誉和企业信誉、形象，商标所有人通过商标的创意、设计、申请注册、广告宣传及使用，使商标具有了价值，也增加了商品的附加值。商标的价值可以通过评估确定。商标可以有偿转让，经商标所有权人同意，许可他人使用。

⑥ 商标是商品信息的载体，是参与市场竞争的工具。生产经营者的竞争就是商品或服务质量与信誉的竞争，其表现形式就是商标知名度的竞争，商标知名度越高，其商品或服务的竞争力就越强。

(3)使用在商标上的符号。

TM——商标符，指已经向商标局登记(申请注册)或持有人声明拥有权利的商品商标。

SM——同上，用于服务商标。

R——注册符，指商标局已经核准注册的商标。

2. 认知品牌的概念和作用

(1)品牌的概念。所谓品牌，就是生产经营者给本企业产品所规定的商业名称。可以用文字、符号或图案单独或组合表示出来。品牌的基本功能是把不同企业的产品区别开来，防止发生混淆，便于销售。

(2)品牌的作用。品牌是企业信誉的象征，是企业赖以生存的基础，是企业市场竞争能力的综合表现。强化品牌意识,具有十分重要的作用。

① 品牌从消费者角度看。第一,可以帮助消费者识别和购买商品。第二,便于消费者对产品质量进行监督,有效地维护自身利益。

② 品牌从销售者角度看。第一,是产品竞争的有力武器。第二,有助于产品促销。第三,注册商标受法律保护。一旦在市场上发现假冒商品,可依法追究、索赔,保护本企业的利益。第四,有助于监督、提高产品质量。第五,好的品牌是企业宝贵的无形资产。

③ 品牌从社会角度看。第一,是公众监督的重要手段,可促使产品质量的不断提高。第二,可加强社会的创新精神。第三,可保护企业间的竞争,促使整个社会经济健康发展。

3. 品牌与商标的区别

品牌与商标既有联系,又有区别。产品的品牌与商标可以相同,也可以不同。商标须办理注册,而品牌无须办理注册。品牌经注册后就成为商标。经注册登记后的商标有"R"标记,或"注册商标"字样,商标注册人享有专用权,受法律保护,所以商标是一个法律概念,经过注册后的品牌才能成为受法律保护的专用商品标记,即商标。大家公认的好品牌,就是名牌。

4.3.2 品牌策略

1. 品牌建立策略

所谓品牌建立策略,就是指是否为企业的产品创立品牌的决策。

对多数商品来说,使用品牌具有积极作用,但并非所有产品都必须使用品牌。有些产品不会因生产企业不同而形成不同的特点,因而无法用品牌加以区别。如电力、煤炭、面粉等,消费者一般根据习惯购买和使用,并不去识别品牌。有些小商品,工艺简单,也可不用品牌。

2. 品牌归属策略

所谓品牌归属策略就是指企业在决定使用品牌之后,就产品品牌归属问题所做的决策。品牌的归属有以下三种选择。

(1)制造商品牌。即制造企业采用自己的品牌。

(2)中间商品牌。又叫经销商品牌。指制造企业把产品批发给中间商,由中间商使用自己的品牌把产品推销出去。

(3)混合品牌。即企业一部分产品采用自己的品牌,另一部分则采用中间商的品牌。

3. 品牌质量策略

所谓品牌质量策略，就是指企业为不同质量的产品建立不同的品牌，并为其确定相应市场位置的决策。

不同的产品有不同的质量，企业在建立一个品牌时，必须确定产品的质量水平，以便确定这一品牌在市场上的位置。一般来说，企业的投资收益是随着品牌质量的提高而提高的，但产品质量并非越高越好。在达到一定水平之后，企业为产品质量提高及宣传促销所付出的代价将越来越大，从而在一定程度上抵消了企业应获的利润。因此，在确定品牌质量时，要综合考虑企业的成本、目标市场的需求及消费者购买力状况等因素。

4. 家族品牌策略

所谓家族品牌策略，就是企业在决定使用自己的品牌之后，面临着选择品牌名称的决策。一般有以下四种策略可供选择。

(1)个别品牌。

(2)统一品牌。

(3)分类品牌。

(4)企业名称加个别品牌。

5. 品牌革新策略

所谓品牌革新策略，就是指根据经营条件的变化，企业对原有的品牌、商标进行更新或修改的策略。

当企业生产经营范围发生变化，原有品牌已不能充分体现企业和产品的特色时；当市场竞争加剧，需要以新的形象来提高企业的竞争力时；当原有品牌名称老化，落后于国际化形象的潮流时；当企业实施兼并、合并或成立公司，必须更新塑造企业形象时，可考虑采用品牌革新策略。

归纳：所谓品牌，就是生产经营者给本企业产品所规定的商业名称。由于品牌在经营中具有十分重要的作用，因此，加强对品牌策略运用的研究分析就显得至关重要。

【案例——“亲蜜”主义(对蜂产品市场概念的一次升级)】

湖南“玉蜂堂”是一家生产蜂蜜的老企业，长期守在农村市场，做纯正蜜，也做调和蜜。国家对调和蜜的禁产政策一出台，和众多小企业一样，该企业也着手思考未来的出路了。结论就是：必须进入城市市场。在调研中发现，蜂产品市场整体竞争并不是很激烈。

有庞大的消费人群,有消费习惯,有文化基础,很多蜂产品企业只是在产品概念上做些创新,做些新的蜂产品出来,在产品组合上也想点花样,就能引导市场了。几乎没有企业真正关心过蜂产品行业的市场理念,研究蜂产品几家领头企业的品牌,单从品牌名看,要么是姓氏、要么是地域,没有市场概念。也就是说,都比不上“玉蜂堂”三个字更具有专业特色。第一个结论就是品牌名不动,要在品牌名的后缀上做概念文章。

目前在蜂产品市场上的几家一线品牌,缀在品牌名后面的都是些“蜜蜂园”“蜜蜂世界”“蜜蜂王国”之类,它们也就成了相应品牌连锁店(柜)的名称。按专业术语讲,它们都是在做简单的产品诉求,而没有做价值诉求。如果把创新的行业概念放在品牌名的后缀里,也就能创新出一个具有独特概念的终端!新的概念在哪里呢?它肯定不在产品路线上,它应该在产品路线之后的功能路线、文化路线上。分析路线:功能概念——蜂产品能给消费者什么价值?独特资源——产品同质化非常严重,建议厂家寻找知名林区的蜜源,建立独特资源。文化概念——蜂产品能给消费者带来什么样的消费文化?市场概念——蜂产品购买者和消费者80%左右都是女性。经过几次“头脑风暴”之后,最终确定了复合“功能概念”与“文化概念”。

两条路线的方案,创新出了一个“亲蜜”概念。“亲蜜”首先是一个文化概念,一种“亲亲蜜蜜”的文化诉求;其次也是功能概念,使用了我的产品可以使你与家人更亲密,使你的生活更甜蜜;再次它也符合市场概念,“亲蜜”两个字女人特别爱听;最后,它还是一个消费主张,所谓“亲近蜜”就是要你消费我的产品,否则你就没有“亲”,我们的结论是:“亲蜜”就是蜂产品市场最有营销价值的主张!即使单纯地从技术角度看,“亲蜜”与“亲密”谐音,也特别容易记忆和传播。能省不少的广告费!概念一突破,顿时柳暗花明!我们的终端就叫“亲蜜园”;我们的系列产品有“亲蜜男人”“亲蜜女人”“亲蜜宝贝”“亲蜜养生”“亲蜜家庭”等;我们的主题口号叫我的“亲蜜生活”。产品上市促销被命名为“我的第一次·亲蜜接触”;我们的促销员叫“亲蜜美眉”;我们的所有这些做法被称为“亲蜜”主义。

思考与讨论:

1. 湖南“玉蜂堂”这个老企业是如何开发新产品的?
2. 谈谈品牌对玉峰堂开发市场的贡献。

4.4 设计和策划产品组合方案

4.4.1 产品组合

1. 相关概念

(1)产品组合的概念。产品组合，是指一个企业向市场提供的全部产品的构成。通常，产品组合由若干产品线组成，每条产品线包含若干产品项目。

(2)产品线的概念。产品线，也称产品系列或产品大类，指在功能上、结构上密切相关，能满足同类需求的一组产品。如广西绿丰种业有限公司生产水稻种子、玉米种子、蔬菜种子 3 个产品系列，即有 3 条产品线。每条产品线内包含若干个产品项目。

(3)产品项目的概念。指产品线中各种不同品种、规格、型号、质量和价格的特定产品。产品项目是构成产品线的基本元素。如绿丰种业有限公司的 A 产品水稻种子这条产品线有中熟、晚熟、优质谷 3 个产品项目。

(4)产品组合决策，是指企业对其产品组合在广度、长度、深度及关联性等方面的选择。

(5)产品组合的广度，是指一个企业所拥有的产品线的多少。

(6)产品组合的长度，是指企业所有产品线中的产品项目的总和。

(7)产品组合的深度，是指产品线中每种产品所提供的花色、品种、规格的多少。

(8)产品组合的关联性，是指各个产品线在最终使用、生产条件、分销渠道或其他方面相关联的程度。

2. 优化产品组合的分析

优化产品组合的过程，通常是指分析、评价和调整现行产品组合的过程。企业必须对现行产品组合对未来销售额和利润水平的发展和影响做出系统的分析和评价，并对是否加强和剔除某些产品线或产品项目做出决策。优化产品组合包括两个重要步骤。

(1)产品线销售额和利润分析。根据图 4.4.1 分析：第一个产品项目的销售额和利润分别占整个产品线销售额和利润的 50%、30%。第二个产品项目的销售额和利润均占整个产品线销售额和利润的 30%。如果这两个项目突然受到竞争者

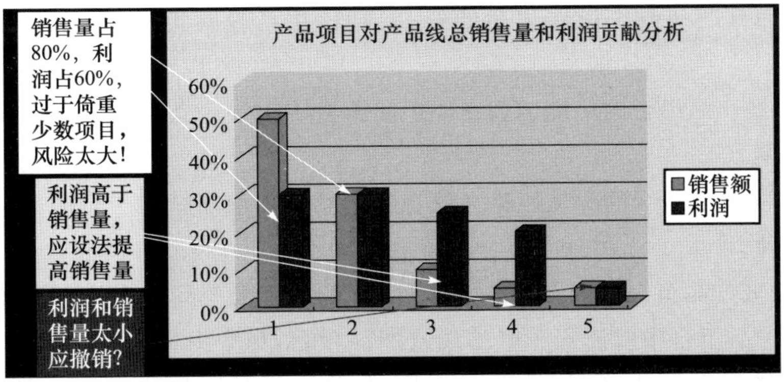

图 4.4.1　产品线销售量和利润分析示意图

打击或市场疲软，产品线的销售额和利润就会迅速下降。在一条产品线上，如果销售额和盈利高度集中在少数产品项目上，则意味着产品线比较薄弱。公司必须保护、发展有良好前景的产品项目。最后一个产品项目的销售额和利润只占整个产品线销售与利润的 5%，如无发展前景，可以剔除。

(2)产品线市场轮廓分析。分析目的是全面衡量各产品项目与竞争产品的市场地位。分析产品线上的各产品项目与竞争者同类产品的对比状况，即产品线市场轮廓分析。

3. 产品组合的四维度决策

(1)产品组合四个维度的意义。

长度：越长越能满足更多层次的需要，有利于提高市场占有率。

宽度：扩展产品组合的宽度（即增加产品线，扩大业务范围，实行一体化和多元化经营），可以充分发挥企业特长，使企业的资源、技术得到充分利用，开拓新的市场，提高经济效益。

深度：增加产品组合的深度（即增加产品项目，使各产品线具有更多的花色、式样、规格、型号的产品），可以适应众多的特殊需要，吸引顾客，扩大总销售额。

黏度：增加产品组合的关联性，可以增加企业的市场地位、发挥企业的技术、生产和销售能力。

(2)产品组合四维度决策应考虑的主要因素有企业的资源情况、市场的需求情况、市场的竞争情况。

(3)扩大产品组合决策。扩大产品组合，就是扩展产品组合的广度或深度。即一个企业在原有产品线的基础上，再增加一条或几条产品线，扩大经营产品范围。

或者是在原有产品大类内增加新的产品项目，生产经营更多的产品以满足市场需要。

① 拓展产品组合的广度。指在原产品组合中增加一条或几条产品线，扩大生产经营范围。

② 加强产品组合的深度。指在原有的产品线内增加新的产品项目，增加企业经营的品种。

(4)缩减产品组合决策。缩减产品组合，就是降低产品组合的广度和深度，即在原有的产品组合中取消若干产品线或产品项目，集中力量生产经营一个系列的产品或少数产品项目，提高专业化水平，力图从生产较少的产品中获得较多的利润。

① 缩短产品线。减少经营范围，实现产品专业化。

② 减少产品项目。减少那些消费者不感兴趣、过时的品种，节省资源，用于开发新品种。

(5)产品线延伸策略。产品线延伸策略，是指部分或全部地改变企业原有产品线的市场定位。例如，生产经营高级豪华的产品定位在高档市场，生产经营大众化的产品定位在低档市场，介于两者中间的产品定位在中档市场。产品线延伸策略可以分为以下两种。

① 产品线向下延伸。

产品线向下延伸的动因：

a. 企业发现其高档产品成长发展极为缓慢，因而不得不将其产品线向下延伸以开拓市场。

b. 企业的高档产品遇到了激烈的竞争，需要进入低档产品市场取得回旋的余地。

c. 企业初期进入高档产品市场是为了建立质量形象，现在这个目标已经达到，向下延伸可以扩大产品的范围，开拓市场。

d. 公司可能希望拖住低档产品市场的竞争者，使他们不进入高档市场。如果公司在低档市场进攻竞争者，竞争者通常会决定在低档市场反击。

产品线向下延伸的风险：

a. 可能会刺激本来生产低档产品的企业进入高档产品市场，使竞争加剧。

b. 有可能损坏企业的质量形象，为保护已经创立的名牌，企业新增加的低档产品应采用新的品牌。

② 产品线向上延伸。

产品线向上延伸的动因：

a. 高档产品的市场销售形势看好，利润率高。

b. 高档产品市场上竞争者的势力较弱，可以取而代之。

c. 企业的势力增强，想发展各档产品俱全的完全产品线。

产品线向上延伸的风险：

a. 高档产品市场的竞争者会不惜一切坚守阵地，还可能侵入低档产品市场，向下延伸进行反击。

b. 由于企业一直生产低档产品，顾客可能会怀疑其高档产品的质量水平。

c. 长期从事低档产品销售的销售人员，可能不适应高档产品的销售，需要进行大量的培训工作。

4.4.2　产品的组合及其策略

1. 产品组合的优化方法——四象限评价法

(1)定义。四象限评价法，又称波士顿矩阵法。这是分析确定企业产品所处市场地位的一种形象的评价方法。它从产品的市场占有率，销售增长率的对比关系来描绘企业各种产品的特点和前景。

(2)具体步骤：

① 以横轴表示市场占有率，以纵轴表示销售增长率作图。

② 确定评价标准。

③ 根据每种产品的不同数据在图上描点。

④ 观察分析。

⑤ 决策。

2. 产品的组合及其策略

(1)扩大产品组合——扩展产品组合的广度或深度。

(2)缩减产品组合——降低产品组合的广度和深度。

(3)产品线的延伸——部分或全部地改变企业原有产品线的市场定位。

归纳：产品组合是指一个企业向市场提供的全部产品的构成。四象限评价法是进行产品组合的优化方法，产品组合策略的正确运用则是确保企业产品组合功能得到充分发挥的途径。

复习思考题

一、名词解释

产品、产品市场生命周期、产品组合、产品线、产品项目、整体产品。

二、填空题

1. 按照用途来说，产品可分为________和________两类。

2. 一个企业生产或经营产品系列（产品线）的多少，叫产品组合的________。

3. 产品包装一般分为________、________和________三个层次。

4. 整体产品概念包括________、________、________、________、________五个层次。

三、判断题

1. 产品项目是指具有同类功能，满足消费者同类需要的关系密切的一种产品。（　　）

2. 产品组合的广度是指一个企业所拥有的产品线的多少。（　　）

3. 从整体产品角度看，籽粒是种子的附加产品。（　　）

4. 整体产品是指有形的产品实体和无形的产品服务。（　　）

5. 产品逐渐被了解，销售量迅速增加，企业进入大批量生产和销售阶段，证明产品进入了成长期。（　　）

6. 外包装不属于整体产品概念范围。（　　）

7. 品种种类弹性较高是农资需求的特点之一。（　　）

四、简答题

1. 产品组合在广度、长度、深度及关联性等四个维度分别指什么？

2. “4P”营销理论与“4C”营销理论有哪些区别？

3. 产品的整体概念是什么？对营销管理有什么启示？

4. 分别列举出种子、肥料、农药三类农资各 3 种产品，并指出其核心产品、形式产品、附加产品。

5. 从市场营销学角度分析商标与品牌的区别。

五、综述题

产品的整体概念是什么？对营销管理有什么启示？

技 能 训 练

1. 实训项目

深化对市场营销理论的理解。

2. 实训目的

在农资营销中能够熟练运用“4P”营销理论与“4C”营销理论分析问题、解决问题。

3. 实训内容

① 调查某地主要经营哪些农资？最受农民欢迎的是哪些种类和品种？这些农资有什么特点？

② 某农资企业的产品和服务项目有哪些特点？

③ 为某企业的农资市场营销提出建议。

4. 实训方法

老师组织学生到农资企业参加农资营销活动。

5. 实训作业

写一份技能训练(调查)报告。

项目5

制定农产品、农资的分销渠道策略

学习项目导航

子项目	学习任务
5.1　认知分销渠道策略	1. 分销渠道的定义和类型 2. 影响分销渠道选择的因素 3. 分销渠道策略
5.2　设计农资分销渠道	1. 市场营销网络构建的形式 2. 营销渠道中间环节
5.3　管理农资分销渠道	1. 选择渠道成员 2. 激励渠道成员 3. 协调与渠道成员的关系 4. 评估渠道成员

5.1　认知分销渠道策略

5.1.1　分销渠道的定义和类型

1. 分销策略与分销渠道的定义

(1)分销策略。分销，就是使产品和服务以适当的数量和地域分布来适时地满足目标市场的顾客需要。

分销策略是市场营销组合策略之一。它同产品策略、促销策略、定价策略一样，也是企业能否成功地将产品打入市场，扩大销售，实现企业经营目标的重要手段。分销渠道策略主要涉及分销渠道及其结构、分销渠道策略的选择与管理、批发商与零售商及实体分配等内容。

(2)分销渠道。分销渠道是指某种产品和服务在从生产者向消费者转移过程中,取得这种产品和服务的所有权或帮助所有权转移的所有企业和个人。因此,分销渠道包括了批发中间商和代理中间商,此外还包括处于渠道起点和终点的生产者和最终消费者或用户。但是不包括供应商、辅助商。

(3)营销渠道的结构。营销渠道由五种流程构成,即实体流程、所有权流程、付款流程、信息流程及促销流程。

① 实体流程。实体流程是指实体原料及成品从制造商转移到最终顾客的过程。

② 所有权流程。所有权流程是指货物所有权从一个市场营销机构到另一个市场营销机构或个人的转移过程。其一般流程为:生产商→中间商→顾客。

③ 付款流程。付款流程是指货款在各市场营销中间机构之间的流动过程。

④ 信息流程。信息流程是指在市场营销渠道中,各市场营销中间机构相互传递信息的过程。

⑤ 促销流程。促销流程是指由一单位运用广告、人员推销、公共关系、营业推广等促销活动对另一单位施加影响的过程。

2. 分销渠道的类型

分销渠道依照不同的标准可划分为不同类型(图5.1.1)。

(1)直接渠道与间接渠道。依照是否有中间商参与划分为直接渠道和间接渠道。

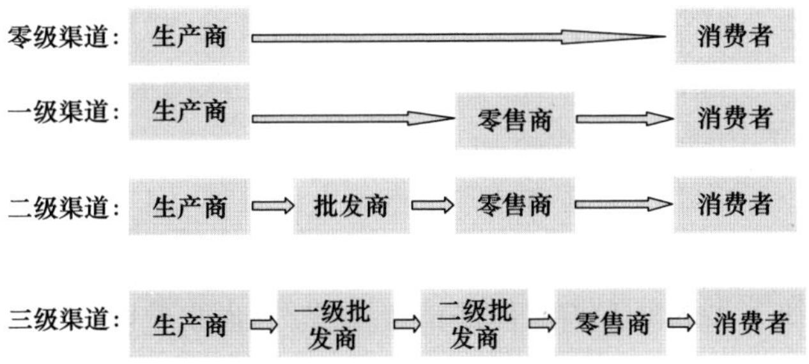

图5.1.1　分销渠道类型图

直接渠道:指生产企业不通过中间商环节,直接将产品销售给消费者。直接分销渠道通常叫作零渠道。直接渠道是工业品分销的主要类型。例如大型设备、专用工具及技术复杂需要提供专门服务的产品，都采用直接分销。消费品中有部分也采用直接分销渠道，如鲜活商品等。

间接渠道：指生产企业通过中间商环节把产品传送到消费者手中。间接分销渠道是消费品分销的主要类型，工业品中有一些产品，如化妆品等也采用间接分销渠道。

(2)长渠道与短渠道。依照流通环节或层次的多少，可将分销渠道划分为长渠道和短渠道。

长渠道：是指生产商利用两个或两个以上的中间商，把产品销售给消费者。

短渠道：是指生产商利用一个中间商或自己直接销售产品给消费者。

(3)宽渠道与窄渠道。依照渠道的每个层次中同类中间商的多少，可将分销渠道划分为宽渠道和窄渠道。

宽渠道：企业使用的同类中间商多，产品在市场上的分销面广，称为宽渠道。如一般的日用消费品(毛巾、牙刷、开水瓶等)，由多家批发商经销，又转卖给更多的零售商，能大量接触消费者，大批量地销售产品。

窄渠道：企业使用的同类中间商少，分销渠道窄，称为窄渠道，它一般适用于专业性强的产品，或贵重耐用消费品，由一家中间商统包，几家经销。它使生产企业容易控制分销，但市场分销面受到限制。

(4)单渠道与多渠道。依照生产商采用的渠道类型多少，可将分销渠道划分为单渠道和多渠道。

单渠道：指企业采用同一类型渠道分销企业的产品，称之为单渠道。

多渠道：指企业根据不同层次或地区消费者的情况，选用不同类型分销渠道。

(5)线上渠道与线下渠道。依照企业是否采用互联网渠道，可将分销渠道划分为线上渠道和线下渠道。

线上渠道：企业采用线上渠道通常指网络上的渠道，网上商城或者通过网络传播产品、服务等。

线下渠道：线下渠道通常指实体店销售渠道，指企业采用面对面的方法交易或传播产品、服务等。

5.1.2 影响分销渠道选择的因素

影响分销渠道选择的因素很多。生产企业在选择分销渠道时，必须对下列几方面的因素进行系统的分析和判断，才能做出合理的选择。

1．产品因素

（1）产品单位价格的高低。一般来说，产品单价越高，越应注意减少流通环节，否则会造成销售价格的提高，从而影响销路，这对生产企业和消费者都不利。而单价较低、市场较广的产品，则通常采用多环节的间接分销渠道。

（2）产品的体积与重量。产品的体积大小和轻重，直接影响运输和贮存等销售费用，过重的或体积大的产品，应尽可能选择最短的分销渠道。对于那些超出运输部门规定的起限（超高、超宽、超长、超重）的产品，尤应组织直达供应。小而轻且数量大的产品，则可考虑采取间接分销渠道。

（3）产品的耐腐性。产品有效期短，贮存条件要求高或不易多次搬运的产品，应采取较短的分销渠道，尽快送到消费者手中。

（4）产品的技术性与服务要求。有些产品具有很高的技术性，或需要生产商提供技术服务与咨询，指导用户使用。这类产品应以生产企业直接销售或特约分销渠道销售给用户为好，这样，可以保证向用户提供及时良好的销售技术服务。

（5）产品的标准性和专用性。专用（定制）品一般由产需双方直接商讨规格、质量、式样等技术条件，不宜经由中间商销售。标准品具有明确的质量标准、规格和式样，分销渠道可长可短，有的用户分散，宜由中间商间接销售；有的则可按样本或产品目录直接销售。

（6）产品的市场生命周期。产品生命周期，是指产品的市场寿命，即一种新产品从开始进入市场到被市场淘汰的整个过程。为尽快地把新产品投入市场，扩大销路，生产企业一般重视组织自己的推销队伍，直接与消费者见面，推介新产品和收集用户意见。如能取得中间商的良好合作，也可考虑采用间接销售渠道。

2．市场因素

（1）市场范围与密集度。某些商品消费地区分布比较集中，适合直接销售；反之，适合间接销售。工业品销售中，本地用户产需联系方便，因而适合直接销售；外地用户较为分散，通过间接销售较为合适。

（2）市场的潜在顾客的需求。若消费者的潜在需求多，市场范围大，需要中间商提供服务来满足消费者的需求，宜选择间接分销渠道。若潜在需求少，市场范围小，生产企业可直接销售。

(3)消费者的购买习惯。有的消费者喜欢到企业买商品,有的消费者喜欢到商店买商品。还有的消费者通过电商平台购买商品。所以,生产企业应既直接销售,也间接销售,满足不同消费者的需求,也增加了产品的销售量。

(4)市场销售量大小。购买批量大,多采用直接销售;购买批量小,除通过自设门市部出售外,多采用间接销售。

3. 生产企业本身的因素

(1)企业生产经营能力。企业本身资金雄厚,则可自由选择分销渠道,可建立自己的销售网点,采用产销合一的经营方式,也可以选择间接分销渠道。企业资金薄弱则必须依赖中间商进行销售和提供服务,只能选择间接分销渠道。

(2)企业的销售能力。生产企业在销售力量、储存能力和销售经验等方面具备较好的条件,则应选择直接分销渠道。反之,则必须借助中间商,选择间接分销渠道。另外,企业如能和中间商进行良好的合作,或对中间商能进行有效地控制,则可选择间接分销渠道。若中间商不能很好地合作或不可靠,将影响产品的市场开拓和经济效益,则不如进行直接销售。

(3)企业可能提供的服务水平。中间商通常希望生产企业能尽可能多地提供广告、展览、修理、培训等服务项目,为销售产品创造条件。若生产企业无意或无力满足这方面的要求,就难以达成协议,迫使生产企业自行销售。反之,提供的服务水平高,中间商则乐于销售该产品,生产企业则选择间接分销渠道。

4. 其他因素

商品销售渠道的选择除受上述因素影响外,还受其他一些因素影响,如交通运输条件,国家对有关商品的购销政策、价格政策、法令和条例,以及管理体制改革等方面的因素,都会影响分销渠道的选择。

(1)政策规定。企业选择分销渠道必须符合国家有关政策和法令的规定。某些按国家政策应严格管理的商品或计划分配的商品,企业无权自销和自行委托销售;某些商品在完成国家指令性计划任务后,企业可按规定比例自销,如专卖制度(如香烟)、专控商品(控制社会集团购买力的少数商品)。另外,如税收政策、价格政策、出口法、商品检验规定等,也都可能影响分销渠道的选择。

(2)经济收益。不同分销途径经济收益的大小也是影响选择分销渠道的一个重要因素。对于经济收益的分析,主要考虑的是成本、利润和销售量三个方面的影响因素。具体分析如下:

① 销售费用。销售费用是中间商的主要成本。销售费用是指产品在销售过程中发生的费用。它包括包装费、运输费、广告宣传费、陈列展览费、销售机构经费、代销网点和代销人员手续费、产品销售后的服务支出等。一般情况，减少流通环节可降低销售费用，但减少流通环节的程度要综合考虑，做到既节约销售费用，又要有利于生产发展和体现经济合理的要求。

② 价格分析。价格策略能够直接影响企业利润。在价格相同条件下，进行经济效益的比较。目前，许多生产企业都以同一价格将产品销售给中间商或最终消费者，若直接销售量等于或小于间接销售量时，由于生产企业直接销售时要多占用资金，增加销售费用，所以，间接销售的经济收益高，对企业有利；若直接销售量大于间接销售量，而且所增加的销售利润大于所增加的销售费用，则选择直接销售有利。当价格不同时，进行经济收益的比较，主要考虑销售量的影响，若销售量相等，直接销售多采用零售价格，价格高，但支付的销售费用也多。间接销售采用出厂价，价格低，但支付的销售费用也少。究竟选择什么样的分销渠道，可以通过计算两种分销渠道的盈亏临界点作为选择的依据。当销售量大于盈亏临界点的数量，选择直接分销渠道；反之，则选择间接分销渠道。在销售量不同时，则要分别计算直接分销渠道和间接分销渠道的利润，并进行比较，一般选择获利更大的分销渠道。

(3)中间商特性。生产商产品的销售量直接受中间商营销能力影响。各类各家中间商实力、特点不同，诸如广告、运输、贮存、信用、训练人员、送货频率方面具有不同的特点，从而影响生产企业对分销渠道的选择。中间商类型的不同对生产企业分销渠道会有不同的影响。如经销商、代理商；批发商、零售商的运营模式、经营成本都不一样。

① 中间商的数目不同的影响。按中间商的数目的多少的不同的情况，可选择密集分销，选择分销，独家分销。

② 消费者的购买数量。如果消费者购买数量小、次数多，可采用长渠道，反之，购买数量大，次数少，则可采用短渠道。

③ 竞争者状况。当市场竞争不激烈时，可采用同竞争者类似的分销渠道，反之，则采用与竞争者不同的分销渠道。

分销渠道是企业进入市场的前提，影响分销渠道设计的因素很多，如表5.1.1所示，企业需要仔细分析、认真考虑、综合评价，然后设计出适合企业分销的渠道模式。

表 5.1.1　影响分销渠道的因素

影响因素		渠道长度		渠道宽度	
		长	短	宽	窄
产品	价值	低	高	低	高
	属性	稳定	不稳	稳定	不稳
	体积/重量	小	大	小	大
	技术性	弱	强	弱	强
	通用性	高	低	高	低
	生产周期	后期	前期	后期	前期
市场	市场规模	大	小	大	小
	市场分布	分散	集中	分散	集中
	购买习惯	便利	选购	便利	选购
企业	企业实力	弱	强	强	弱
	管理能力	弱	强	强	弱
	控制愿望	小	强	小	强
中间商	积极性	高	低	高	低
	经销条件	低	高	低	高
	开拓能力	强	弱	弱	强
环境	经济形势	好	差	好	差
	政策法规	依据法规设计分销渠道			

5.1.3　分销渠道策略

分销渠道的宽度是指渠道的每个层次使用同种类型中间商数目的多少。这主要取决于企业希望产品在目标市场上扩散范围的大小。对此，有三种可供选择的分销渠道策略。

1. 普遍性分销策略

(1)普遍性分销的概念。普遍性分销策略又称为密集型分销策略，是指生产者在同一区域市场内各个层次的中间环节中，广泛选择尽可能多的中间商来推销其商品的销售策略。它适合于价格低廉、差异性不大的日用消费品，或生产资料中普遍使用的小工具等产品的销售。因为顾客购买这类商品主要的要求是购买方便。

(2)普遍性分销的优点。既可以让商品迅速进入流通领域，扩大市场覆盖面，也可以让消费者及时、就近和方便地购买商品，还可以在全国范围的广告中得到更大的反应，并为选择中间商提供更大的方便。

(3)普遍性分销的缺点。分销商数目众多，企业要花费较多的精力联系这些分销商，不易取得分销商的合作；分销商的专一性不强，不愿承担推销费用，从而增加生产者的促销费用。

2. 选择性分销策略

(1)选择性分销的概念。选择性分销策略，是指生产者在同一目标市场上或同一区域市场内的各个层次的中间环节中，选择少数中间商来推销其商品的销售策略，而不是选择所有愿意经销本企业产品的中间商。

(2)选择性分销的优点。由于中间商数目较少，生产者与中间商能密切配合，这既能使生产者得到较大的销售面，提高渠道控制能力，也可以减少经销商之间的盲目竞争，提高商品的声誉。一般情况下，技术服务要求较高的商品、消费品中的选购品和特殊品、工业品中的零配件宜采用此分销形式，这有利于提高企业经营效益。

(3)选择性分销的缺点。选择分销中的常见问题是如何确定经销商区域重叠的程度。在选择分销中重叠的量决定着在某一给定区域内选择分销和密集分销所接近的程度。虽然市场重叠率会方便顾客的选购，但也会在零售商之间造成一些冲突。低重叠率会增加经销商的忠诚度，但也降低了顾客购买的便利性。

经验总结：

某肥料公司原来有40个零售商，现在减少至20个或者15个，数量减少，便于价格管控，便于销售管理和提供有效服务，零售商更用心、更卖力。

与零售商经常碰面，有效交流，相互之间更熟悉了，就不好意思随便提价或者降价。如果这个村卖150元，另外一个村卖120元，那么市场价格混乱，产品就是死的了。造成分销商恶性竞争，最终影响厂家商品品牌声誉甚至企业生存。

3. 专营性分销(独家分销)策略

(1)专营性分销(独家分销)的概念：专营性分销策略，是指生产者在一定时间和同一区域市场内的某一层次的中间环节中，仅选择一家中间商销售本企业的产品，并规定该中间商不得再推销其他竞争者同类商品，生产者则只对选定的经销商供货的销售策略。

(2)专营性分销(独家分销)的优点:易于控制市场的销售价格和数量;能获得经销商的有效协作和支持;有利于带动其他新产品上市;经销商愿意花一定投资和精力开拓市场。

(3)专营性分销(独家分销)的缺点:过分依赖中间商,易受中间商支配,会因中间商选择不当或关系恶化而失去市场。

4. 宽分销渠道和窄分销渠道策略

分销渠道的宽窄度取决于分销渠道的每个环节中所使用的同类型中间商数目的多少。

(1)宽渠道和窄渠道。

宽渠道:企业使用的同类中间商多,产品在市场上的分销面广,称为宽渠道。如一般的日用消费品(毛巾、牙刷、开水瓶等),由多家批发商经销,又转卖给更多的零售商,能大量接触消费者,大批量地销售产品。

窄渠道:企业使用的同类中间商少,分销渠道窄,称为窄渠道,它一般适用于专业性强的产品,或贵重耐用消费品,由一家中间商统包,几家经销。它使生产企业容易控制分销,但市场分销面受到限制。

(2)单渠道和多渠道。

单渠道:当企业全部产品都由自己直接所设门市部销售,或全部交给批发商经销,称之为单渠道。

多渠道:多渠道则可能是在本地区采用直接渠道,在外地则采用间接渠道;在有些地区独家经销,在另一些地区多家分销;对消费品市场用多渠道,对生产资料市场则采用单渠道。

5.2 设计农资分销渠道

5.2.1 市场营销网络构建的形式

1. 分销渠道发展成营销网络

分销渠道指产品销售途径,就是把产品从生产者送到消费者手里的完整过程。营销网络是指通过营销网点布局、网线设计、网面覆盖、网员纽带、网流传输,把商品生产者和消费者连接起来,形成营销网点、网线、网面的覆盖,信息、物流、财流畅通传输的网络。

2. 企业自建营销网络

营销网络，也称为营销渠道销售通路或分销渠道，是指产品或服务从生产者转移到使用者或消费者所经过的途径。

在一个营销网络中，主要包括制造商(生产商)、代理商、分销商、批发商和零售商等；营销网络增值所占的比例越来越大，营销网络已由原来的物流作用向增值作用转化，成为企业核心能力的重要源泉，也成为企业在激烈的市场竞争中制胜的法宝，对企业的发展有着巨大的推动作用。随着分销系统体系的日益壮大，越来越多的生产厂家更愿意自建网络分销平台，不受制于人，规则完全由自己来定。

3. 厂商合作渠道

厂商合作渠道尽管在表现形式上并未改变传统的渠道结构，但本质上却由松散的、利益相对独立的关系变为紧密的、利益融为一体的关系，简单地说，即由“你”和“我”的关系变为“我们”的关系。这种合作伙伴关系可以消除厂家与商家为追求各自利益造成的冲突，厂家与商家结成利益共同体，根据双方核心能力的差异性或者说互补性，通过合理分工与沟通协作，各自负责擅长的渠道职能，优势互补，避免了重复、无效的工作，不仅降低了各自的成本，而且有助于提高整条营销渠道的运行质量和效率。厂商合作渠道可以实现利益共同的战略伙伴关系。

厂家与经销商合作的形式有以下几种。

(1)联合促销。厂家与经销商共同进行促销，如合作广告，即经销商发布广告，厂家给予一定金额的补贴；厂家为经销商提供样品、POP广告等。

(2)专门产品。厂家为经销商提供专门定制的产品，既可以增强销售网络凝聚力，也可以减少消费者购买时对价格的比较。

(3)信息共享。厂家与经销商共享市场调查、竞争形势、消费者动向等方面的信息。

(4)培训。即厂家为经销商提供销售、产品、管理和营销等方面的培训活动，以提高经销商的销售和管理水平。在紧密型的伙伴关系中，厂家与经销商共同致力于提高销售网络的运作效率、降低费用、管控市场等。从厂家的角度讲，需要重视长期关系(如帮助经销商制定销售计划)，与渠道成员责任共担(如建立零库存管理体制)，积极妥善解决渠道纠纷。厂家的销售人员要担当经销商的顾问(而不仅是获取订单)，为经销商提供高水平的服务。厂家为经销商提供人力、物力、财力、管理和营销方法等方面的培训，以确保经销商与厂家共同进步、共同成长，这才是对经销商最好的管理。

常见农产品分销渠道比较见表5.2.1。

表5.2.1　农产品分销渠道选择的比较

直接销售	适宜情况	间接销售	适宜情况
农家直销	新鲜,价格可调,收益小	小商贩/街头零售	小批量,价低
地头/集市	新鲜,价格高,量少	经纪人/合作社	土地分散农户
旅游采摘	新鲜,价格高,中量	产地批发	负担经销商服务,风险相对小
交易会/特色节	批量订单,促销宣传 价格不高	销地批发	收益高,批量大,风险大
专卖店/临时租赁销售点	长期零售+批量/品牌 价格自己控制	农村经销合作社	批量
品牌商店	综合销售,综合收益	零售商	批量中等,但销售稳定
对产品要求	更适宜保存时间短的产品	对产品要求	保存期短,风险大,对产品有选择

5.2.2　营销渠道中间环节

1. 经销商、代理商和经纪人

(1)经销商。经销商是指从企业拿钱进货的商业单位。“经销商”的“商”是指商人,也就是一个商业单位,一般是企业,他们买货不是自己用,而是转手卖出去,对于他们只是经过手,再销售而已,他们关注的是利差,而不是实际的价格。生产商对他们不是赊销,一般情况是先收钱再发货。

(2)代理商。代理商,指接受生产商委托销售,不是买断企业的产品,产品的所有权属于厂家,代理商按合同约定赚取生产厂家委托销售商品的佣金,一般情况生产厂家先发货,定期结算厂家销售货款和代理商佣金的一种合作方式。代理商一般会按照级别划分,划分标准不一,有按区域划分,有按佣金金额划分。各级别的责任和权限不同,一般级别越高其考核要求也越高。

① 总代理:是指委托人在指定地区的全权代表,他有权代表委托人从事一般商务活动和某些非商务性事务。

② 独家代理:在指定地区和期限内单独代表委托人行事,从事代理协议中规定的有关业务的代理人。委托人在该地区内,不得委托其他代理人。

③ 一般代理:又称佣金代理,是指在同一地区和期限内委托人可以同时委派多个代理人代表委托人行事,代理人不享有独家专营权。佣金代理完成授权范围内的事务后按协议规定向委托人计收佣金。

(3)经纪人。俗称掮客,其主要职能在于为买卖双方牵线搭桥、协助谈判、促成交易,由委托方给付佣金,不承担产品销售的风险。

2. 批发商

批发商是指向生产企业购进产品,然后转售给零售商、产业用户或各种非营利组织,不直接服务于个人消费者的商业机构,位于商品流通的中间环节。批发商从事商品批发业务,实现商品在时间和地点上的转移,达到销售的目的。与零售商相比,其交易对象主要是生产商、零售商或下一层次的批发商。交易次数少,单次交易数量较大。

3. 零售商

零售商是指将商品直接销售给最终消费者的中间商,是相对于生产者和批发商而言的,处于商品流通销售渠道的最终阶段。

零售商是分销渠道的最终环节。零售商的基本任务是直接为最终消费者服务,它的职能包括购、销、调、存、加工、拆零、分包、传递信息、提供销售服务等。在地点、时间与服务方面,方便消费者购买。它又是联系生产企业、批发商与消费者的桥梁,在分销途径中具有重要作用。

5.3 管理农资分销渠道

5.3.1 选择渠道成员

1. 渠道成员选择的含义

渠道成员的选择,就是从众多相同类型分销成员中选出适合公司渠道结构能有效帮助完成公司分销目标的分销伙伴的过程。

分销渠道设计的最后一步是着手选择营销渠道成员。如果渠道设计结果是采用直销的营销方式,就不存在对分销成员进行选择了。

2. 选择渠道成员的条件

如果企业确定了其产品选择间接渠道进入市场,下一步即应做出选择中间商的决策,包括批发中间商和零售中间商。中间商选择得是否得当,直接关系着生产企业的市场营销效果。一般来说，选择渠道成员应考虑的因素主要有以下几种。

(1)中间商的市场范围。市场是选择中间商最关键的原因。首先，考虑预先定的中间商的经营范围所包括的地区与产品的预计销售地区是否一致，比如，产品在东北地区，中间商的经营范围就必须包括这个地区。其次，中间商的销售对象是否是生产商所希望的潜在顾客，这是个最根本的条件。因为生产商都希望中间商能打入自己已确定的目标市场，并最终说服消费者购买自己的产品。

(2)中间商的产品政策。中间商承销的产品种类及其组合情况是中间商产品政策的具体体现。选择时一要看中间商有多少“产品线”(即供应的来源)，二要看各种经销产品的组合关系，是竞争产品还是互补产品。一般认为应该避免选用经销竞争产品的中间商，即中间商经销的产品与本企业的产品是同类产品。但是若企业产品的竞争优势明显就可以选择出售给竞争者产品的中间商，因为顾客会在对不同生产企业的产品做客观比较后，决定购买有竞争力的产品。

(3)中间商的地理区位优势。区位优势即位置优势。选择零售中间商最理想的区位应该是顾客流量较大的地点。批发中间商的选择则要考虑它所处的位置是否利于产品的批量贮存与运输。通常以交通枢纽便利为宜。

(4)中间商对企业产品的熟悉程度。许多中间商被规模巨大，而且有名牌产品的生产商选中，往往是因为它们对销售某种产品有专门的经验。选择对产品销售有专门经验的中间商就会很快地打开销路。因此生产企业应根据产品的特征选择有经验的中间商。

(5)预期合作程度。中间商与生产企业合作得好会积极主动地推销企业的产品，对双方都有益处。有些中间商希望生产企业也参与促销，扩大市场需求，并相信这样会获得更高的利润。生产企业应根据产品销售的需要确定与中间商合作的具体方式，然后再选择最理想合作中间商。

(6)中间商的财务状况及管理水平。中间商能否按时结算，包括在必要时预付货款，取决于财力的大小。整个企业销售管理是否规范、高效，关系着中间商营销的成败，而这些都与生产企业的发展息息相关，因此，这两方面的条件也必须考虑。

(7)中间商的促销政策和技术。采用何种方式推销商品及运用选定的促销手段的能力直接影响销售规模。有些产品广告促销比较合适，而有些产品则适合通过销售人员推销；有的产品需要有效的贮存，有的则应快速运输。要考虑到中间商是否愿意承担一定的促销费用以及有没有必要的物质、技术基础和相应的人才。选择中间商前必须对其所能完成某种产品销售的市场营销政策和技术的现实可能程度做全面评价。

（8）中间商的综合服务能力。现代商业经营服务项目甚多，选择中间商要看其综合服务能力如何。有些产品需要中间商向顾客提供售后服务，有些在销售中要提供技术指导或财务帮助（如赊购或分期付款），有些产品还需要专门的运输存储设备。合适的中间商所能提供的综合服务项目与服务能力应与企业产品销售所需要的服务要求相一致。

3. 选择渠道成员的方法

（1）销售量评估法。销售量分析法是通过实地考察有关分销商的顾客流量和销售情况，并分析其近年来销售额水平及变化趋势，在此基础上，对有关分销商的实际分销能力（尤其是可能达到的销售量水平）进行估计和评价，然后选择最佳"候选人"。

（2）加权评分法。评分法就是对拟选择作为合作伙伴的每位中间商，就其从事商品分销的能力和条件进行打分。先根据不同因素对分销渠道功能建设的重要程度的差异，分别赋予一定的权数，然后计算每位中间商的总得分，从中选择得分较高者。

（3）销售成本评估法。利用中间商经销商品是有成本的，主要包括市场开拓费用，让利促销费用，因延迟货款支付而带来的收益损失，谈判和监督履约的费用等。这些费用构成了销售费用或流通费用，减少了生产商的净收益。企业可以通过控制流通费用来提高渠道的效益，进而增加净收益。因此，企业也可以把预期销售费用看作选择中间商的一种指标。常用的方法有3种。

① 总销售成本比较法。在分析有关经销商的合作态度、营销战略、市场声誉、顾客流量、销售记录的基础上，估算各个"候选人"作为分销渠道成员，在执行分销功能过程中的销售费用。然后，选择其中费用最低的中间商。

② 单位商品销售成本比较法。销售费用一定时，销量越多，则单位商品的销售成本越低，渠道成员的效率就越高。因此，在评价有关分销商的优劣时，需要把销售量与销售成本两个因素联系起来综合评价。就是将分销商的预期总销售成本与该分销商能够实现的商品销售量（或销售额）之比值，即单位商品（单位销售额）销售成本做比较，选出比值最低者作为分销渠道成员。

③ 成本效率分析法。就是以销售业绩与销售费用的比值作为评价依据，选择最佳分销商。与前者不同的是，此方法采用的比值是某分销商能够实现的销售业绩（销售量或者销售额）除以该分销商总销售费用，称为成本效率。

成本效率＝某分销商的总销售额(或总销售量)÷该分销商的总销售成本

可以看出,成本效率是单位商品销售费用的倒数。当然,也可以进行量—本—利综合分析。

5.3.2 激励渠道成员

1. 渠道激励的概念和作用

渠道激励,是指渠道领袖对其他渠道成员激发鼓励、调动其热情和积极性的行为。

渠道因素将直接影响其他营销决策的制定和效果。比如,厂家要进行大规模的派发活动时,极有可能因铺货不足、缺乏相应的店内宣传等因素,导致试用产品感到满意后的消费者买不到产品,而使派送的促销效果大打折扣。

产品从生产者经过经销代理商、批发商、零售终端,最终到达消费者手里这样一条“推”的流程中,得到中间商的支持越多,产品到达消费者手中的机会也越多。实际上,不少大公司对营销渠道上的中间商们都不敢怠慢,他们在渠道上的促销花费要比他们愿意花费的更多。虽然他们希望把钱花在消费者身上,但越来越强大的渠道控制能力使中间商有本钱要求更多的奖励和资助。现在,有些厂家用于对渠道成员的促销费用已占到了整个促销预算的58%,而对消费者的促销只占到42%。

弱势品牌则更要依赖渠道的中间商,由于营销力量不足,他们只能被动地将有限的资金集中到渠道上来,于是更无力再做消费者的工作,这又使他们难以摆脱对中间商的依赖。许多小厂家都寄希望于先将产品投入市场形成销售,赚取利润积累资本后再做针对消费者的品牌宣传工作。实际上这一阶段的艰辛远非这些厂家当初所设想的,即使最终能如期进入良性循环成长起来,也是一个相当漫长的过程。

因此,对中间商策略性的乃至战略性的激励与合作是产品营销的要素之一,品牌与渠道必须同时得以发展,这并不是一个谁先谁后的问题。

不管各个厂家的策略有何不同,渠道竞争的加剧已是不争的事实,现在的厂家不能像过去那样只管向经销代理商(一级批发商)出货就可以了,为了使产品增加与消费者见面的机会,厂家必须激励和管理好渠道上每个层级的中间商,而在对消费者举办促销活动时,更需要各级成员的积极响应与支持配合方能取得成功。

2. 渠道激励的内容

(1)对总代理、总经销进行促销激励。

① 年销售目标奖励。厂家事先设定一个销售目标,如果客户在规定的时间内达到了这个目标,则按事先的约定给予奖励。为兼顾不同客户的经销能力,可分设不同等级的销售目标,其奖励额度也逐渐递增,使中间商向更高销售目标冲刺。此外,为批发商们提供实用工具的奖励,如货车、电脑、管理软件、人员培训等,则是一个帮助其提高竞争力的更具价值的支持。

② 阶段性促销奖励。为了提高某一段时间内的销量或特定目标,厂家也会开展阶段性的促销奖励。如在销售淡季为刺激批发商进货,给予一定的优惠奖励;或在销售旺季来临之前采取这种促销,以得到最大的市场份额。

(2)对二级批发商进行促销激励。有实力的厂家除了对一级批发商设计了促销奖励外,还对二级批发商进行短期的阶段性促销,以加速产品的流通和分销能力。

为避免阶段性促销可能带来的混乱,应尽量将奖励考核依据立足于“实际销货量”,在活动开始时前对各批发商的库存量进行盘点,再加上活动期间的进货量,最终减去活动结束时留存的库存量,以此计算出该客户活动期间的实际销量。如某一农药批发商活动前盘点存货为100箱,活动期间进货300箱,活动结束后盘点留存50箱,则他在活动期间实际销售了350箱。但有时该法并不能解决客户“转移”商品的行为,他们可能会以低价将产品抛售到未开展促销的市场上,即“窜货”,这将直接导致价格混乱,厂家必须重视这个日趋严重的问题。

(3)对终端售点进行促销激励。除了要鼓励批发商的经销积极性,还应该激励零售商,增加他们进货、销货的积极性。如提供一定数额的产品进场费、货架费、堆箱陈列费、POP张贴费、人员促销费、店庆赞助、年终返利等。

为了吸引消费者的注意,还应借助于售点服务人员、营业员的主动推荐和推销,以达成并扩大消费者的购买数量。另外,有计划地把促销产品直接分配到各个零售店,一方面可将货源直接落实到终端售点,另一方面可以认为造成有限数量的促销气氛,也不失为一个策略性的措施。通过销售人员将促销、铺货数量直接落实到各零售店,不但使厂家促销运作直接得以贯彻,还能有效地掌控促销投入和产出的效果,这将比通过批发商推广更为有利。

(4)激励渠道成员配合开展对消费者的促销活动。如果不做针对消费者的促销,厂家在渠道投入力度再大恐怕也难有成效,渠道成员会要求厂家多做广告,甚至以广告的投放量作为标准来衡量是否经销厂家的产品。这实际上给新品牌的市场导入带来了很大的困难。事实上，除非厂家的竞争对手不是很强大，而且自己有足够的营销费用能摆脱中间商开展终端促销，否则厂家的针对消费者的促销活动仍需要得到渠道成员的配合。

3. 渠道激励的措施

处理好产销矛盾，让中间商能努力为生产企业推销商品，是激励渠道成员的重要手段。一些行之有效的激励措施，主要有：

(1)提供适销对路的优质产品。

(2)共同搞好推销，如刊登广告，引导顾客去购买，举办商品展销，培训销售人员等。

(3)商品数量充足，价格合理，必要时做适当的让利。

(4)帮助中间商改进经营管理。

(5)减少中间商风险，如允许商品销售后付款，对不合格及残损商品予以退换，提供相应的维修、安装、使用服务等。

生产者必须尽量避免激励过分与激励不足两种情况。

5.3.3 协调与渠道成员的关系

1. 渠道冲突

渠道冲突，是指某渠道成员从事的活动阻碍或者不利于本组织实现自身的目标，进而发生的种种矛盾和纠纷。分销渠道的设计是渠道成员在不同角度、不同利益和不同方法等多因素的影响下完成的，因此，渠道冲突是不可避免的。

2. 渠道冲突产生的原因

产生渠道冲突的原因主要有以下五种。

(1)角色对立。角色是对某一岗位的成员的行为所做的一整套规定。应用于营销渠道中，任何一个渠道成员都要实现一系列规定的目标任务。

(2)资源稀缺。特许权授予者应该向特许经营者提供广泛的经营协助以及促销支持，反之，特许经营者也应该严格按照特许权授予者的标准经营程序来经营。如果有一方偏离其既定角色(例如，特许经营者决定制定一些自己的政策)，冲突就产生了。有时，渠道成员要实现其各自的目标，在一些稀缺资源的分配问题上产生了分歧，此时也会产生冲突。

(3)期望差异。激烈的冲突会因为生产商与经销商对未来预期不同的行动策略而引发。

(4)决策领域有分歧。价格决策正是一个典型的例子。许多零售商认为价格决策属于他们的决策领域，而有的制造商则认为他们才有权定价。这样一来，制造商巧妙的告知零售商，如果他们不接受制造商的定价建议，就会失去货物的供应。那些在激烈竞争的市场中需要定价灵活性的零售商时常感到制造商试图通过操纵定价侵入其领域。这有时会导致长期的激烈冲突。

(5)目标不一致。以一家农资零售商为例，这里同时销售三种品牌。该零售商的目标是卖出哪个品牌的农资都无所谓，只要有销售额和利润就行。而对于制造商来讲，其特定品牌产品的销售量和市场占有率决定其“生死存亡”，其品牌销售观与零售商有着天壤之别。若其中制造商感到零售商无视其品牌，零售商的行为就会被厂商视为对其所定目标的阻碍，由此也就埋下了目标冲突的种子。

3. 渠道冲突解决方法

(1)渠道冲突解决步骤。要解决好渠道冲突，首先，从一开始的渠道选择和设计上就要根据市场环境和自身资源情况，确立适合自己的分销体系和管理原则。其次，要根据标准严格挑选供应商，在很大程度上减少不必要的冲突。然后，应该加强渠道成员之间的沟通，对相关人员进行定期的培训，增强渠道上对公司产品和文化的认同。最后，如果渠道冲突不能通过上述方式预防和调和，就只好退出该渠道，对整个的分销体系进行反思并重新设计。

(2)渠道冲突解决方法。生产者在处理与中间商的关系时，常依不同情况而采取不同的形式，通常有以下两种形式：

① 超级目标法。当企业面临对手竞争时，树立超级目标是团结渠道各成员的根本。超级目标是指渠道成员共同努力，以达到单个成员所不能实现的目标。渠道成员有时会以某种方式签订一个他们共同寻找的基本目标的协议，其内容包括渠道生存、市场份额、高品质和顾客满意等。从根本上讲，超级目标是单个公司不能承担，只能通过合作实现的目标。一般只有当渠道一直受到威胁时，共同实现超级目标才会有助于冲突的解决，才有建立超级目标的必要。

对于垂直性冲突，一种有效的处理方法是在两个或两个以上的渠道层次上实行人员互换。比如，让制造商的一些销售主管去部分经销商处工作一段时间，有些经销商负责人可以在制造商制定有关经销商政策的领域内工作。经过互换人员，可以提供一个设身处地为对方考虑问题的位置，便于在确定共同目标的基础上处理一些冲突。

② 沟通和协商谈判。沟通，通过劝说来解决冲突其实就是在利用领导力。从本质上说，劝说是为存在冲突的渠道成员提供沟通机会，强调通过劝说来影响其行为而非信息共享，也是为了减少有关职能分工引起的冲突。协商谈判，谈判的目标

在于停止成员间的冲突。妥协也许会避免冲突爆发，但不能解决导致冲突的根本问题。只要压力继续存在，终究会导致冲突产生。其实，谈判是渠道成员讨价还价的一个方法。在谈判过程中，每个成员会放弃一些东西，从而避免冲突发生，但利用谈判或劝说要看成员的沟通能力。事实上，用上述方法解决冲突时，需要每一位成员形成一个独立的战略方法以确保能解决问题。

③ 退出该营销渠道。解决冲突的最后一种方法就是退出该营销渠道。事实上，退出某一营销渠道是解决冲突的普遍方法。一个企图退出渠道的企业应该要么为自己留条后路，要么愿意改变其根本不能实现的业务目标。若一个公司想继续从事原行业，必须有其他可供选择的渠道。对于该公司而言，可供选择的渠道成本至少不应比现在大，或者它愿意花更大的成本避免现有矛盾。当水平性或垂直性冲突处在不可调和的情况下时，退出是一种可取的办法。从现有渠道中退出可能意味着中断与某个或某些渠道成员的合同关系。

5.3.4　评估渠道成员

生产者除了选择和激励渠道成员外，还必须定期评估渠道成员的绩效。如果某一渠道成员绩效过分低于既定标准，需找出原因，同时还应考虑补救方法。

检测中间商的绩效，主要有以下两种方法可供使用。

(1)将每一中间商的销售绩效与上期的绩效进行比较，并以整个群体的升降百分比作为评价标准。

(2)将各中间商的绩效与该地区基于销售潜量分析所设立的配额相比较。

增加或减少渠道成员，或局部修正某些渠道，或全面修正分销渠道系统等调整属比较重大的决策，应慎重进行，通常是由企业的最高管理层做出的。

面对日益成熟的买方市场，企业营销人员在分析了影响选择分销渠道应考虑的因素，正确进行了分销渠道设计后，必须加强对渠道成员的选择、激励、协调和评估，以确保货畅其流。

复习思考题

一、名词解释

分销渠道、销售渠道、独家代理、一般代理、批发、零售。

二、单项选择题

1. 分销渠道是指商品从生产商转移到消费者或用户的过程所通过的由________组成的通道。

A. 零售商　　B. 生产商

C. 消费者　　D. 中间商

2. 向最终消费者直接销售产品和服务,用于个人及非商业性用途的活动是________。

A. 零售　　B. 批发

C. 代理　　D. 直销

3. 企业对中间商的基本激励水平应以________为基础。

A. 中间商的业绩　　B. 企业实力

C. 交易关系组合　　D. 市场形势

4. 当目标顾客人数众多时,生产者倾向于利用________。

A. 长而宽的渠道　　B. 短渠道

C. 窄渠道　　D. 直接渠道

5. 只接受生产者委托,从事商品交易,但不具备商品所有权的中间商是________。

A. 批发商　　B. 零售商

C. 代理商　　D. 经销商

6. 在中间商中,不拥有产品所有权的是________。

A. 批发商　　B. 零售商

C. 代理商　　D. 个体采购商

7. 中间环节较多的渠道称作________。

A. 宽渠道　　B. 长渠道

C. 直接渠道　　D. 多渠道

8. 产品体积与重量较大的较重的产品,应选________。

A. 宽渠道　　B. 长渠道

C. 窄渠道　　D. 短渠道

9. 中间商在生产者与消费者之间的作用可概括为________。

A. 产品加工、分类、调拨　　B. 产品集中、平衡、扩散

C. 产品批发、定价、展销　　　　D. 产品采购、运输、仓储

10. 无商品所有权，又无现货，只为买卖双方提供产品及一般市场信息，为买卖双方洽谈销售起媒介作用的是________。

A. 寄售商　　　　B. 企业代理商

C. 经纪商　　　　D. 销售代理商

11. 分销渠道策略中采用的“多渠道、少环节”方针，实际上是采用________。

A. 长渠道和宽渠道　　　　B. 宽渠道和短渠道

C. 短渠道和窄渠道　　　　D. 长渠道和窄渠道

12. 生产商在某一地区通过选择一家中间商为其经销产品的策略，称为________。

A. 密集分销　　　　B. 选择分销

C. 独家分销　　　　D. 区域分销

三、判断题

1. 从经济理论的观点来看，分销渠道的基本职能在于把自然界提供的不同原料根据人类的需要转换成有意义的产品组合。(　　)

2. 自己进货，并取得产品所有权后再批发出售的商业企业的称为经纪人或代理商。(　　)

3. 代理商(佣金商)对生产者委托代销的物品没有经营权。(　　)

4. 农资零售商是指将商品直接销售给最终消费者的中间商，是相对于生产者和批发商而言的，处于商品流通的最终阶段。(　　)

5. 营销渠道包括了商业中间商和代理中间商，不包括供应商和辅助商。(　　)

6. 窜货，也就是产品跨区销售，是渠道冲突的典型表现形式。(　　)

7. 单价低的产品适宜于通过“较长而宽”的分配渠道来销售。(　　)

8. 中间商在商品的买卖过程中，对商品是拥有所有权的。(　　)

9. 中间商具有产品集中、平衡、分散的功能，创造了时间、地点与效用。(　　)

10. 参加订货会是一种直接渠道的具体方式。(　　)

11. 分销渠道长度选择主要包括广泛分销(普遍分销)、选择性分销和独家分销。(　　)

12. 独家分销对生产企业与经销商来讲风险较大。(　　)

13. 选择分销比广泛分销节省费用，并容易控制。(　　)

14. 种子作为具有明显区域性的农资商品，适宜使用选择分销。(　　)

15. 一般来说，市场范围越大，就越需要中间商，越应采用长渠道。(　　)

16. 专用产品一般需由产需双方直接商讨产品规格、质量、式样等要求，不宜经过中间商。(　　)

17. 批发商一般可分为商人批发商、商品代理商、制造商的分销机构与办事处三类。(　　)

四、填空题

1. 分销渠道宽度，就是指渠道的每个层次使用同种类型中间商数目的多少。这主要取决于企业希望产品在目标市场上扩散范围的大小。对此，有三种可供选择的策略：____________、____________、____________。

2. 独家分销一般适用于____________商品。

3. 中间商可以分为____________、____________。____________、____________。

4. 经销商和代理商的最大区别是____________。

5. 一般来讲，凡是体积大、分量重的产品，宜采用____________的渠道。

6. 对于技术性较强而又需提供售前售后服务的产品，宜采用____________的渠道策略。

7. 若企业缺乏市场经验，营销资源薄弱，则应选择____________的渠道。

8. 选择分销是生产企业在某一地区通过____________中间商推销产品。

9. 分销渠道的作用包括____________、____________、____________和____________。

10. 影响分销渠道选择的最主要因素是____________。

五、简答题

1. 选择分销渠道应考虑哪些影响因素？

2. 市场营销渠道和分销渠道有何区别？

3. 什么是分销渠道？分销渠道有哪些类型？

4. 为什么说渠道策略是农资市场营销中的一个重要策略？

六、论述题

1. 分销渠道有哪几种类型？各自的特征是什么？

2. 论述影响分销渠道选择的产品因素和目标市场因素。

3. 对分销渠道应从哪些方面进行管理？试分析。

技能训练

1. 实训项目

农产品、农资企业分销渠道的调查分析。

2. 实训目的

了解农产品、农资企业的分销渠道类型与特点。

3. 实训内容及要求

① 精心进行分销渠道知识和相关资料准备。

② 认真选择调查分析对象(某企业某产品)，妥善安排时间。

③ 运用所学知识深入分析，指出其成功与不足之处，写出改变现状的分析策划报告。

4. 实训方法

在授课老师指导下，利用课余时间走向社会，试为某企业某产品进行分销渠道分析，指出其成功与不足之处，并为其策划。

5. 实训作业

撰写一份渠道调查分析报告。

项目6

选择农产品、农资的目标市场

学习项目导航

子项目	学习任务
6.1 细分农产品、农资市场	1. 农资市场细分的概念 2. 市场细分的标准和原则 3. 市场细分的方法 4. 市场细分的作用 5. 根据给出的材料为某企业产品进行市场细分
6.2 选择农产品目标市场	1. 目标市场的概念 2. 选择目标市场的影响因素 3. 选择目标市场
6.3 定位农产品、农资目标市场	1. 市场定位的概念 2. 市场定位的方式 3. 市场定位的步骤 4. 根据给出资料对农产品、农资产品进行市场定位

随着农产品、农资市场政策的不断调整和放宽，农产品、农资市场已经由计划经济时代的垄断市场发展成为市场经济条件下的竞争市场。

资金实力有限，发展规模较小的农产品、农资企业逐渐增多，企业利润持续走低。

对于农资企业来说，20 世纪 90 年代之前，农资产品的利润率较高，比如农药毛利率最低在 30%以上，最高达 60%以上，部分产品毛利率甚至达到 100%。之后，农资企业利润率逐渐下降，这从上市公司年度财务报表可以看出。

现代市场营销告诉我们，市场竞争问题已不再是单纯地满足消费者需求问题，其实质是消费者选择谁的问题。在农资市场中农资产品并不缺乏,消费者的困难是,产品多的已不知道选择哪一个品牌。因而,营销策略需要从无差别市场营销向目标市场营销策略转变。

目标市场营销(STP营销)能较好地兼顾大机器生产方式追求的“成本经济性”和市场营销观念所追求的“最好地满足顾客需求”两个方面。目标市场营销包括3个基本步骤。

(1)市场细分(segment):

① 市场细分因素和细分市场;

② 勾勒细分市场轮廓。

(2)目标市场(targeting):

① 评估每个细分市场的吸引力;

② 选择目标市场。

(3)市场定位(positioning):

① 为每个细分市场确定可能的定位概念;

② 选择、发展和沟通所选择的定位概念。

6.1 细分农产品、农资市场

从企业营销的角度看,每个企业都想把自己的产品卖给社会全体消费者。但实际上,任何规模的企业都不可能设法满足所有消费者的所有需要。特别是我国农产品、农资市场供过于求,产品结构不平衡,产品某些品种相对过剩,消费者对农产品的要求越来越高,农资生产者就更需要集中优势资源,服务于某一类或某几类消费者。因此,必须对市场进行细分,在细分的基础上正确选择目标市场,恰当进行市场定位,才能在产品营销中取得成功。

6.1.1 农资市场细分的概念

改革开放以来,我国农资产品极大丰富,消费者行为日趋个性化、多样化。消费者对于农资的需求、欲望、购买行为以及对企业营销策略的反应等表现出巨大的差异性,这种差异性使得农资市场细分成为可能和必要。

农资市场细分,是指农资企业根据消费者需求的多样性和购买动机行为的差异性,把整体市场,即全部顾客和潜在顾客,划分为若干个具有某种相似特征的顾客群，以便选择确定自己的目标市场。见图 6.1.1 市场细分 3 种模式。

这些具有某种相似特征的顾客群即称为细分市场或子市场。市场细分实际上是辨别具有差异性消费者群的一种方法，它是以消费者作为划分的对象，而不是以产品，是识别具有不同要求或需要的消费者的过程。

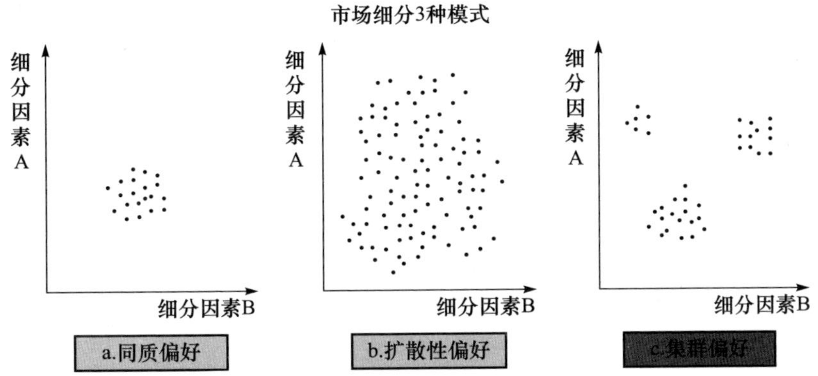

图 6.1.1　市场细分 3 种模式

6.1.2　市场细分的标准和原则

1. 市场细分的标准（表 6.1.1）

表 6.1.1　市场细分标准

细分标准	具体因素
地理因素	地区、地理气候、城市或乡村、交通运输
人口因素	年龄、职业、性别、教育、家庭、宗教、生活阶段、种族、收入、国籍
心理因素	生活方式、性格、购买动机
行为因素	追求利益、信赖程度、对销售因素的敏感程度、使用情况

（1）地理标准（表 6.1.2）。不同的地理条件对生产、生活有局限性，从而影响消费需求。

表 6.1.2　市场细分的地理标准

划分标准	典型细分
地理区域	东北、华北、西北、华南、华东等
气候	南方、北方、热带、亚热带、寒带、温带等

续表 6.1.2

划分标准	典型细分
密度	都市、郊区、乡村、边远地区等
城市规模(人口)	特大城市,大、中、小城市等

(2)行为标准(表 6.1.3)。根据购买动机、购买地点、购买频率等行为因素。

表 6.1.3　市场细分的行为标准

行为因素	具体行为因素市场细分
购买时机与频率	日常购买、特别购买、节日购买、规则购买、不规则购买等
追求的利益	廉价、时髦、安全、刺激、新奇、豪华、健康等
使用者情况	从未使用者、曾经使用者、潜在使用者、初次使用者、经常使用者
使用率	很少使用者、中度使用者、大量使用者
忠诚程度	完全忠诚者、适度忠诚者、低度忠诚者、无品牌忠诚者
态度	热情、肯定、无所谓、否定、敌视等

(3)心理标准(表 6.1.4)。环境影响心理,心理影响动机,动机影响行为。

表 6.1.4　市场细分的心理标准

心理因素	具体心理因素市场细分
生活方式	平淡型、时髦型、知识型、名士型等
个性特点	外向型或内向型、理智型或冲动型、积极型或保守型、独立型或依赖型等
购买动机	求实、求廉、求同、求名、求便、求新、求学、求安等

(4)人口标准(表 6.1.5):人的综合因素影响其需求,如年龄、性别、文化、收入、宗教信仰等。

表 6.1.5　市场细分的人口标准

人口因素	具体人口统计因素市场细分
年龄	婴儿、学龄前儿童、少年、青年、中年、老年
性别	男、女
民族	汉族、满族、维吾尔族、回族、蒙古族、藏族等
职业	职员、教师、科研人员、文艺工作者、企业管理人员、私营企业主、工人、离退休人员、学生、家庭主妇、失业者等
家庭收入(年)	5 000 元以下、5 000～10 000 元、10 001～20 000 元、20 001～30 000 元、30 001～50 000 元、50 000 元以上等

续表 6.1.5

人口因素	具体人口统计因素市场细分
家庭人口	1～2 人、3～4 人、5 人以上等
家庭生命周期	年轻单身、年轻已婚无小孩、年轻已婚小孩 6 岁以下、年轻已婚小孩 6 岁以上、已婚子女 18 岁以下、中年夫妇、老年夫妇、老年单身等
教育程度	小学程度以下、小学毕业程度、初中程度、高中程度、大学程度、研究生以上等
宗教	佛教、道教、基督教、天主教、伊斯兰教等
种族	白色人种、黑色人种、黄色人种、棕色人种
国籍	中国、美国、英国等

(5)性格标准(表 6.1.6)。

表 6.1.6　市场细分的性格标准

性格	消费需求特点
习惯型	偏爱、信任某些熟悉的品牌，购买时注意力集中，定向性强，反复购买
理智型	不易受广告等外来因素影响，购物时头脑冷静，注重对商品的了解和比较
冲动型	容易受商品外形、包装或促销的刺激而购买，对商品评价以直观为主，购买前并没有明确目标
想象型	感情丰富，善于联想，重视商品造型、包装及命名，以自己丰富的想象去联想产品的意义
时髦型	易受相关群体、流行时尚的影响，以标新立异、赶时髦为荣，购物注重引人注意，或显示身份和个性
节俭型	对商品价格敏感，力求以较少的钱买较多的商品，购物时精打细算、讨价还价

2. 市场细分的原则

(1)可衡量性。指用来细分市场的标准和细分后的市场是可以衡量的。这样才便于企业进行分析、比较和选择，否则，对企业就没有任何意义。

(2)可进入性。即企业有能力进入将要选定的目标市场。如果企业无能力进入所选定的目标市场，那么，这样细分显示出来的市场机会就不是企业的营销机会。

(3)可盈利性。即企业要进入的细分市场规模必须保证企业能够获得足够的经济效益，如果市场规模太小、潜量有限，这样细分出来的市场对企业营销来说就毫无意义。

(4)可行动性。即企业能为每个分市场制订一套有效的营销行动计划。

6.1.3 市场细分的方法

通常,进行农资市场细分时,主要是从经济地理的角度来划分范围,并选择目标市场的。即地理标准与农资产品的经济特性相结合,对农资市场进行复合细分。

1. 单一变数法

所谓单一变数法,就是根据影响消费者需求的某一变数进行市场细分的方法。如按年龄对所有消费者进行划分,每一个年龄段的消费者群即为一个细分市场。

2. 综合变数法

所谓综合变数法,就是根据影响消费者需求的两个或两个以上的变数进行市场细分的方法。

3. 系列变数法

所谓系列变数法,就是根据影响消费者需求的各种因素,按照一定的顺序由粗到细进行细分的方法。

6.1.4 分析市场细分的作用

(1)市场细分有利于企业发现新的市场机会。所谓市场机会,就是市场上客观存在的,但尚未得到满足或未能充分满足的需求。通过市场细分,企业可以了解农资市场的竞争状况,研究消费者的购买水平和购买行为差异,分析市场需求的满足程度,结合本身的优势条件,找到对自己有利的目标市场。

(2)市场细分有利于增强企业的应变能力,提高竞争能力。市场细分,确定目标市场是营销策略运用的前提,离开目标市场,制定营销策略就是无的放矢。市场细分后,每个市场变得小而具体,细分市场的规模、特点显而易见,消费者的需要清晰明了,信息反馈灵敏,企业易于根据消费者需求的特点和变化制定并及时调整营销组合,如调整产品结合和价格等。

(3)市场细分有利于提高企业的经济效益。通过市场细分,企业根据确定的目标市场,可以将有限的人力、物力、财力资源集中使用于一个或几个细分市场,将有限的资源形成巨大的规模优势,降低经营成本,取得理想的经济效益。

(4)市场细分有利于提高社会效益。市场细分有利于开发新产品,满足消费者多样化的需求。当众多的生产者奉行细分化策略，那些尚未满足的消费需要就会逐一成为不同生产者的一个又一个市场机会，新产品、优质产品会层出不穷，市场上农资的种类、花色、品种增多，人民生活质量也将相应提高。

6.1.5 根据给出的材料为某企业产品进行市场细分

【案例——农资市场细分】

广南地区主产甘蔗和水果。李志刚是一家以生产销售蔬菜杀虫剂和杀菌剂为主的农资公司营销员，今年被公司安排负责广南地区的销售工作。由于李志刚对广南地区不太熟悉，他便向一位在另一家农药公司做销售工作的朋友打听广南地区的农药销售情况，得知杀虫剂和杀菌剂的用药量都很大，李志刚很高兴。在春季农药销售旺季来临前，李志刚便要求公司发了大批杀虫剂和杀菌剂给广南地区的经销商。结果到了农药销售旺季，他们公司的农药却很滞销，造成严重积压，广南区域的销售业绩非常不理想，李志刚感到纳闷不解，甚至还责怪经销商不够努力。

思考分析：李志刚所负责的广南区域的农药销售业绩上不去的原因是什么？

6.2 选择农产品目标市场

企业对目标市场的选择是根据自己的能力而定，同时也是以自身实力为基础所期望能达到的最大地域范围了。换言之，有些企业把目标市场锁定为全国，而实际运作时可能只开发几个省份；有些企业把目标市场锁定全省，而实际运作顺利的可能是几个地市。

6.2.1 目标市场的概念

农资市场细分是农资目标市场选择的基础和前提。市场细分的目的就在于有效地选择并进入目标市场。在市场细分后，企业由于内外部条件的制约，并非要把所有的细分市场作为目标市场，而只能综合考虑各方面因素，如产品特点、企业实力大小、市场竞争状况等。在众多的细分市场中，选择一个或几个有利于发挥优势，又最具吸引力，能带来理想的经济效益的细分市场作为目标市场。

(1)目标市场，是指在市场细分的基础上，企业所确定的、为之服务的、最佳市场。

这个“市场”就是一个或几个具有某种相似特征的顾客群，是企业根据自身条件决定进入的细分市场，也就是企业准备投其所好，准备为之服务的顾客群。

(2)目标市场确定，是指在市场细分的基础上，对几个有希望成为企业目标市场的细分市场进行分析和评估，然后根据企业的营销目标和自身的资源条件，选择最佳的细分市场的过程。

(3)市场细分与目标市场的区别与联系。市场细分是按一定的标准划分不同消费群体的过程；而目标市场则是根据自身条件选择一个或一个以上细分市场作为企业营销对象的过程。市场细分是目标市场选择的前提和基础；选择目标市场则是市场细分的目的和归属。

6.2.2 选择目标市场的影响因素

企业要确定目标市场，必须解决如何评价不同细分市场的价值问题。很明显，并非所有的细分市场都会成为企业的目标市场。在确定目标市场时应考虑的主要因素有以下几点。

1. 细分市场的规模和增长潜力

一个理想的目标市场应该具备以下条件：要有足够的规模或市场需求量以及增长潜力。作为农资目标市场，如果市场狭小，没有挖掘潜力，企业进入后没有发展前途，这样的市场就没有开发的价值。

规模或市场需求量，即一定单位时间内购买某产品的总额。

增长潜力：市场潜力，一定单位时间内经过营销努力，该市场潜在的消费者需求总量。

2. 评估细分市场的规模和增长潜力

市场仅存在未满足的需求，不等于有购买力。如果没有购买力或购买力很低，就不可能构成现实市场，不能作为目标市场。只有当市场上的消费者具有现实购买力时，才能将未满足的需求变成现实的需求，构成现实市场，企业才能有足够的销售收入。

需考虑的因素：

① 细分市场消费者的数量——市场容量的基础。

② 细分市场消费者的购买力水平。

3. 企业在细分市场中的竞争能力

企业所选择的目标市场应该是企业力所能及的和能充分发挥自身优势的。作为目标市场，除应具备以上条件外，还应考虑企业自身的经营实力。只有当企业的人力、物力、财力及经营管理能力等条件具备时，才能将子市场作为目标市场。在被选择的目标市场上，本企业具有竞争的优势。

市场竞争结构：市场中各类竞争者的数目及其竞争力的强弱。

从市场竞争结构中判断出自身的竞争能力。

4. 企业特征与企业优势

选择目标市场时，要结合企业自身的技术水平、资金实力、材料来源、经营规模、职工素质、地理气候和管理能力等各方面的优势，以能充分发挥这些优势为佳。

进行选择和确定目标市场时，要使用以上三个方面识别和划分标准来描述和评价。

6.2.3 选择目标市场

市场经过细分、评估后，可能得出许多可供进军的细分市场，这时公司就要进一步作出市场细分的决策，即决定向哪个市场或多少个市场进军，也就是作出市场覆盖宽度的决策。一般有五种市场覆盖模式，见图6.2.1五种目标市场选择类型。

① 产品(市场)集中化。

② 有选择专业化。

③ 产品专业化。

④ 市场专业化。

⑤ 市场全面化。

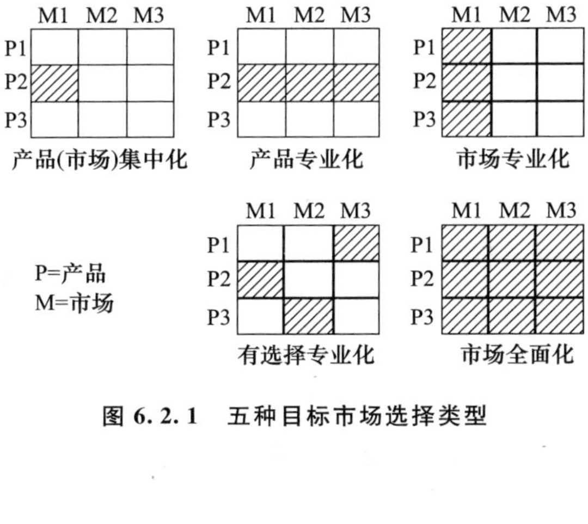

图6.2.1 五种目标市场选择类型

6.3 定位农产品、农资目标市场

目前中国农资市场已明显供大于求，同质化的产品、技术和服务，日益严重的行业“扎堆”和价格的恶性竞争等不良现象，不仅导致了农资质量的下降，而且还大大降低了消费者对农资经营企业的整体信任度。长此以往，将会严重阻碍农资行业的发展进程。究竟是什么原因导致了这些现象的出现呢？其中有一个原因：普遍缺乏市场定位所致。

由于缺乏市场定位，导致哪里市场热大家就往哪里挤，出现严重的扎堆现象；由于缺乏市场定位，导致无法了解目标客户的真正需求，从而无法提供差异化的产品、技术和服务，使得服务日益同质化；由于缺乏市场定位，导致品牌的个性上难以充分体现，从而导致价格的恶性竞争。

市场定位的目的是为了实施差异化战略，在预期客户头脑里占据一个真正有价值的地位，它不仅可以让你区别于其他的品牌，而且还会成为目标客户的优先选择。

6.3.1 市场定位的概念

目标市场选定后，企业就要为自己的产品在市场上树立特色，塑造鲜明的形象，并争取目标顾客的认同，这就是市场定位。见图 6.3.1 定位概念图。

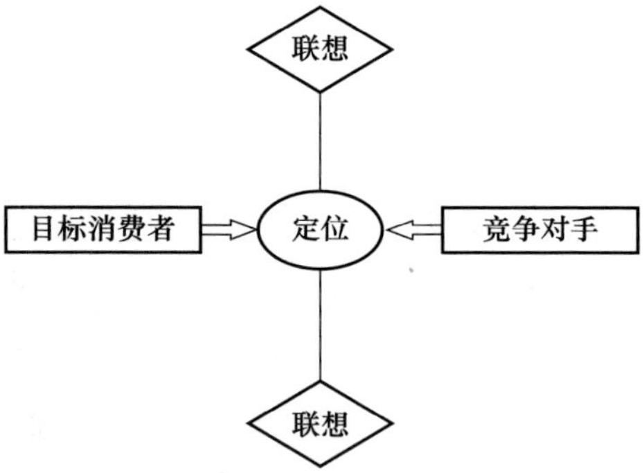

图 6.3.1 定位概念图

农资市场定位，是指企业根据市场竞争的状况和企业的实力，确定企业和产品在目标市场上与竞争者的相对位置，或竞争地位。

(1)为企业的产品(品牌)确定市场地位。

(2)主要包括企业产品定位、企业形象定位。

6.3.2 市场定位的方式

(1)填空补缺式。寻找未被占领,但为许多消费者所重视的市场位置。注意考虑三方面因素(潜在消费者、企业的资金技术、利润空间预期)。

(2)针锋相对式。要求企业具有绝对的优势和足够的市场空间。

(3)另辟蹊径式。突出企业个性。

6.3.3 市场定位的步骤

市场定位的目的是为了实施差异化战略,在预期客户头脑里占据一个真正有价值的地位,它不仅可以让你区别于其他的品牌,而且还会成为目标客户的优先选择。作为农资经营企业在营销中面对“竞争、生存、发展”,应如何去定位市场才会赢呢?

(1)市场调研,确定企业潜在的市场竞争优势。“知己知彼,百战不殆”是军事家的千古名言,有勇无谋的将领会不顾敌我实力与战场情况四面出击,而足智多谋的统帅则审时度势、运筹帷幄、各个击破。因此要对市场作充分调研和分析,以此确立目标客户(经销商)、目标产品和目标消费群体,这样才会让自己清楚自己的优势和劣势、威胁和机会所在,并可在此基础上通过选择差异性市场策略来确定自己的目标市场。

(2)选择企业的竞争优势(价格、产品)。

(3)有效地、准确地向市场传播企业的市场定位信息。

6.3.4 根据给出资料对农产品、农资产品进行市场定位

【案例——化肥企业的营销战略之路】

作为中国目前最大的硫酸钾复合肥生产制造商,某集团于1993年依靠自身力量研制开发成功的国家重点新产品硫基NPK复合肥曾引发了中国磷复合肥行业结构调整的一次革命。该产品是一种广谱通用型的复合肥料,广泛适用于各种经济作物和粮食作物,产品投放市场后深受农民欢迎,连续多年保持零库存的良好销售局面。同时利用省级技术开发中心的优势,积极采用市场调研信息,不断开发新产品,市场份额不断扩大。

作为化肥营销,网络是关键。该企业选择有实力、经营有方、信誉好的客户与

之联合，结成紧密的战略伙伴关系，并推出了“八项承诺”服务和“区域专销”制度。目前该企业已经初步建成了一个以县级总经销为主体，以乡镇分销商和村级零售商为支撑，覆盖全国主要农业区的化肥营销网络。

农化服务是提高品牌美誉度，提高市场份额的重要部分。当大多数企业还在专注于生产的时候，该企业已经开始走服务营销的路子。为了指导农民科学用肥，该企业专门拍摄电影科教片，成立了科技电影放映队，开通了农化服务热线电话，建立了由大中专学生组成的农化服务队，举办科技讲座推广平衡施肥，开展免费测土服务进行配方施肥。

目前该企业正在全国各地农业科技部门的配合下，建立化肥行业第一个覆盖全国主要农业区的农化服务网络，并在此基础上建设专家施肥指导系统，让农民随时随地享受该企业提供的优质服务。

思考：该企业是如何在化肥行业中实现并保持其领导地位的？

复习思考题

一、基本概念

市场细分、细分市场、子市场、目标市场、市场定位、无差异性营销战略、差异性营销战略、集中性营销战略。

二、填空题

1. 市场细分并不是地区的分片或产品分类，而是根据消费者的__________，把一个整体市场分为若干消费者群从而确定企业目标市场的活动。

2. 有效的市场细分必须具备以下三个原则，即__________、__________和__________。

3. 不同市场的细分变量是不同的，消费者市场的市场细分的依据有__________细分、__________细分、__________细分和行为细分。

4. 市场经过细分、评估后，可能得出许多可供企业进军的细分市场，这时企业就要进一步作出市场细分的决策，即决定向哪个市场或多少个市场进军，也就是作出市场覆盖宽度的决策。一般有五种市场覆盖模式__________、__________、__________、__________、__________。

5. 市场定位可根据企业自身实力或产品特色进行，一般定位方式有：__________定位、__________定位和__________定位。

三、判断题

1. 从市场营销发展史上看，企业进行市场细分实际上是实行目标市场营销的结果。（　　）

2. 目标市场营销就是在市场细分的基础上，选择一个特定的市场作为企业服务或提供产品的市场。（　　）

3. 集中营销策略就是企业集中所有力量，以一个或几个相似的子市场作为目标市场，以便在较少的子市场上占有较大的市场份额。（　　）。

4. 市场定位就是企业进行产品和价格的适当规定。（　　）

5. 无差异营销策略是指企业不考虑市场之间的差别，在整个市场上只销售一种产品，指定一个销售计划，引起最广泛的顾客兴趣。（　　）

四、选择题

1. 市场细分的主要作用在于________。

A. 区分市场和产品　　B. 了解和发现市场机会

C. 开发适销对路的产品　　D. 制定营销策略，集中有限资源

E. 找到合适的顾客群

2. 根据消费者行为细分市场的依据主要有________。

A. 购买时机　　B. 寻求利益　　C. 使用状况与频率

D. 忠诚度与产品态度　　E. 待购阶段

3. 产业市场细分的依据应考虑的变量有________。

A. 顾客规模　　B. 最终用户　　C. 顾客的经营状况

D. 采购方式　　E. 影响订货因素

4. 作为目标市场应具备的首要条件是________。

A. 有适当的规模和需求　　B. 有一定的购买力

C. 竞争者未完全控制市场　　D. 企业有能力经营

E. 与企业提供的产品或服务方向一致

5. 市场定位依据一般包括________。

A. 以产品质量、价格或服务定位　　B. 以使用者类型定位

C. 以使用场合或特殊功能定位　　D. 以企业生产特定定位
E. 以区别于竞争者的不同属性定位

五、问答题

1. 农资市场细分的实质、目的和依据是什么？
2. 市场细分有什么作用(或企业为什么要进行市场细分)？
3. 企业进行市场细分的条件是什么？
4. 企业决定进入并为之服务的目标市场应该具备什么条件？
5. 企业选择目标市场营销策略需要考虑哪些因素？
6. 企业确定市场定位的依据应该是哪些？
7. 市场细分的实质、依据、目的分别是什么？
8. 正确选择目标市场，在农资、农产品市场营销中有何意义？
9. 多种需求的消费者决定了多样的市场和产品，为什么？
10. 有限的企业资源决定了有针对性的市场，为什么？
11. 激烈的市场竞争决定了企业必须要“有所牺牲”，为什么？

六、案例分析

桂北农资市场的经营发展状况并不如预期那般好，给我们什么启示？

作为市政府重点培养和规划的大型专业农资商品交易中心，桂北农资市场的建立得到了众多关注与期待。然而，记者近日采访了解到，其经营发展状况并不如预期那般好。规模效应并未形成，配套设施尚未跟上，专业优势未能凸显。原因有以下几个。

原因1:市场没有直达的公交车专线。

种子经营户梁进银认为，进场后，许多原来长期来买种子的农民找不到农资市场，从车站赶公交车来也不方便，致使许多消费者流失。

据悉，最初农资市场选址在稻香路中段，看中的是其周围分布有农业局等部门和研究机构，对农资市场的管理比较有利。然而，从车站到桂北农资市场，没有直达的公交车专线。交通不便使得许多原来在市区购买种子的农民找不到市场所在地。“每到农资销售旺季，我们都要派工作人员到各个车站进行宣传，引导购买者前来。”桂北农资市场负责人杨开勇接受采访时说。对于公交车专线的设置问题，他表示已经向有关单位多次请示过，由于其中涉及的部门较多，困难很大，目前还未得到批复。

原因 2:专业市场没有规模优势。

兴平县 90%以上的种子经销户和一少部分农药、肥料经销户已进入该市场，但大部分肥料经销户仍未进场。目前，桂北农资市场只有 57 户农资经销户，与当初规划的 200 多户的大规模相距甚远。

对此，杨开勇解释说，在市场成立之初，为规范农资经营秩序，防止假冒伪劣产品损害农民利益，政府相关部门实行强制性政策，要求顺庆区农资经营户集中归市。但随后因为《行政许可法》实施，相关部门将强制性指令改为支持、引导农资经销户进场，执行力度减弱。许多经销户出于利益考虑，不愿离开原来的地方，使得专业市场的规模难以形成。

业内人士认为，硬件的不足造成其定位的偏移。在建设之初，其定位为“桂东北最大的农资批发市场”，而现在却是批零兼营。批发量小，规模难以形成，对周边地区就无法产生辐射作用，档次也随之下降，对市场形象也会造成影响。

原因 3:迫切需要配套管理机制。

在省内各地开设了 20 多家分销点的省级代理商唐青纯告诉记者，桂阳市的农资市场办得比较好，目前有经营户 200 多家，市场管理部负责整个市场的统一管理，农业、质监、工商等部门有专人驻守市场进行监管。市场对货物配送、三轮车营运、车辆停放、门面装修、货物摆放进行统一规范，一切都显得井井有条。市场保安进行 24 小时巡逻，每天下班后，经营户不用留人驻守店铺，减轻了他们的负担。桂北农资市场也应该形成规范的管理、完善的配套服务。

技能训练

1. 实训项目

某一类农资的目标市场定位设计。

2. 实训目的与要求

① 强化理论应用性，结合所学知识进行社会研究。

② 提高知识的实践操作性，将农资的目标市场选择和定位知识推向市场，提高学生知识运用水平。

③ 通过活动训练学生对农资定位操作能力，为企业培养急需的人才。

④ 提高学生的职业技能和岗位适应能力。

3. 实训内容与安排

① 选择某一农产品、农资产品，或与某农产品、农资企业合作为其进行目标市场定位研究。

② 组织学生选择若干市场（企业）开展活动。

③ 先进行产品消费需求的广泛调研，获得第一手资料。

④ 将调查资料进行整理。

⑤ 在教师指导下开展目标市场选择和定位研讨。

⑥ 最后获得结论。

4. 实训考核标准

① 根据目标市场选择和定位数据的收集范围、数量多少，表明学生活动的态度，打分（积极/不积极）。

② 目标市场定位分析报告质量打分。

5. 实训地点与学时分配

地点：选择市场并在电子阅览室网上查询资料

时间：4 课时

项目7

分析农产品、农资的市场环境

学习项目导航

子项目	学习任务
7.1　调查农产品、农资市场	1. 市场调查的方法和步骤 2. 制定农产品、农资市场调查方案
7.2　分析预测农产品、农资市场环境	1. 市场预测的含义 2. 市场预测的内容、步骤和方法 3. 分析农资市场——SWOT 分析法 4. 对某农产品、农资市场(或企业)进行 SWOT 环境分析

7.1　调查农产品、农资市场

农产品、农资市场营销总是在一定的环境中开展工作的，其中可分为内在的和外在的环境。环境越优，工作的开展就会越顺利。我们无法改变诸如经济、社会、地理等外在的客观环境，但我们可以对无法改变的客观环境发展变化规律进行研究认识，通过调整、整合营销策略，提高管理水平，从而改善营销内部环境，以使我们在目前的环境下将有限的资源合理配置，获取最大的经济利益。

农资产品，是指与农业生产有关的生产资料类产品。农资产品包括的范围很广，不仅是种子、化肥和农药，还有农机具、农膜等其他农用生产资料，具有明显的品种多、规格多、占地大、不易陈列和码放、技术含量高、季节性强、地域性强、售后服务困难、产地不一等特点。但农业市场是一个非常大的市场,它有着其自身的独特性和发展规律,与自然环境有着密不可分的关系。因此,必须对市场情况进行相应的市场调查研究,针对不同的市场采取不同的策略。

7.1.1 市场调查的方法和步骤

【案例】

农职院2013级园艺专业的唐杰佳在读大三时主修了"农产品及农资营销"课程,教学内容安排做市场调查,主题是蔬菜价格。

唐杰佳与4位同学结成一个小组,分别调查了西乡塘菜市、淡村市场、五里亭批发市场。早上5点左右考察五里亭批发市场。

小组调查总结后得出结论:菜价零售价是统一的,不随批发价格上下波动,不同摊位不能随意降价。

思考:原因何在?

价格是社会、团体行为,不同个体形成价格同盟,若提价或降价有可能会被竞争对手采取一些报复行为。

唐杰佳对这次市场调查认真地去做,用心思考和总结,最后写了一份调研报告。这个调查结果对毕业后在现在的工作中都很有用处。

1. 市场调查概念

采用一定的方法,有目的、有计划、系统地收集有关农产品、农资市场需求信息以及与市场相关的资料,为农资营销单位进行市场预测、确定营销方针、制定营销策略、编制营销计划等提供科学依据。市场调查结果为企业营销管理者制定有效的市场营销决策提供重要依据。

2. 市场调查内容

对企业而言,需要进行以下几个方面的市场调查。

(1)市场环境调查。

① 农业发展的方针、政策、法规。

② 发展规划。

③ 与农产品、农资营销相关的价格、税收、财政补贴、银行信贷等政策。

(2)农产品、农资市场需求量调查。

① 一定范围内的各种作物种植面积和种子、农药、化肥品种使用情况、数量、变化趋势。

② 市场对农产品、农资产品的质量、包装、运输、服务方式等方面的要求。

③ 本单位现有的市场和潜在的市场。

(3)农村社会购买力调查。

① 农民家庭收入情况。

② 农民家庭购买力的投向。

③ 农业生产发展需求的品种、数量、规格、质量、价格，以及变化趋势和各种影响因素。

(4)农产品、农资市场商品供应量调查。主要调查一定时间内能供应市场的农产品、农资的种类、品种、数量、质量以及潜在的供应能力等。

(5)农产品、农资市场销售情况调查。

① 农资商业网点的数量、规模。

② 网点周围的人口、耕地、作物、收入等。

③ 销售农产品、农资的方式，付款方式，销售时间，销售品种，销售人员的服务质量和水平等。

(6)新产品发展趋势调查。

① 农民对新产品品种的认可度。

② 新产品品种的销路、发展前途如何。

③ 消费者对新产品有哪些要求。

④ 新产品与老产品之间有哪些区别。

⑤ 新产品的价格是否合理。

(7)农产品、农资价格调查。

① 农民对本公司和对其他公司销售的农资产品的价格的反应。

② 在商品周期中各阶段的定价原则是否科学合理。

③ 价格策略对农资销售的影响情况。

(8)农产品、农资销售渠道调查。

① 对本公司销售的网点的销售情况进行调查，如销售量、利润、经营能力等。

② 农户对销售单位(网点)的评价。

③ 农产品、农资商品的贮存、运输成本。

④ 进一步拓展销售网络、增设代理商的可能性。

(9)农产品、农资的竞争情况调查。

① 生产经营单位的数目、规模、质量、市场占有率。

② 竞争者的管理水平、销售方法、促销手段和供应能力。

③ 竞争者的成本、售价、利润。

④ 竞争者的经济实力、市场竞争能力。

(10)农产品、农资售后服务调查。

① 本公司售出的农资商品在使用后的综合表现。

② 提供给用户的技术指导是否有针对性和适应性(特别是农资商品)。

③ 用户对所购买的农产品、农资商品的售后服务是否满意。

3. 农资市场调查方法

在农资营销调研的设计和执行阶段,要根据调研的目的和具体的研究目标,选择合适的调查对象,采用适当的调查方法和技术,获取完整可靠的信息。这些在实践中发展起来的方法和技术,既包含一些基本的操作程序,又涉及研究者的运用技巧,各自都有其适用范围和优缺点。调查方法一般为三类,即询问法、观察法、实验法。

(1)询问法。询问法是营销调研中使用最普遍的一种调查方法。它把研究人员事先拟定的调查项目或问题以某种方式向被调查者提出,要求给予答复,由此获取被调查者或消费者的看法、认识、喜好和满意等方面的信息,再从总体上加以衡量。

按照调查人员与被调查者接触方式的不同,询问法包含走访、信访、电话、传真、电邮等多种方式。

在大多数市场调查中,研究者都要依据研究目的设计某种形式的问卷。农资市场调查问卷设计是由一系列相关的工作过程所构成的。为使问卷具有科学性、规范性和可行性,一般可以参照以下程序进行。

步骤 1:确定调查目的、来源和局限

调查过程经常是在市场部经理、品牌经理或新产品开发专家做决策时感到所需信息不足发起的。在一些公司中,评价全部第二手资料以确认所需信息是否收集齐全是经理的责任。在另外一些公司中,经理将所有的市场调查活动,包括第一手资料和第二手资料的收集交由市场研究部门去做。

尽管可能是品牌经理发起了市场研究,但受这个项目影响的每个人,如品牌经理助理、产品经理,甚至生产营销经理都应当一起讨论究竟需要些什么数据。询问的目标应当尽可能精确、清楚,如果这一步做得好,下面的步骤会更顺利、更有效。

步骤 2:确定数据收集方法

获得询问数据可以有多种方法,主要有人员访问、电话调查、邮寄调查与自我管理访问。每一种方法对问卷设计都有影响。事实上,在街上进行拦截访问比入户访问有更多的限制;自我管理访问则要求问卷设计得非常清楚,而且相对较短,因为访问人员不在场,没有澄清问题的机会;电话调查经常需要丰富的词汇来描述一种概念以肯定应答者理解了正在讨论的问题。对比而言,在个人访谈中访问员可以给应答者出示图片以解释或证明概念。

步骤 3:确定问题回答形式

① 开放式问题。开放式问题是一种应答者可以自由地用自己的语言来回答和解释有关想法的问题类型。也就是说,调查人员没有对应答者的选择进行任何限制。

② 封闭式问题。封闭式问题是一种需要应答者从一系列应答项做出选择的问题。

③ 量表应答式问题。是以量表形式设置的问题。

步骤 4:确定问题的措辞

① 用词必须清楚。

② 避免诱导性的用语。

③ 考虑应答者回答问题的能力。

④ 考虑到应答者回答问题的意愿。

步骤 5:确定问卷的流程和编排

问卷不能任意编排,问卷每一部分的位置安排都具有一定的逻辑性。其逻辑性描述在表中列出。有经验的市场研究人员很清楚问卷制作是获得访谈双方联系的关键。联系越紧密,访问者越可能得到完整彻底的访谈。同时,应答者的答案可能思考得越深刻,回答得越明确。

步骤 6:评价问卷和编排

一旦问卷草稿设计好后,问卷设计人员应再回过来做一些批评性评估。如果每一个问题都是深思熟虑的结果,这一阶段似乎是多余的。但是,考虑到问卷所起的关键作用,这一步还是必不可少的。在问卷评估过程中,下面一些原则应当考虑。

① 问题是否必要。

② 问卷是否太长。

③ 问卷是否回答了调查目标所需的信息。

④ 邮寄及自填问卷的外观设计。

⑤ 开放试题是否留足空间。

⑥ 问卷说明是否用了明显字体等等。

步骤 7:获得各方面的认可

问卷设计进行到这一步,问卷的草稿已经完成。草稿的复印件应当分发到直接有权管理这一项目的各部门。实际上,营销经理在设计过程中可能会多次加进新的信息、要求或关注。不管经理什么时候提出新要求,经常的修改是必需的。即使经理在问卷设计过程中已经多次参与,草稿获得各方面的认可仍然是重要的。

经理的认可表明了经理想通过具体的问卷来获得信息。如果问题没有问,数据将收集不到。因此,问卷的认可再次确认了决策所需要的信息以及它将如何获得。

步骤 8:预先测试和修订

当问卷已经获得管理层的最终认可后,还必须进行预先测试。在没有进行预先测试前,不应当进行正式的询问调查。通过预先测试寻找问卷中存在的错误解释、不连贯的地方、不正确的跳跃模型。为封闭式问题寻找额外的选项以及应答者的一般反应。预先测试也应当以最终访问的相同形式进行。如果访问是入户调查,预先测试应当采取入户的方式。

在预先测试完成后,任何需要改变的地方都应当切实修改。在进行实地调查前应当再一次获得各方的认同,如果预先测试导致问卷产生较大的改动,应进行第二次测试。

步骤 9:准备最后的问卷

精确的打印指导、空间、数字、预先编码必须安排好,监督并校对,问卷可能进行特殊的折叠和装订。

步骤 10:实施

问卷填写完后,为从市场获得所需决策信息提供了基础。问卷可以根据不同的数据收集方法并配合一系列的形式和过程以确保数据可正确地、高效地、以合理的费用收集。这些过程包括管理者说明、访问员说明、过滤性问题、记录纸和可视辅助材料。

(2)观察法。观察法是观察者有目的、有计划地运用自己的感觉器官或借助科学的观察仪器,能动地了解处于自然状态下的社会现象的方法。其优点是可以比较客观地收集资料，直接记录调查的事实和被调查者在现场的行为，调查结果更接近实际。其缺点是观察不到内在因素，只能报告事实的发生，不能说明其原因，比访问法花费多，调查时间长，要求观察者有较高的业务水平。

① 直接观察法。这种方法常用来研究种子的外观品质、种子包装的设计和效果等。

② 店铺观察法。这种方法是调查人员亲自站柜台或参加展览会、展销会、订货会等活动，观察并记录农资的实际销售情况，同类产品的发展情况，新品种的认可程度，价格、广告宣传以及顾客的活动情况，及时发现本公司农资销售好坏的原因，为改进市场营销管理提供可靠依据。

③ 实际痕迹测量法。这种方法是通过对某项活动留下的实际痕迹来观察调查情况。例如，某一农资公司在几种报纸杂志上刊登同一农作物的广告，在广告下面附有一张表格或调查回执单，请阅读者填写寄回企业有关部门，便于企业了解在哪种媒体上刊登广告最为有效，为今后选择广告媒体和测定广告效果提供可靠资料。为了增加信息反馈的数量，可以把寄回给企业的回条作为购买种子的优惠卡。

(3)实验法。实验法是从营销调查问题的许多因素中选出一个或两个因素，将它们置于一定条件下进行小规模的实验，然后对实验结果做出分析，研究是否大面积推广。实验法是农资市场调研工作中经常使用的一种调查方法，如新产品推广、产品包装、价格、广告、陈列方法等因素，都可应用这种方法。

【案例——西瓜种子包装实验】

某公司生产一号无籽西瓜，主要销往海南、台湾和其他沿海地区。产品试销时经过征求客户意见，分别采用50克、100克、200克、5千克、10千克、20千克、40千克袋装和50克、100克、200克罐装等包装。结果：海南的大客户喜欢20～40千克/袋的大包装，一般售价为350～400元/千克；台湾的客户喜欢比较精致包装的10千克/袋的大包装，售价达到600～800元/千克；其他沿海地区的客户，则喜欢采用50～100克/罐或50～100克/罐包装，售价则高达1 200～1 500元/千克。

4. 农产品、农资市场调查的基本步骤

市场调查是一项十分复杂的工作，要顺利地完成调研任务，必须有计划、有组织、有步骤地进行。但是，农资市场调研并没有一个固定的程序可循。一般而言，根据调研活动中各项工作的自然顺序和逻辑关系，农资市场调研可分以下几个阶段。

(1)确定调查的问题，主要针对目前存在的要解决的问题。

① 初步情况分析：内部资料，外部资料……

② 非正式调查(试探调查):座谈,访谈……

③ 确定调查项目的目标:探索性调研、描述性调研、因果分析调研。

(2)做好现场调查准备。

① 收集资料的来源和方法:种类、地点、时间、方法……

② 设计调查表:自由对答式(提纲式)、选择式、序列式、评判式……

③ 抽样设计:普查、重点调查、典型调查、抽样调查……

(3)现场调查:选定时间、地点、对象,对人员培训……

(4)整理和分析调查资料:分类、汇总、列表、分析……

(5)编写调查报告:调查进程、调查目的与要求、调查结果和分析、调查结论和建议、附录……

(6)调查结果的应用:市场预测、营销决策……

营销决策是指公司在营销过程中,为实现预定营销目标或解决营销过程中遇到的重大问题,在市场调查和预测的基础上,决定具体的决策目标,制定出多种可行方案,从中选择最佳方案,并付诸实施的活动过程。

7.1.2 制定农产品、农资市场调查方案

制定农产品、农资市场调查方案包括7个步骤,如图7.1.1所示。

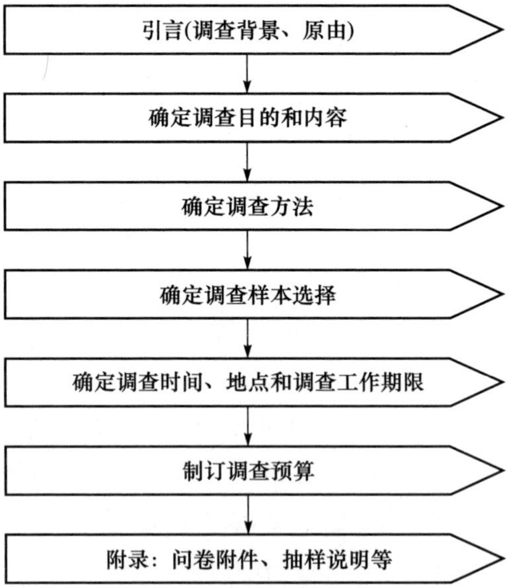

图7.1.1 市场调查方案的7个步骤

制定农产品、农资市场调查方案是对调查工作各个方面和全部过程的通盘考虑，包括了整个调查工作过程的全部内容。调查总体方案是否科学、可行，是整个调查成败的关键。

【案例——某农产品、农资品牌制定的2018年行业市场调查方案】

1. 调研目的(主要指产品市场)

(1)寻求确认此种产品或服务的需求；

(2)帮助此种产品或衰退产品重新起飞；

(3)改善一种已确立产品的运营；

(4)引导产品进入新市场或新领域的战略转移和有所突破。

市场调研的关键是发现和满足消费者的需求。为了判断消费者的需求，实施满足消费者需求的营销策略和计划，这就需要对消费者、竞争者和市场有比较透彻和深入的了解。此次市场调研主要目的是为企业的产品投产决策和相关营销问题的解决提供信息依据，具体表现为：

① 全面了解行业性的政策、经济、技术及文化特点所带来的机遇和挑战，了解本行业的市场容量、潜力及未来的发展趋势，为企业决策提供信息依据。

② 全面了解本品牌及主要竞争品牌的销售状况，消费者消费行为和心理特征的变化趋势，为企业的市场细分、品牌改造、新品牌开发提供信息依据。

③ 全面了解本品牌及主要竞争品牌的广告、促销、公关、价格等营销策略，为公司营销策略的合理制定提供支持。

④ 全面摸清企业品牌在消费者中的知名度、渗透率、美誉度和忠诚度；了解不同层次消费者消费变化趋势，为调整品牌营销策略及进行品牌延伸提供科学依据。

2. 调研对象

消费者、经营者(零售商、竞争者)、生产者。

3. 调研内容

农产品、农资市场调研的内容要根据市场调查的目的来确定。市场调研分为内部调研、外部调研两个部分，此次市场调研主要运用外部调研，其主要内容有以下7个。

(1)行业市场环境调查。主要的调研内容有：目标市场的容量及发展潜力；行业的营销特点及行业竞争状况，政策、法律、经济、技术、地理、文化等市场环境对行业发展的影响。

(2)消费者调查。一般来说，对消费者的调研包括：消费者消费心理(偏爱、好奇、经济、便利、美观、求名等)调研,消费者对行业/产品了解程度(包括功能、特点、价格、包装等),消费者对品牌的意识、对本品牌及竞争品牌的观念及行为差异,消费者分布(地域、行业等)及特性(年龄、收入、职业等)。

(3)产品调查。这方面的调查应侧重于与本行业有关的社会商品资源及构成情况,经销商对本行业及几大主要品牌的看法,经销商对本产品品牌、营销方式、营销策略的看法、意见和建议,本产品的经销网络状态,本产品主要竞争者的经销网络状态。

(4)竞争对手的调查。调查的内容主要有:主要竞争者的产品与品牌优势、劣势;主要竞争者的营销方式与营销策略,主要竞争者市场概况,主要竞争者企业的管理模式。

(5)营销策略调查。营销策略的调查对于合理制定与调整营销策略,搞好农资经营与销售,取得最佳经济效益和社会效益,具有非常重要的意义。主要调查内容有农资价格、促销策略、销售渠道等。

(6)用户的支付能力和需求调查。主要了解用户的实际需求水平。对农资的需求量和其购买力的关系,掌握价格对销售额的影响,积极主动地确定经营品种、对象、数量、比例,使产品不至于造成积压而出现亏损。

(7)企业形象调查。一是了解用户对本公司农资产品和商标形象的反应,即了解本公司的知名度;二是了解用户对打造本公司形象的一系列公共关系工作、公司全体职员服务形象和公司环境状况等社会声誉的反应;三是了解用户对本公司在资金信誉、品质信誉和服务信誉等方面的反应。

4. 调研方法

农资市场调查的方法主要有询问法、观察法、实验法,彼此各有不同的特点和功能。

5. 调研的步骤

农资市场调研大致来说可分为准备、实施和结果处理三个阶段。

(1)准备阶段。它一般分为界定调研问题、设计调研方案、设计调研问卷或调研提纲三个部分。

(2)实施阶段。根据调研要求,采用多种形式,由调研人员广泛地收集与调查活动有关的信息。

(3)结果处理阶段。将收集的信息进行汇总、归纳、整理和分析,并将调研结果以书面的调研报告的形式表述出来。

6. 样本量选择

消费者、零售商、竞争者、生产商等调研对象的样本数目及抽样方法，如下：

(1)消费者1 000个，采用配额抽样。

(2)零售商100个，采用分层随机抽样。

(3)竞争者20家，采用重点调查。

(4)生产商20家，采用分群随机抽样。

7. 人员安排

根据调查方案，在南宁市进行本次调研需要的人员有三种：调研督导、访问员、复核员。具体配置如下：

(1)调研督导2名，由调查公司派人专职督导。

(2)访问员15～20名，由我们自己的访问员网络提供。

(3)复核员1～2名，可由督导兼职，也可另外招聘。

如有必要还可配备辅助督导1名，协助进行访谈、收发和检查问卷与礼品。问卷的复核比例为全部问卷数量的30%，全部采用电话复核方式，复核时间为问卷回收后的24小时内。

8. 日程安排

在客户确认项目后，调查公司将有计划地安排调研工作的各项日程，保证调研工作的顺利实施。按调研的实施步骤，分8个小项来对时间进行具体安排：

(1)调研方案、问卷的设计 ………3个工作日

(2)调研方案、问卷的修改、确认 ………2个工作日

(3)项目准备阶段(包括网络、人员安排) ………1个工作日

(4)实地访问阶段 ………4个工作日

(5)数据处理阶段(编码、输入) ………2个工作日

(6)数据统计分析阶段 ………4个工作日

(7)调研报告撰写阶段 ………2个工作日

(8)论证阶段 ………2个工作日

9. 费用预算

(1)消费者抽样调查　A. 街访(25～45元/份)　B. 入户(50～100元/份)

(2)定点消费者调查　(25～45元/份)

(3)消费者座谈会　(5 000元/场)

(4)分销渠道调查　(另议)

(5)零售店铺货调查 [20元/点(单产品/单规格)]

7.2 分析预测农产品、农资市场环境

7.2.1 市场预测的含义

所谓市场预测是指运用各种历史的和当前的市场资料和数据，借助一些数学方法，对农产品、农资企业未来一定时期内市场的需求及变化趋势，做出定量或定性的估计和判断，为管理者进行营销决策提供科学的依据。

7.2.2 市场预测的内容、步骤和方法

1. 市场预测的内容

(1)农产品、农资市场需求发展变化的预测。包括：社会消费结构的变化；农业生产结构的变化；消费倾向的变化。

(2)市场销售量预测。市场需求量的大小；市场占有率的大小。

(3)竞争发展趋势预测。本企业竞争能力预测；竞争企业的竞争能力预测。

(4)市场价格变动预测。预测该品种的成本和市场供应量；结合市场供求变化进行预测；宏观经济政策对价格的影响。

(5)产品应用周期预测。产品的市场应用周期预测，如种子的周期，可分为投入期、发展期、稳定期和衰退期。目的：有计划地研发(选择)新产品品种，做好市场储备。

(6)新产品开发前景预测。该地区农业开发规划及特点；社会发展的需求。

例：种子新品种的开发前景预测：需了解品种特性、种子研发、推广力度等。

2. 市场预测步骤

农产品、农资市场预测步骤包括以下6个步骤：

(1)确定目标，选择变量。

(2)收集资料。

(3)选择预测方法。

(4)进行预测。

(5)对预测结果进行分析。

(6)写出预测报告。

3. 市场预测的方法

市场预测的方法很多，通常使用的方法有以下两种。

(1)定性预测法。这种方法主要依靠预测者的知识、经验和对各种资料的综合分析，凭主观认识和判断等对未来事物及发展趋势作出预测。

① 客户调查法：在营销环境和条件既定的情况下，预测客户可能购买些什么。在用户意向非常明显时，此法特别有效。

【案例】

2017—2018 年新实大丰种业公司在推广玉米种子“新玉 24 号”新品种设计采用的农户购买新品种的意向调查(表 7.2.1)。

表 7.2.1　农户购买作物新品种种子意向调查

农户姓名或经销商	A 经销商	住址	昌吉	品种	新玉 24 号
是否购买该作物新品种	不买		可能买		肯定买
如果肯定买能买多少					
农户姓名或经销商	A 农户	住址	昌吉	品种	新玉 24 号
是否购买该作物新品种	不买		可能买		肯定买
如果肯定买能买多少					

② 专家调查法：根据专家(经销商、分销商、推广人员、管理人员、权威人士等)的经验和判断来获得预测值。采用专家意见法的专家人选十分重要，选择的专家要有责任心，并且应该是非常熟悉本行业的专家。

③ 综合判断法。

(2)定量预测法：这种方法主要依靠数学模型或数理统计方法对各种数量资料进行计算分析，从而对未来事物发展趋势作出预测。

① 时间序列法(历史引申预测)。以研究对象的时间序列所呈现的发展过程和规律为依据，对其未来发展趋势和水平进行预测。其又分为简单平均法；加权平均法、移动平均法和季节性波动分析法。

② 因子推算法：通过调查或其他方法得到一个基本市场因子，然后运用这个因子和与其有关的资料逐步推算出预测值。

【案例】

某种子公司通过调查得知本地玉米种植面积为 5 万平方公顷，每公顷用种量为37.5千克，而该公司在这一地区的市场占有率为35%，则该公司的种子销售量为5万平方公顷×37.5千克/平方公顷×35%=656 250千克。

③ 因果分析法：通过数学模型来描述经济现象间的因果关系，进而预测市场发展趋势的方法。

一元回归(采用线性回归方程)，此法计算的工作量很大且较复杂，一般采用相应的软件，用计算机求解。

7.2.3 分析农资市场——SWOT分析法

1. SWOT分析法的含义

SWOT分析法，又称为态势分析法。它是由旧金山大学的管理学教授于20世纪80年代初提出来的，SWOT四个英文字母分别代表：优势(strength)、劣势(weakness)、机会(opportunity)、威胁(threat)。优势和劣势是内在要素，机会与威胁是外在要素(图7.2.1)。

SWOT分析：就是将与研究对象密切相关的各种主要内部优势、劣势和外部的机会和威胁等，通过调查列举出来，并依照矩阵形式排列，然后用系统分析的思想，把各种因素相互匹配起来加以分析，从中得出一系列相应的结论，而结论通常带有一定的决策性。

内部条件	优势	劣势
外部条件	机会	挑战

图7.2.1 SWOT分析模型

2. 优势与劣势分析(SW)——分析内部条件

由于企业是一个整体，并且由于竞争优势来源的广泛性，所以，在做优劣势分析时必须从整个价值链的每个环节上，将企业与竞争对手做详细的对比。如产品是否新颖，制造工艺是否复杂，销售渠道是否畅通，以及价格是否具有竞争性等。如果一个企业在某一方面或几个方面的优势正是该行业企业应具备的关键成功要素，那么，该企业的综合竞争优势就强一些。需要指出的是，衡量一个企业及其产品是否具有竞争优势，只能站在现有潜在用户角度上，而不是站在企业的角度上。

3. 机会与威胁(OT)——分析外部条件

比如当前社会上流行的盗版威胁：盗版替代品限定了公司产品的最高价，替代品对公司不仅有威胁，可能也带来机会。企业必须分析，替代品给公司的产品或服务带来的是"灭顶之灾"，还是提供了更高的利润或价值；购买者转而购买替代品的转移成本；公司可以采取什么措施来降低成本或增加附加值来降低消费者购买盗版替代品的风险。

4. SWOT 环境分析步骤

(1)分析环境因素。运用各种调查研究方法,分析出公司所处的各种环境因素,即外部环境因素和内部环境因素。

外部环境因素包括机会因素和威胁因素,它们是外部环境对公司的发展直接有影响的有利和不利因素,属于客观因素。

内部环境因素包括优势因素和弱点因素,它们是公司在其发展中自身存在的积极和消极因素,属主动因素,在调查分析这些因素时,不仅要考虑到历史与现状,而且更要考虑未来发展问题。

优势,是组织机构的内部因素,具体包括有利的竞争态势、充足的财政来源、良好的企业形象、技术力量、规模经济、产品质量、市场份额、成本优势和广告攻势等。

劣势,也是组织机构的内部因素,具体包括设备老化、管理混乱、缺少关键技术、研究开发落后、资金短缺、经营不善、产品积压和竞争力差等。

机会,是组织机构的外部因素,具体包括新产品、新市场、新需求、外国市场壁垒解除和竞争对手失误等。

威胁,也是组织机构的外部因素,具体包括新的竞争对手、替代产品增多、市场紧缩、行业政策变化、经济衰退、客户偏好改变和突发事件等。

(2)构造 SWOT 矩阵。将调查得出的各种因素根据轻重缓急或影响程度等排序方式,构造 SWOT 矩阵。

在此过程中,将那些对公司发展有直接的、重要的、大量的、迫切的、久远的影响因素优先排列出来,而将那些间接的、次要的、少许的、不急的、短暂的影响因素排列在后面。

(3)制订行动计划。在完成环境因素分析和 SWOT 矩阵的构造后,便可以制订出相应的行动计划。

制订计划的基本思路是:发挥优势因素,克服弱点因素,利用机会因素,化解威胁因素;考虑过去,立足当前,着眼未来。

运用系统分析的综合分析方法,将排列与考虑的各种环境因素相互匹配起来加以组合,得出一系列公司未来发展的可选择对策。

7.2.4 对某农产品、农资市场（或企业）进行SWOT环境分析

【案例——上海某种子公司SWOT分析及生成的战略方案】

表7.2.2 SWOT分析及生成的战略方案

	优势(S) 1. 人才优势 2. 经济规模增长较快 3. 科研开发势头良好 4. 种子生产基地保持稳定 5. 市场网络建设稳步扩大	劣势(W) 1. 专控品种的销售比例低，品种结构需要优化 2. 体制不活，组织结构不完善 3. 人力资源管理还未走上正轨 4. 资金实力不强 5. 接班品种储备不足 6. 研发投入不足
机会(O) 1. 国家和上海市政策扶持 2. 逐步完善的市场秩序和法律环境 3. 粮食消费总量不断增加 4. 入世后，有比较优势的农产品的种植面积增加，带动种子需求量增加 5. 基因育种诱人的发展前景 6. 我国种子市场蕴藏着巨大的发展潜力	SO战略 1. 实施国际化战略 2. 开发专用品种	WO战略 1. 改革体制，建立有效的法人治理结构 2. 增资扩股 3. 与更多的品种供应方建立战略联盟 4. 减少非专控品种的生产和销售 5. 人力资源管理创新
威胁(T) 1. 饮食结构变化，粮食直接消费量减少 2. 入世后，无比较优势的农产品的种植面积减少，相应的种子需求减少 3. 育种技术革新 4. 业内竞争日趋激烈 5. 国内外技术领先者的进入	ST战略 1. 加强优质品种和专控品种的开发 2. 加快基因育种技术的应用研究和开发 3. 品种授权	WT战略 调整品种结构和研发重点

复习思考题

一、名词概念

市场调查、市场预测、农资营销决策、农产品营销决策。

二、填空题

1. 市场调查中的抽样设计类型主要有：______、______、______和______等。

2. 市场调查中的__________，又称第一手资料，是指调查人员通过实地调查得来的初始资料。

3. 市场调查中的现有资料，又称__________，是指经过他人收集或整理过的资料，包括企业和组织机构的内部资料、外部资料。

4. SWOT分析法是由旧金山大学的管理学教授于20世纪80年代初提出来的，又称为____________，SWOT四个英文字母分别代表：优势(strength)、劣势(weakness)、机会(oppportunity)、威胁(threat)。

三、问答题

1. 农资市场调查的内容和主要方法有哪些？

2. 农资市场调查的主要步骤和工作程序是什么？

3. 请简述农资市场营销分析的SWOT分析方法。

四、案例分析

【案例1——抗虫棉新品种的市场营销机会】

山东省夏津县是全国产棉大县，素有"银夏津"之称。该县的某种业公司培育出的具有自主知识产权的双价转基因抗虫棉优良品种在性状上优于其他常规品种。但对这批国产抗虫棉新品种如何经营？如何在市场上立足？带着这些问题，公司进行了市场调研。调查发现，美国抗虫棉种33B自1995年打入中国市场以来，历经十年时间仍畅销不衰，且占有中国棉种市场半数以上份额，而国产抗虫棉寿命却非常短暂，在激烈的竞争中很快销声匿迹。结合调研与专家的权威意见，得出这样的结论：国产抗虫棉寿命短的关键原因在于不能保持良种的优良性状。而通过调研也发现，保证种子的纯度和质量，不仅是保护农民根本利益的需要，而且是在激烈的市场竞争中赢得信誉的重要措施。因此该公司将确保种子的质量视为企业的生命，在良种繁育推广中，实施了一整套严密的保纯措施，目前销售的棉花种子已经遍及9个省区，受到群众的普遍欢迎。

分析讨论：

1. 该公司为新产品的推广，是如何实现在调研中了解市场，掌握竞争对手情况，做到知己知彼的？

2. 本案例是否说明了市场调研的重要性与意义？

【案例2——开发绿色食品营销新商机】

随着人们生活水平的提高，市场上旺销的商品均不同程度地使用着绿色食品的标志，比如，内蒙古大草原的奶制品、黑龙江的绿色大米热销全国，山东的绿色蔬菜成为蔬菜地区的主要经济来源，绿色食品正在成为一项新兴产业。根据中国绿色食品发展中心的相关数据，到2017年底，全国共有1 200多家企业开发了240个绿色食品产品，年销售额超过500亿元，其中出口创汇突破4亿美元。

目前绿色食品产品开发已覆盖全国绝大部分省区，开发的产品大类包括粮食、食用油、水果、蔬菜、畜禽产品、水产品、奶类产品、酒类和饮料类产品等，其中初级农产品占30%，加工食品占70%，发展绿色食品已经显示出重要意义和广阔前景。

中国绿色食品发展中心负责人从四个方面分析指出绿色食品的前景，一是收入增长引发了市场需求的变化，安全优质的绿色食品日益受到消费者的欢迎。二是农产品供求格局的变化引发了农业和农村经济结构的战略性调整，开发绿色食品成为结构调整的一个重要领域，目前绿色食品以每年20%～25%的速度增长。三是西部地区开发战略的实施推动了绿色食品的发展。西部地区工业发展相对落后，环境污染程度较轻，具有适合绿色食品生产的自然条件，但缺少技术和资本，发展潜力很大。四是中国加入世贸组织对农产品生产和贸易产生深刻影响，发展绿色食品将有助于提高我国农产品的市场竞争力。对京津沪三地市场调查显示，79%～84%的消费者希望购买绿色食品。消费者的需求就是市场的商机。北京财贸管理干部学院商业经济系周隆副教授认为，产品生命周期理论阐述了市场开拓期、市场拓展期和成熟期概念。绿色食品目前已完成了开拓期的突破；而拓展期将通过扩大营销通道占领消费市场，拓展期无疑需要商家的介入与推动，拓展期也将是商业利润最大的阶段；一旦进入成熟期，商品将稳定销售，同时对商家而言商机趋小。

思考与讨论：

1. 绿色食品标志在绿色食品营销中起着什么样的作用？它对绿色食品意味着什么？

2. 请你结合案例资料分析绿色食品未来的发展趋势。

技 能 训 练

1．实训项目

农资市场调查。

2．实训目的与要求

（一）目的

结合专业培养目标和课程定位，结合当年专业承接的服务农村市场开发的课题或项目，提出调研的任务，内容，成果形式，提高学生实际感受，获得操作经验，以及完成调研任务的能力，积累调研经验。

（二）要求

① 通过活动锻炼学生独立进入社会，带着目的进行工作的创造能力和职业素质。

② 通过活动使学生了解农村生产经营情况，了解农资市场竞争情况、市场需求情况。

③ 提高学生与商业人群打交道的能力，应变能力。

④ 提高学生活动策划能力，活动逻辑能力。

⑤ 提高学生文字编写能力。

⑥ 活动结果要向被服务的对象讲授设计或调查情况以及报告，锻炼学生运用现代手段制作课件能力以及语言表达能力。

3．实训安排

① 教师给出调研指导书和样板，以帮助学生实践。

② 组织学生完成指导活动的调研计划。

③ 组织监督学生的活动计划实施。

④ 内容上注意把握调查问题的设计，以最后的调查报告要求达到的标准设计调查问题。

⑤ 完成调查数据的整理和统计、分析。

⑥ 完成调查报告和市场营销计划的编制。

⑦ 最后由使用单位进行论证—按要求修改—验收。

4．实训考核标准

① 完成调查活动计划书。

② 完成调查数据统计分析。

③ 完成市场调研报告。

④ 小组活动效率高。

5. 实训地点与学时分配

① 要求各组学生根据调查的任务进行小组分工，选择一定商业、居民居住地、农贸市场、个体事业经营点进行销售市场经营情况调研，收集信息。

② 网络了解生产基地情况、生产合作组织或其他生产组织情况和产品销售区域等情况。

③ 了解不同消费群的需求情况、收入水平情况。

④ 了解其他途径的市场信息。

⑤ 课程安排 8 课时，主要用于制定方案、修改报告、交流。总体用时 3～7 天完成，利用课余时间各组自行分配时间。

项目8

认知农产品、农资营销策略

学习项目导航

子项目	学习任务
8.1　认知农产品营销策略	1. 农产品营销模式 2. 农产品营销创意
8.2　认知农资营销的特点	1. 农资的营销特点 2. 农资营销策略的定义
8.3　分析不同类型的农资营销策略	1. 农资营销策略的类型 2. 农资销售竞争策略

8.1　认知农产品营销策略

8.1.1　农产品营销模式

1.“农产品＋直销店”营销模式

直销店解决的是产地到餐桌的问题，同时减少了中间渠道，降低产品单价，提高农产品与用户的互动。“农产品＋直销店”不是普普通通的农民就能做到的，直营直销连锁店投入需要一定的成本，还需要聘请连锁管理专门的人才。

【案例】

2014 年 1 月，四川省大英县供销社利用单位闲置资产组建了大英县农产品直销中心，参与直销中心的 8 个专业合作社主要销售禽蛋、肉类、蔬菜、粮油、白酒等农产品。此后，大英县供销社通过担保贷款、销售补贴、项目资金争取等优惠政策，引导专业合作社在县城农贸市场兴建农产品直销店。2015 年，大英县转变服务等方式，认真指导专业合作社在县城及乡镇场镇组建农产品直销点建设，积极解决专业合作社农产品卖难、居民买贵问题。截至目前，已经引导 7 家专业合作社在县城开设猪肉、禽蛋、粮油、蔬菜、花卉直销店 9 家，年销售额达 300 万元。

2."农产品＋餐饮"营销模式

把餐饮店、餐饮体验当作渠道或者平台，之后把农产品的体验、农产品消费和农产品互动嫁接在餐饮店里，从而破解农产品销售与推广困局。采用"农产品＋餐饮"营销模式要思考几点：要不要自己做餐饮体验店；农产品的优、特上下功夫；吃、玩、学如何平衡。

【案例】

有一家取名"乡村食材体验餐厅"，这家餐厅表面上做的是餐饮生意，能吃到以乡村原生态食材做的各种美味，卖的却是土鸡、土鸭、土猪肉、鸡蛋、鸭蛋等农产品。之后通过店内宣传，并结合互联网，刺激用户需求、留住客户、鼓励消费。同时，这样的案例还有：一个养猪人开了 2 家猪肉主题品鉴馆，消化掉了 70% 的产量；一个搞养殖的开了家梅花鹿山庄，鹿产品供不应求；一家食材体验餐厅内，食客吃完饭后顺便购买了肉类、鸡蛋。

3."农产品＋网红直播＋电商平台"营销模式

互联网催生了很多的新型经济模式，网红经济便是其中的一种。这里的网红可以是名人明星，可以是当红网络女主播，也可以是卖家自己打造的"村红"。通过"农产品＋网红直播＋电商平台"进行农产品营销的三个步骤。第一，策划营销活动，并邀请网红参加。第二，需要网红在线直播自己对农产品的体验感觉，农产品是什么样的，什么味道的，自己觉得如何。第三，在电商平台，如淘宝、京东，同步开始产品销售。

【案例】

2016 年 5 月 24 日，明星柳岩在阿里巴巴聚划算平台进行的一场直播。柳岩在这一小时里，推荐了艺福堂蜂蜜柠檬片、楼兰蜜语枣夹核桃等商品。在一小时的时间里，柳岩以聚划算消费者的身份，与网友分享自己的剁手经验，并亲自介绍这些商品。据统计，本次直播观看的人数接近 12 万，直播结束后的产品页面显示：枣夹核桃卖出 20 000 多件，柠檬片卖出 4 000 多件。

4."农产品＋微商"营销模式

农特微商，通过微信朋友圈发布自家的农产品信息，该信息包含种植、成长和采摘等信息。把农产品的生长情况拍成图片发布到微信里，让用户第一时间了解农产品的情况。“农产品＋微商”需要考虑几个问题。①品牌打造，要打造一个人格化的品牌，通过品牌来溢价；②供应链打造：配送与物流、冷链，这是农特微商的重点；③展示真实的自己：微信朋友圈卖的不是产品是人，是用户对我们的喜欢与认可。

【案例】

号称“中国农产品微商第一案例”张大发卖樱桃。他 15 天卖出 81 282 箱樱桃，获得一千余万元营业收入。张大发短短 2 个月，建立十几个微信群，并不断培训和做线上预售，还组建微商团队，加强个人标签的推广及强化，之后就靠主动传播，打造个人魅力，从而实现团队、用户及分销商对张大发的信任，因此，才会出现万人共同帮你卖樱桃的案例。

5.“农产品＋众筹”营销模式

通过众筹平台来卖农产品。一般而言是通过网络上的平台联结起赞助者与提案者，用“团购＋预购”的形式，向网友募集项目资金的模式启动特色农产品项目，已经成为新农人常用的手段，其中，“农产品＋众筹”可以解决农产品的滞销及农产品传播等问题。

【案例】

陕西大秦记农业科技有限责任公司旗下的秦岭 1 号土鸡蛋产品众筹项目启动，这是商洛农产品众筹的首例。该公司以众筹的模式快速将产品推到餐桌，利用“互联网＋农产品”的方式，让原生态、无农药、无添加、无激素、无抗生素的“一原四无”产品走出秦岭腹地，走到一线城市和南方的中高端人群。据悉，秦岭 1 号土鸡蛋产品众筹项目在众筹平台上线才 5 天，就得到了 347 人支持，筹到金额 29 201 元。

6.“农产品＋可视农业”营销模式

“可视农业”主要是指依靠互联网、物联网、云计算、雷达技术及现代视频技术将农作物或牲畜生长过程的模式、手段和方法呈现在公众面前，让消费者放心购买优质产品的一种模式。“可视农业”还有一大功能，就是可靠的期货订单效应，众多的“可视农业”消费者或投资者，通过利用网络平台进行远程观察并下达订单，他们在任何地方通过可视平台都能观察到自己订的蔬菜、水果和猪、牛、羊等畜产的生产、管理全过程。近年来，可视农业平台通过改造升级传统农业，贯彻电子商务下乡，升级商店对接餐饮，派发订单生产等形式活跃农村市场，不断地向可视农业生产商派发订单订金，有效解决传统农业市场通路、资金短缺和食品安全三大疑难问题，以低价格、好产品，输送到各个市场终端。

【案例】

湖山原生态农产品有限公司茶叶可视基地面积230亩，于2018年年初开始建设，总投资30多万元，该基地建设与设备安装已基本完成，包括开通宽带网络、安装摄像头等。农业行业观察看到，茶叶可视基地目前在全国大约有600家，基地建成后，能严控农药残留和化肥的施用，保护消费者食品安全，建立真正无公害的绿色食品基地。通过可视系统和网络，消费者能实时查看基地生产作业和作物生长情况，从而激发他们的购买热情，最终提高该地茶叶产品的知名度、诚信度，促进茶农增收。

7.“农产品＋社群”营销模式

社群是什么概念？就是有相同标签、相同兴趣、相同爱好、相同需求属性的人自发或者有组织的群体组织。在农产品方面，比如樱桃爱好者、素食爱好者、减肥爱好者和苹果爱好者等。对某一款或者具有相同属性的农产品感兴趣的人、对农产品的需求相同的人组成的群体，他们会对农产品的需求相同。

【案例】

优食管家是一个基于社群销售食材的C2B＋O2O直供平台，2016年已经获得千万级的B轮融资。以妈妈群体、减肥群体和家庭主妇等为相同标签的群体组成的社群，并定期给这些群体提供农产品。目前，优食管家的社群发展到5 300个以上，也推动着农产品、生鲜产品的销售。

8.“农产品＋网络直播”营销模式

2016年网络直播很火，范冰冰、赵丽颖等明星纷纷参与网络直播，并获得百万的打赏。网络直播的好处：①亲眼所见，提高购买信心；②参与互动，获得满足感；③新奇时髦，很多人都是冲着没有玩过的东西而来的。同时，“农产品＋网络直播”能解决信任问题。

通过网络直播可以让用户增强产品的信心，还可以快速传播推广。因为，网络没有边际，网络直播的方式能很好地推广农产品及品牌。但在网络直播也要考虑几个问题：①网络主播的知名度，最好是企业创始人或者明星；②服务要跟上，尤其是有用户下单后要保证安全、快速的物流与配送。

【案例】

在海南省海口市石山镇举行的互联网农业小镇创客沙龙专场推介会上，4名

"创客"变身"网红",通过网络直播的方式将特色农产品推销到全国。海南爱尚玫瑰实业有限公司董事长乔顺法在直播中推销起自家的火山玫瑰:大家眼前看到的是火山玫瑰加工的成品,如香皂、精油,鲜花饼。除了在实体店购买,全国的观众也可在微信上下单。

9."农产品+互联网+认养农业"营销模式

认养的概念:发起众人合伙认养一(头、颗、亩)农产品(植物、动物),根据需要认购的数量或部位,一起享受认养的乐趣,共同获得优质产品。"农产品+认养"模式需要注意的问题:①牵头人要为认养成员做好服务与监督;②确保透明,认养情况一定要透明,并且要让大家相互知晓,不能存在欺诈。

【案例】

田田水果专业合作社的300亩水密桃园采用"认养"模式,其中有500颗桃树以每颗480元被认养,被选中的树将被挂上相应编号,本年树上结出的桃子将归该认养人所有。被认养的桃树全部采用无化肥种植,全部以鸡粪、鸭粪等为桃树养料,每个果实均使用防虫害专业套袋。在每年的采摘期,每株桃树可结20~30千克,100~150只桃子。田田桃园定下的每年4月认养人可去郊游赏花。7月果实成熟时,即可前往采摘,享受一番收获的乐趣。平日,桃树的除虫、施肥等均由合作社社员专人打理。

10."农产品+电商"营销模式

"农产品+电商"的模式就是电商、互联网平台对农产品进行展示及推广,让更多人了解、知晓,并方便用户在线下单及购买。"农产品+电商"也要注意几个问题:①标准化问题。农产品本身就不是标品,但把农产品做成礼品或干货的确是一条路子;②品牌改造的问题。借助电商对农产品的重新定位,打造符合新时代消费者需要的工业品。

【案例】

山山商城展销中心网购平台开发了全新模式,将农产品的视频直播、产品溯源、私人订制模块等,通过"线上购物+农产品+旅游产品"模式,巧妙地融合在一起,将线上的消费者带到实体店中,所有农产品交易可以实现在线下单、支付,并由线下的体验店提供展示和配送服务。目前该县入驻山山商城展销中心的企业已达30多家,农产品种类达100多种,借助电子商务营销方式对传统农业进行现代化提升,使该县实现了农产品的品牌化、标准化、信息化和订单化生产,年销售额已突破1 000多万元。

针对农产品滞销的问题，可以参考发达国家或地区的经验。拥有成熟的管理体系，依靠农业协会组织的合作社，从生产、物流到销售，农民参与市场。不仅有助于抵御市场风险，还可以从中获取价值。“互联网＋农业”可以帮助农民销售农产品。在这种变化中，如何处理各种环节中的关系，以及它们扮演的角色是必须在发展过程中解决的问题。在未来，农业营销策划将结合互联网和市场需求，生成更多新手段、新模式。

8.1.2 农产品营销创意

1. 切入用户痛点

据首份中国抗生素的使用量与排放量清单显示，2013 年中国抗生素总使用量约为 16.2 万吨，其中养殖业使用抗生素占 52%。专家分析，动物体内残留大量的抗生素，进入人体之后，抗生素会转移到人体。

【案例】

大学生敬伟甫和 7 个同学在学校里建起的一个小小养鸡场，一年卖出 2 000 多只鸡、20 万余枚蛋，营业额近 80 万元。敬伟甫希望帮助用户解决抗生素的问题，养鸡场的鸡全部实行无抗(抗生素)养殖。这些无抗土鸡及富硒鸡蛋上市后，供不应求。经检测，敬伟甫养鸡场的鸡肉和蛋内不含任何抗生素，主要营养成分硒、锌、碘比普通鸡蛋高 3～6 倍，胆固醇含量低 40%，蛋白质含量高 12.7%。

2. 擅用新媒体营销

当今新媒体已经成为新农人常用的宣传工具和推广渠道。微信、微博、头条号等都可以成为推广品牌和产品的媒体矩阵与渠道。

【案例】

因上星光大道而走红的“土豆姐姐”冯小燕，不仅歌唱得好，而且其经营的土豆事业也非常棒。“土豆姐姐”卖土豆除了名气之外，还掌握了一套如何运用新媒体营销的心得。这个时代，得粉丝者得天下！“土豆姐姐”把握了这一点，她借助自己名气，微博微信吸粉十几万。同时，“土豆姐姐”顺势而为在网络上发起了一个“土豆姐姐”万元征集“土豆广告语”的活动，一下得到了全国几十万人的响应，并且把“土豆姐姐”这个牌子打响了。“土豆姐姐”品牌的影响力和传播力度提升，有力地促进了其品牌产品“涌泉居土豆”的销售。

3. 卖独特的农产品

信息大爆炸的时代，消费者都在追求“新”“奇”“特”的产品。做农产品也适合此道理。卖有特色，但又不为人知的产品策略有两个好处：一是容易形成话题，快速得到传播；二是市场和价格有优势。毕竟市场上没有竞争者，所以能快速打开市场，形成市场与口碑。

【案例】

王小帮（王志强），一个与马云交好的农村淘宝创业者。2016年从北京回到家乡后，开始在网络上卖当地特色的农产品，并确立网络名字"王小帮"。王小帮在网络上卖红枣、核桃、五谷杂粮等特色农产品，并广受网友追捧。如今，王小帮一年的销售额已超1 000万元，为村里乡亲们的特产粮食打开了销路，成为山西首屈一指的个人网络卖家。

4. 玩转粉丝经济

浙江淳安5个"80后""90后"青年利用互联网，利用文化内涵和创意，打造了一批千岛湖生态农产品的"粉丝"。牟剑是其中一位，他想用自己的方式为本地居民打开"生态农产品难卖"的局面。他们刷屏朋友圈、开微店、用创意包装……以年轻人的思维，让一种农产品通过互联网，变成了"多种创意产品"。常态化模式下，农产品的货源和物流将交由协会或企业去挖掘打理，这群年轻人就是通过内涵式创意，把一种种看似普通的农产品，打造出千岛湖独特的文化味道。通过创意的方式，团队每推出一个产品，总会引来关注。如此，培养了一大批千岛湖生态农产品的"粉丝"。

5. 拍卖农产品

数据显示，2016年我国农产品拍卖快速发展，年成交额34.93亿元，实现五年翻番。一批专业性拍卖企业开始崛起并受到广泛关注，带动云南咖啡豆、烟台苹果等一批有地方特色的农产品在2016年陆续进入拍卖领域，极大地丰富了传统农产品流通方式。

【案例】

福建武夷山举办的"2015'一带一路'中华好茶·溯源保真"武夷获奖茶拍卖会，气氛非常火爆，亮相的8个拍品受到热捧，每次拍卖均迎来数十次争夺，最后总拍额超过10万元人民币。同样，2015年在多地荔枝滞销的情况下，海南农垦局比较成功地组织了一次预拍卖，最终如期完成交易的价格高于市场平均价格，这都体现了拍卖这种形式是避免卖难困境的出路。

6. 卖创意

农产品依靠创意破解销售的话就要在农产品的名字、品牌、包装、营销策略等上下功夫。必须要做到每一款产品都能让消费者或者用户记得住、想得起。因此，创意对农产品的营销来说意义深远。

【案例】

江苏新沂农民黄建把他的100多箱农产品五彩瓶装车卖到世界各地。黄建直言："靠一个好创意，土得掉渣的稻谷，照样卖大钱。"黄建的创意是抓上一把大米、高粱、玉米和绿豆，把它们按比例分层装进一个玻璃瓶；再加入用来防腐的白油，封口包装。这就是如今城里年轻人中流行的创意农产品五彩瓶。一把米不值钱，一个玻璃瓶也不值钱。不过，把它们结合到一起，价格就翻了10多倍，要卖到30元。因为，创意农产品五彩瓶既是别具一格的家居装饰，也有美好寓意，象征满满的丰收和对五彩生活的祝愿。凭着这个创意农产品，他的加工厂年销售收入超过6 000万元，出口就占了八成，卖到20多个国家和地区。这一创意农产品虽然简单，但由于接地气、有新意，自然叫响了市场。

8.2 认知农资营销的特点

市场经济条件下，竞争的激烈可谓越来越白热化了，多数企业也在积极采取措施进行化解；但是随着微利时代的到来，企业要想出奇制胜甚至保持长盛不衰，就必须在战术和战略上做到统筹兼顾、综合运用。农资营销自然也不例外，并且在战略上更应高度重视，这是因为农资产品作为一种特殊的商品，传统的广告促销、人员推广、返利销售等营销组合，已经无法有效激发广大消费者的消费诉求。基于这种状况，就必须在营销策略上做足文章，使深陷于营销困境和产能过剩的农资企业逐渐步入一方新的天地。

首先，营销策略没有定式，在运用时首先要高度重视有消费诉求的受众，也就是说要将广大农民当成知心的朋友和真正的上帝，在宣传和推介上将其列为重点对象。众所周知，面对农资市场供应渠道多、门类比较杂的现实，不少农民需要了解农药、化肥、植物激素等方面的产销及发展趋势，尤其是想了解中央和地方调控价格、维护农民利益的信息，也需要懂得鉴别假冒伪劣产品的知识。需要强调的是，他们的这些消费诉求都是合情合理的。而目前，生产商的广告宣传渠道主要是报纸、杂志和电视，墙体、门市、路牌等也有所涉及。但是这些还远远不够，从营销策略的理念来衡量，农资产品宣传应以贴近农户为宗旨，因此，在选择宣传媒介时，要充分研究产品目标市场的农民朋友能够接触到哪些媒介？最喜欢什么电视或广播节目？休息时有什么娱乐活动和爱好？只有做到了充分调研，有的放矢，才能在宣传上达到事半功倍的效果。

其次，要为农民多算明白账。例如，化肥价格普遍上涨了，面对养分含量相同、但每袋价格低几十元的不同品牌复合肥，化肥生产企业和经销商就有责任帮助农民算算细账，告诉他们每一个养分含量，现在的市场价格是多少，大概什么价格范围内的肥料是可信的，什么范围内价格过高，而什么范围内连成本都不够，一定是假货。农资是农民使用的生产资料，农民朋友少上当或不上当了，农资市场才能有一个良好的环境。

再次，要进一步强化售后服务。作为经销商来说，现在已经进入了“服务消费”的时代，在产品销售时，有责任也有义务将产品的使用方法和注意事项向消费者做必要的说明，告诉他们如何使用，避免造成损失，不能仅仅一卖了之。至于如何强化售后服务，农资生产企业和经销商可与农村各级的消费维权组织紧密结合起来，利用“三下乡”、农民电视讲座、网络短信等形式，讲解有关法律法规和农资商品知识，定期发布消费提示，引导农民科学消费，及时化解消费风险，着力净化农资市场，全面实现打假与售真的“双赢”，切实维护好广大农民朋友的合法权益。

8.2.1　农资营销的特点

1. 农资营销的特点

(1)季节性。农作物生长有着极强的季节性。这是自然条件决定的，尽管反季节生产有了很大的发展，但是不能代表整个农业生产情况。不同季节有完全不同的作物种类，因此种子需求、肥料需求、病虫害发生也有着极强的季节性，不同作物对土肥条件的要求也根据生长期的不同而不同。

农资是为农业生产服务的，而农业生产是以季节开始的，因此多数按季节生产和供应，农资营销活动也就有了淡季和旺季。这些导致了农资产品购买的集中性，而且往往购买的时间较短，过了这个季节只有等来年。

(2)地域性。地域性表现在不同的地区农作物种类及种植结构不同，对农资产品需求的种类和数量也不同。农村分布着山区、平原、丘陵。有水浇地、干旱地、半干旱地之分。不同的地域有着不同的气候、不同的作物结构、不同的水肥条件，农民有着完全不同的种植和生活习惯。不同地域的种植结构不同，对种子、农药、化肥等的要求不同。即便是同一种作物，在不同的地域，由于气候条件、水肥条件的不同，导致病虫害的发生种类不同，数量也不同。例如，南方以水稻为主，而北方以小麦为主。农业生产活动因地而异，因此农资营销也必须因地制宜，根据地域特点进行营销。

(3)示范性。农业生产资料的主要效果需要通过使用过程的再生产才能显示出来，目前的农业生产者(农资使用者)科技文化水平不一，对农资品牌的认知度有限，信息获取途径也有限。农资应用效果的示范作用、辐射带动作用比较明显。通过布点示范，展示农资的良好效果，可以带动农户跟随选用和购买。以示范为主，结合广告宣传等渠道，可更有效地将农资信息传递至消费者。

(4)分散性。

① 消费市场分散。目前，我国农业生产是以农业户为单位的分散式生产方式，种植决策主要由农户自行决定，千家万户的农户之间种植的农作物品种难以一致。加上普通农户的种植面积规模比较小，一亩或几亩不等，种植季节也不尽相同。每个农户根据自己对农业生产未来的估计和需求，以及自有的资源投入能力种植不同的农作物，因此要求的农资营销服务必须具有差异化、多样化。

② 供应市场分散。分销渠道多，产品门类多。

2. 区别认知以下知识

(1)农资的营销特点：季节性、地域性、示范性和分散性。

(2)农资消费市场的特点：季节性和地区性、相对的稳定性、复杂性、可替代性和可诱导性。

(3)农资产品的特征：品种多，规格多；占地大，不易陈列和码放；季节性强，地域性强；技术含量高；售后服务困难；产地不一。

8.2.2 农资营销策略的定义

1. 策略

(1)指计策、谋略、可以实现目标的方案集合。简单说就是做事的计划和方法。

三国魏刘劭《人物志·接识》："术谋之人以思谟为度，故能成策略之奇，而不识遵法之良。"唐杜甫《送灵州李判官》诗："将军专策略，幕府盛材良。"明陈汝元《金莲记·射策》："诸生有何策略，就此披宣。"清孙枝蔚《赠安肃梁明府木天》诗："怀古诗篇进，忧时策略新。"

(2)根据形势发展而制定的行动方针和斗争方法。毛泽东《反对本本主义》："社会经济调查，是为了得到正确的阶级估量，接着定出正确的斗争策略。"艾思奇《辩证唯物主义历史唯物主义》第十三章："只有马克思列宁主义的理论，才能为无产阶级的斗争指出正确的方向和正确的战略策略，把斗争引向胜利。”

(3)有斗争艺术，能注意方式方法。如你做这件事时要注意些策略。1996 年迈克尔·波特在哈佛《商业评论》发表文章《策略是什么?》提出“策略，是进行一连串不同的活动，创造独特而有价值的定位”。

2. 战略

最初指的是军事战略，只用在军事领域。“战略”一词用于企业经营领域，指对企业竞争的整体性、长远性、基本性谋划。

3. 企业战略

企业战略是指企业各种战略统称。除了“竞争战略”，还包括“营销战略”“品牌战略”“技术战略”“人才战略”“出口战略”“合作战略”和“发展战略”。

战略是从实践中来的，它体现企业的经营思想，对企业的经营起着决定性的作用。企业战略≠企业的目标、理想、愿景、计划、行动。

4. 企业战略定位

战略定位就是将企业的产品、形象、品牌等在预期消费者的头脑中占居有利的位置。

战略定位是一种有利于企业发展的选择，也就是说它指的是企业做事如何吸引人，要“有所为与有所不为”。

对企业而言，战略是指导或决定企业发展全局的策略，它需要回答四个问题：企业从事什么业务；企业如何创造价值；企业的竞争对手是谁；哪些客户对企业是至关重要的，哪些是必须要放弃的。

企业战略定位的核心理念是遵循差异化。

差异化的战略定位，不但决定着能否使你的产品和服务同竞争者的区别开来，而且决定着企业能否成功进入市场并立足市场。著名的战略学专家迈克尔·波特早在其 20 年前的名著《竞争战略》中就指出了差异化战略是竞争制胜的法宝，他提出的三大战略——成本领先、差异化、专一化，都可以归结到差异化上来。差异化就是如何能够做到与众不同，并且以这种方式提供独特的价值。这种竞争方式为顾客提供了更多的选择，为市场提供了更多的创新。

5. 三个典型的商业竞争战略

2004 年迈克尔·波特在哈佛《商业评论》发表文章《什么是战略》曾讨论“竞争战略”。

(1)成本领先战略。成本产生于企业经营活动的各个环节,从产品设计、材料采购、产品制造到产品销售及售后服务的全过程中,时刻都有成本发生。提起“成本”,大多数管理人员都会自然而然地想到生产。然而,总成本中即使不是绝大部分,也是相当大一部分产生于市场营销、推销、服务、技术开发和基础设施等活动。因此,控制成本不是控制哪一个环节的成本,尤其不能误解为只控制制造成本,必须全过程控制,从而达到综合成本最低。只有综合成本最低,才能保障成本领先战略的实施。

成本领先战略是指企业通过降低自己的生产和经营成本,以低于竞争对手的产品价格,获得市场占有率,并获得同行业平均水平以上的利润。

在生产经营活动中,要求坚决地建立起高效规模的生产设施,全力以赴降低成本,加强成本与管理费用的控制,以及最大限度地减小研究开发、服务、推销、广告等方面的成本费用。

成本领先战略是三种基本竞争战略中最重要的一种。在经济转型时期,企业可以通过实施成本领先战略建立自己的成本优势,提升企业的竞争能力。

(2)差异化战略。是将产品或公司提供的服务差别化,树立起一些全产业范围中具有独特性的东西。实现差异化战略可以有许多方式:设计名牌形象、技术上的独特、性能特点、顾客服务、商业网络及其他方面的独特性。

(3)专一化战略。指主攻某个特殊的顾客群、某产品线的一个细分区段或某一地区市场。正如差别化战略一样,专一化战略可以具有许多形式。

8.3 分析不同类型的农资营销策略

8.3.1 农资营销策略的类型

1. 产品策略

任何农资营销要想取得成功,首要的是要有一个功效好的产品。因此,农资营销第一位的策略应是功效优先策略,即要将产品的功效视为影响营销效果的第一因素,优先考虑产品的质量及功效优。此外,产品策略还要体现在颗粒、色泽、包装等外观上。有两点要特别引起注意,一要以“貌”取胜。现在农民普遍喜欢“漂亮”农资,同样品种的农资产品摆在那里,一定是颗粒大、粉尘少、圆润、均匀、色泽光亮的销得最快。二是包装形式要多样化,方便农民购买和使用。现在的农资产品基本上都是50千克、40千克一袋，太大太重。如今农村基本上青壮年男子外出打工，妇女种田，因此，包装过重的农资给用户带来不便，并且开包后由于一次用不完易吸潮溶解，造成损失浪费。应生产25千克、15千克甚至10千克的轻便型包装，方便农民选择。

2. 分销策略

面对传统渠道的衰退和新兴渠道的兴起，农资企业要采取渠道创新策略，对连锁经营和网络营销等模式进行探索，努力找到适合自己的渠道模式。

3. 促销策略

越来越多的上游经销商和厂家业务员要求零售商配合举办促销、推广宣传活动，如店面促销会、农民会、田间试验、示范观摩会，针对农民直接把促销活动做到田间地头，扩大产品的知名度和影响力。

很多零售商依靠老一套的做法，生意曾经做得非常好，老路子肯定有其优势，但这个行业在变化，农民的需求在变化，农作物的种植结构和病虫害发生规律也在变化。以前农资店少，产品也少，靠乡里乡亲的信任而生意兴旺，现在农资店多了，产品多而杂，且新品种日新月异，农民难以辨别真假好坏，在这个“酒香也怕巷子深”的年代，走老路子就不行了。

适当的宣传推广和促销活动非常有必要，是符合当前农资市场发展所需要的，比如示范观摩会和农民会，所谓眼见为实，让农民实实在在地看到产品的优劣，引导农民接受好产品，让利于农民，也是更好地为农民服务。

4. 价格策略

价格便宜能为顾客提供购买的诱惑力，农资经销商在这个时候必须考虑自己的长远利益和薄利多销的问题，不能做一锤子买卖。消费者在购买农资时，也会有精力、时间及交通等成本的考虑，并且许多消费者在购物的时候，会把购物过程中的体验作为非常重要的购买依据。因此，作为经营者，要尽可能降低消费者的购买成本，使他们既对你经营的农资产品有质量的认同，也对你所经营农资的价格有个比较，让他们心中有数，认为你的价格合理，他们就是你的常来客。

5. 品牌策略

目前，在全国范围形成强势农资品牌的企业较少，面对农资市场上鱼龙混珠的产品，农业劳动者对品牌的需求加强，因此，农资企业应采取品牌提升策略，就是改善和提高影响品牌的各项要素，通过各种形式的宣传，提高品牌知名度和美誉度。

6. 广告策略

很多农资人并不是出身“显赫”，而是“赤脚医生”，在卖农资上还有一些经验，一旦说到市场营销方面就力不从心了。所以农资行业开始出现竞争的时候，广告这个宣传方式最先被大家接受，疯狂的农资广告铺天盖地，不过广告效果也看得到，所以很受大家的追捧。

电视广告、平面广告、免费赠阅的刊物、杂志等都很有效果，但是还要根据自己的客户群体的差异来选择媒体。例如，以产品销售为主的，就可以用电视广告的地方台；树立品牌形象，提高企业美誉度则可在央视电台投放广告。电视的普及率高，在农村家家都有电视，一般农民朋友农闲时节都以看电视为主，这样对产品销售很有帮助。同时，墙体广告也是销售和促销宣传较好的媒体。如果是招商的话选择报纸、杂志等或者是赠阅的免费宣传资料，效果较好。如果是新店开张，或者季节性促销活动，则以传单派送效果较好。

7. 目标市场策略

目标市场营销策略是对农资市场进行细分，找出市场需求的差异性，发现新的机会，使企业根据产品、人力、物力、财力等资源条件参与竞争，取得优势。

目标市场选择：①采取市场集中策略，适合企业拳头品种少、实力有限或新进入行业的中小企业。②产品专业化策略，适合企业产品适应范围广，用一个品种来满足不同市场的需求。③市场专业化策略，适合有较多农资品种的厂家，根据市场需求满足不同区域及客户的需求。④选择性专业化策略，适合在不同区域或需求市场提供所需产品的企业，根据市场和产品情况进行组合。⑤市场全面覆盖策略，适合有实力、产品齐全、有营销策划和销售执行能力的企业。

企业如何脱颖而出，科学的市场定位是关键。所谓定位，就是企业根据自身特点和市场特征，确定与竞争对手不同的个性和形象，在市场竞争中获得优势。

8.“二八”法则重点营销策略

意大利经济学者帕列托研究发现了 80/20 法则：即原因和结果、投入与产出、努力和报酬之间存在着不平衡。在商界，20％的产品创造 80％利润的现象经常发生，而不是 50％的产品创造 50％的利润；20％的客户贡献了 80％的营业额；20％的销售员占 80％的销售额。

企业的利润大多来自 A 级客户，在销售额、销售数量、市场占有率、利润率等贡献巨大，订货数量大、信誉较好、付款及时，对这类客户要给予重点服务与支持并进行重点管理。要对每一个重点客户指定专人负责，销售经理也应拿出大部分时间对重点客户进行拜访。企业的市场营销策略和计划，应对 A 级客户进行调研，听取合理积极的建议。企业出台的营销政策，首先和重点客户沟通，对重点客户进行重点服务，如出货时间、提货便利程度、技术指导、技术服务等，优先处理重点客户的意见和建议。密切注意重点客户经营的品种和经营方向，特别要注意经营竞争对手的品种情况。注意重点客户市场的变化情况，市场增长率、新客户开发情况、老客户流失情况。注意重点客户对公司满意度的变化，如产品、包装、价格、营销政策、营销支持、服务态度与质量、各类问题与事件处理的满意程度等，想尽一切办法提高客户的满意程度。注意客户企业内部情况的变化，特别是销售人员的变化。注意重点客户资信程度的变化。注意重点客户经营环境的变化，特别是社会公众及管理部门。与客户进行深度沟通，把问题解决在萌芽状态，工作重点放在防止 A 级客户的流失上。

8.3.2　农资销售竞争策略

在团队销售过程中，根据农资企业产品不同的情况应选择不同的营销策略。

正面进攻策略：将企业置于领先地位，直接参与竞争。企业应该具备以下几个方面的条件：①企业具有强大的实力，具有明显的市场竞争优势。②具有很好的产品组合及很好的服务质量。③对客户问题解决的方案具有优势地位，能有力地影响客户的关键人物或决策人物。④销售模式具有竞争能力。人员配备可考虑销售经理、推广型销售员、关系型销售员、猎手型销售员。

侧翼包抄策略：实际上就是改变游戏规则，对复杂的销售问题简单化，可以采取以下形式：①解决客户问题，与客户一起分析存在的问题，把客户的注意力聚焦在更为重要的问题上。如某品种表现不佳不单单是利润问题，深层次的将引发客户索赔、影响声誉、影响品牌、失掉客户、失去市场。②改变购买决策权力，引入新的或潜在的有影响力的人对客户决策施加影响，或通过他们的工作改变选择标准和看法。③改变购买流程，将客户正常购买行为过程进行增加和减少某些环节，目的是突出自己的优势。④推出问题解决方案，不简单地向客户兜售产品，把客户所关心的问题做一整体解决方案，向更高销售层次迈进，增强销售竞争能力。人员配备可考虑技术型销售员、顾问型销售员、关系型销售员、农夫型销售员。

分割策略：如果你得不到整块面包就切一块下来，即在销售竞争中先有个立足之地，先挤进门，得到一张通行证。只有走上舞台才有表演的机会。将市场进行细分后进入一个细分市场，慢慢向外渗透。沃尔玛就是采取这个战略，首先沃尔玛进军较为薄弱的乡村区域，然后集中力量，最后再做大做强城市市场，赢得主导地位。人员配备可考虑技术型销售员、推广型销售员、关系型销售员、顾问型销售员。

防御策略：有两种形式，一是市场全面防御策略，当企业在市场销售处于强势地位时，可采取全面防御策略，无论竞争对手对市场、产品、客户采取何种举措都予以全面占领。二是企业只针对自己的销售策略和目标有针对性地回应竞争对手。人员配备可考虑伙伴型销售员、顾问型销售员、农夫型销售员、关系型销售员。

发展策略：在时机尚不成熟的情况下充实自己做好准备，前瞻性地在市场、产品、关键客户方面做深入细致工作，一旦时机成熟，以迅雷不及掩耳之势攻城掠地。人员配备可考虑技术型销售员、推广型销售员、农夫型销售员、顾问型销售员。

【案例——出口依赖症问题严重，野生食用菌面临供销两难】

我国野生食用菌产业从20世纪80年代后期起步，至今已发展成为年出口创汇逾亿美元的产业。但是由于近期受国际食品安全问题的影响，我国野生食用菌出口价格也随之下跌。由于无节制的开采，我国野生食用菌的数量日趋下降，整个产业的可持续发展存在着资源紧缺的问题，野生食用菌产业面临着“供销两难”的境况，“出口依赖症”成为野生食用菌产业软肋。

9月份是云南省野生食用菌上市的旺季。在云南省楚雄彝族自治州野生食用菌市场上，松茸、竹、牛肝菌、鸡枞等野生菌大量上市。据中国食品土畜进出口商会会长霍建国介绍，我国野生食用菌产业于20世纪80年代中后期起步，目前已经形成年出口额超过1亿美元的产业，仅云南省2006年野生食用菌出口量就达到7 200多吨，占全国总量的70%，创汇880多万美元，鲜松茸出口量占全国的80%以上，牛肝菌干片出口量占全国的58%，块菌出口量占全国的45.6%，野生食用菌成为云南省继烟草之后第二大出口农产品。但是2006年日本实施“肯定列表”制度以后，中国产的松茸有三例被日本检出乙草胺超标，导致中国松茸及制品被实施“命令检查”，中国松茸产业遭到重创。

霍建国对目前我国的松茸出口状况表示担忧，松茸出口受阻造成的损失首当其冲是云南省。中国食品土畜进出口商会特产部主任助理刘自强说，往年云南松茸出口日本价格每千克达到50～60美元，而今年的价格才30～40美元，只有往年的 2/3。同时，云南的牛肝菌等菌类在欧洲市场也面临着类似的问题。野生食用菌能否结束无序开采的历史。在利益驱动下，云南省野生食用菌产地的农民一到采菌的季节就纷纷上山，有时同一片山林一天就有几批人去翻找，谁先碰到，谁就“一锅端”，无论大小全部采掉。中国食品土畜进出口商会会长霍建国说，我国对野生食用菌资源的开发，还没有一套完整的体系，野生食用菌资源遭受严重的破坏。以松茸为例，2000 年松茸已被列入中国国家二级濒危保护物种，对松茸出口实行了濒危物种的进出口管理。

云南省本来是世界上松茸最大产区之一，但是由于采收缺乏科学，云南松茸主产区生长的松茸数量，正在以每年 5% 的速度递减。“而目前野生食用菌人工栽培还有一定难度，”昆明食用菌研究所副研究员朱萍说：“野生食用菌几乎还是依赖自然生长，还不能大规模产出，产量不断递减使企业的发展受到资源不足的困扰”。昆明菌苑公司市场部经理张利菁说，现在有些野生食用菌资源很紧缺，比如羊肚菌在法国很畅销，但是我们却组织不了货源，只好把订单推掉。“无序采摘不但使野生食用菌的产量递减，也使野生食用菌的产值大打折扣”，张利菁说，以松茸为例，6 厘米以下的“童松茸”只要再保护几天就能达到标准菇，而两者的价格相差几倍。云南省楚雄彝族自治州林业科技研究所调查的数据显示，在云南省楚雄彝族自治州松茸收购市场上，6 厘米以下的“童松茸”所占比例平均达到 40% 以上，楚雄彝族自治州每年因为采集“童松茸”造成的损失在 3 000 万元左右，其他野生食用菌也存在同样的问题。中国食品土畜进出口商会特产部主任助理刘自强认为，地方政府应该对当地的野生食用菌进行统一管理和规划，从战略角度对待野生食用菌资源问题，合理保护开发野生菌资源。

“姗姗来迟”的国内市场能否成为“消费支柱”，除了出口，目前野生食用菌大多还是在产区内自产自销，国内市场还比较薄弱。目前国内野生食用菌消费还停留在大餐馆里走高端路线，直接进入百姓厨房的还很少，云南有些从事野生菌经营的企业也曾经到沿海一些省市去拓展市场，但是由于消费习惯的问题，这些城市还无法大量接受。如今，很多农民零散采集到的野生菌几乎没有经过保鲜处理，很容易变质。除了部分卖给收购商外，大部分只能在当地销售，无法外运。长期从事野生菌贸易的厦门企业家萧毅文介绍，从事野生食用菌销售，企业首先关注的是食品质量安全问题。“野生食用菌在运输贮藏中如果发生变质，或者在加工中没有煮熟，消费者食用时就可能发生安全问题。哪怕出现一例食品安全事故，多年苦心建立起来的消费市场就有可能毁于一旦。”萧毅文对此很谨慎。目前，保鲜技术和脱毒技术都有新的突破，可以保证产品的品质和安全，现在主要就是把技术转化为生产力。政府应该鼓励有实力的企业，加强对农民进行技术培训，让农民在采收野生食用菌时就使用保鲜技术，以保证产品品质。

思考与讨论：

1. 我国野生食用菌产业的发展存在哪些问题？

2. 解决野生食用菌的产销两难境地有哪些解决途径？

复习思考题

1. 使用关系示意图表示农资营销特点、农资消费市场特点、农资产品特征及其关系。

2. 农资（种子、肥料、农药）企业经营成本主要有哪些？每个公司（学习小组）讨论，写出本公司经营的某种产品的成本。

3. 种植业三大农资，哪一种最有可能基于技术创新的成本领先战略？

4. 案例分析题：农膜企业固步自封无法赢得市场

据中国农用塑料应用技术学会农塑制品分会会长秦立洁介绍，近年中国农膜产业呈现旺盛发展趋势，年销售额已经超过400亿元。2014年全国农膜产量超过240万吨，2015年预计将突破260万吨。

"十三五"农膜市场依然被看好。全国农业技术推广服务中心首席专家、中国农用塑料应用技术学会会长张真和表示，设施园艺的发展还处在上升期。2014年设施园艺的应用面积达6 160万亩，2015年估计会超过6 350万亩。"十三五"末，预计会增至7 000万～7 500万亩。

但如果农膜企业固步自封，"十三五"也无法赢得市场。随着农业现代化步伐的加快，农膜的"私人定制"渐成趋势，开发具有各种特殊功能的农膜迫在眉睫。秦立洁解释说，所谓私人定制，就是根据农民的不同需求，特别是高档需求来定制生产农膜。比如生产果蔬类作物需要红光多，那么就要求农膜厂家提供的棚膜具有转光功能；种植花卉需要散光环境，棚膜就要求具有散光性能。

案例思考：

(1)你如何看待农膜私人定制？

(2)如何把握市场机遇，抢占农膜市场？

技能训练

1. 实训项目

家乡农产品营销模式及创意设计。

2. 实训目的与要求

① 强化理论应用性，结合所学知识进行社会研究。

② 提高知识的实践操作性，实践营销模式及创意设计。

③ 通过小组头脑风暴，激发学生创新创业能力和团队合作精神。

3. 实训内容与安排

① 选择某一家乡特色农产品，开展实地及网络市场调研。

② 小组头脑风暴设计营销模式及创意。

③ 各小组分享交流。

④ 教师点评指导。

⑤ 各小组进一步优化营销设计方案，尝试落地实施。

4. 实训考核标准

① 对家乡特色农产品营销项目的选择是否具备新颖性、可行性。

② 对同类农特产品市场调研分析的结论是否客观、全面。

③ 家乡农特产品营销模式和创意设计的新颖性、可行性。

5. 实训地点与学时分配

地点：网上调研、校外农特产品销售实体店

时间：4 课时

项目9

分析种子营销策略

学习项目导航

子项目	学习任务
9.1 认知种子行业发展状况	1. 我国种子行业发展历程 2. 我国种子行业状况 3. 我国种子营销市场发展概况
9.2 分析种子市场营销流程	1. 调查和预测种子市场 2. 制订种子经营计划 3. 签订种子购销合同 4. 种子销售及服务 5. 评价种子经营效益
9.3 分析种子市场营销策略	1. 认知种子市场营销策略 2. 常用的种子营销策略
9.4 种子的营销管理	1. 种子的市场准入 2. 种子的营销组织 3. 种子的营销控制

9.1 认知种子行业发展状况

9.1.1 我国种子行业发展历程

新中国成立以来，我国种业经历了计划经济“四自一辅”时期、改革开放“四化一供”时期和市场经济发展时期三个阶段。

第一个阶段：计划经济“四自一辅”时期（1949—1978 年）。由于生产技术、种植习惯和农村社会体制的原因，当时生产所需种子基本是依靠村村留种、集中供种来实现。农作物种子主要依靠农业合作社自繁、自选、自留、自用，辅之以调剂，在全国形成了以县级良种场为核心，公社、大队良种场为桥梁，生产队种子田为基础的三级良种繁育体系。在当时的情况下，还不能真正形成种子产业概念。

第二个阶段：改革开放“四化一供”时期（1979—2000年）。从20世纪80年代开始，我国主要农作物水稻生产技术得到了重大突破，水稻育种家袁隆平先生攻克了三系杂交制种技术以后，我国才开始接触到种子的商业化运作。种子生产与经营逐步实现品种布局区域化、种子生产专业化、种子加工机械化和种子质量标准化，实行以县为单位统一供种。“四化一供”标志着种子生产由传统农业向现代农业转变。

但是由于正处于计划经济向市场经济的双轨转制时期，种子产业及经营仍具有浓厚的计划经济色彩，种子产业的主体主要是各级政府成立的地区种子公司，政企不分、地方保护以及国家对种子产业的有关保护政策使得种子产业在这个历史阶段也未能实现真正意义上的市场化运营。

第三个阶段：市场经济发展时期（2001年至今）。

2000年《中华人民共和国种子法》（后简称《种子法》）颁布实施，我国种子产业全面进入市场化阶段。随着《种子法》的颁布实施，各类竞争主体能够平等参与竞争，特别是《国务院办公厅关于推进种子管理体制改革，加强市场监管的意见》（国办发〔2006〕40号）发布后，各类种子企业纷纷自主研发或从科研部门购得品种开发经营权，形成品种研发渠道的多元化，种业主体多元化格局基本形成。《植物新品种保护条例》实施后，有效维护了品种权人的合法权益，有力推动了植物新品种的培育，高产优质新品种审定数量增加，种子企业逐步发展成为技术创新的主体。

2011年国务院《关于加快推进现代农作物种业发展的意见》出台，种子企业作为商业化育种体系核心的地位得到明确，行业准入门槛大幅度提高，鼓励和支持繁育推一体化的大型企业进行兼并重组，行业将迎来高速发展期。

9.1.2 我国种子行业状况

1. 国有种子公司

目前，中国种业正处在一个不断集中、快速发展的变革时代。据统计，2001年，我国县级以上约有2 700家形态各异、大小不等的种业公司。虽然当时中国水稻种业市场规模约55亿元，年平均增长速度在5%左右，但是由于行业过于分散，到2005年年底，国内年销售额超过亿元的种子企业仅30家，前十强的销售总额仅

48 亿元，只相当于美国孟山都种业集团销售额的 2%。

《种子法》颁布实施后，我国民营种子企业发展迅速。据中华人民共和国农业部提供的数据，随着政策门槛提高，全国种子企业数量已由 2009 年的 8 700 多家减少到 2013 年的 6 296 家，企业结构得到优化。加入 WTO 使中国种子产业面临的不仅仅是单个的世界级跨国种业公司，而是一个庞大而有效的国际化产业链条，无疑将加快国有种子公司的体制改革步伐，以适应全球经济一体化的新形势。专家预测，今后一段时期，将出现大兼并、大改组、大联合、大发展的局面，在我国种业发展的新十年，企业多、小、散、弱的状况正逐步扭转，数量减少、规模扩大是大势所趋，种子公司将从遍地开花到百强竞雄到群雄争霸，最后可能只有 7～8 家或更少几家种业集团公司竞霸于中国种业市场。

2. 育种科研机构

中国农作物育种研究机构受体制、机制的制约，历史遗留下许多沉重的包袱，特别是省级以上科研院所，机构臃肿、条块分割、人员众多，低水平重复和较低的效率，投入产出不成正比。而生产上推广面积比较大的各类作物优良品种，几乎大部分出自基层科研单位或农民育种家之手。目前，国家正在逐步改制原有体制的育种科研院、所等机构，鼓励种子企业建立自营的育种科研机构。

3. 民营种子产业快速发展

改革开放 40 多年，民营种子企业在国民经济中的地位从“补充成分”到“组成部分”再到“重要组成部分”，并在《宪法》中给予肯定。民营种子企业有着天生的适应市场经济的运行机制和竞争优势，特别是育种家领衔主办的种子企业，有资源、有品种、有网络、有市场，在中国农业生产和种业市场竞争中扮演重要角色。

4. 跨国种业公司努力植根本土化

世界最大的几家跨国种业公司，如孟山都、杜邦、先正达、利马格兰等，在 20 世纪 80 年代已经在中国设立办事机构，聘用技术人员、布置品种试验，努力实现植根本土化。从普通员工到高层管理人员，从资源采集到育成品种，从技术转让到研究开发，乃至从企业文化到公益事业入乡随俗都在努力植根本土化，力求尽快为大规模地融入中国经济与社会生活做好准备。

9.1.3　我国种子营销市场发展概况

1. 我国种子企业数量和规模

中国加入世界贸易组织之后，种子企业面临国外强势对手的竞争，大规模的并购整合有助于中国种子企业规模壮大，实现产业更替和升级，进而推动整个产业的结构调整，优化资源配置，增强中国种子企业的竞争力。

我国种业市场自2001年《种子法》实施以来已全面放开。

根据2009年的统计数据，我国持证种子企业有8 700多家，但注册资金超过3 000万的种子公司仅有200多家，有科研能力的，也就100家，然而真正有科研力量的更少。而美国全国的种业公司不过百余家，孟山都，杜邦先锋等国际种业“寡头”更是其中的佼佼者。我国是世界第二大种子需求国，巨大的市场空间吸引了孟山都、先正达、先锋等跨国种业巨头抢占市场。在中国注册的外资（含合资）种子企业已超过70家。中国科学技术发展战略研究院综合发展研究所发布的一份研究报告称，全球种业十强公司占全球种业市场份额的35%，而国内种业十强公司占全球种业市场份额的比例仅为0.8%。

由于我国种业市场化起步较晚，又深受计划经济时代种业制度的影响，致使我国种子企业数量多，规模小，市场集中度不高。随着我国种业市场的开放，跨国种子公司抓住机会，纷纷进军中国种业市场，面对跨国种业巨头的冲击，我国种子企业规模化也在不断提高，国家政策也在支持，2010年中央一号文件提出“推动国内种业加快企业并购和产业整合，引导种子企业与科研单位联合，抓紧培育有核心竞争力的大型种子企业”，也只有把现有种子企业通过整合，打造中国的种业“航母”，才能抗衡跨国种业公司，当然也会更利于我国种业的健康发展。

竞争带来进步。据2012年的统计数据，种子企业十强的市场份额同比增加了18%。通过一系列改革，我国种子企业的数量不断减少，由2009年的8 700多家降到2013年末的6 296家，减少了28.7%。同时企业的结构也在优化，在6 200多家企业当中，注册资本一个亿的企业是59家，新办法实施之前只有32家。注册资本在3 000万元以下的企业原来是8 200多家，现在只有5 700多家。也就是说大企业增加，小企业减少，这是个非常好的势头。

截至2014年年底，我国持有效经营许可证的企业数量为5 064家，与2013年相比减少885家。其中持部级颁证企业183家；持省级颁证企业1 906家，同比减少263家；持市县两级颁证企业2 975家，同比减少623家。2014年度，全国种子企业资产总额达到1 639.33亿元。资产总额1亿元以上的达到306家，与2013年相比增长63家，其中10亿元以上（含）的种子企业14家，5亿元至10亿元（含）的17家，2亿元至5亿元（含）的95家，1亿元至2亿元（含）的180家。

2. 我国种子营销发展的对策

面对跨国种子公司的冲击,我国种子企业该如何应对?

跨国种子公司的冲击不仅关系着我国众多种子企业的生死,更重要的是要培育我们自己的种业"航母",也即是通过兼并培育大型种子企业。种子产业走向集中是必须的,国家和企业都需要种业能够提高集中度。国外种子企业巨头的发展史同样是兼并重组史,根据国外经验,若想改变种子企业"散、小、弱、差"的状况,实现经营主体有效的经济联合,增强种业的竞争实力,兼并重组是必须迈过的一道坎。为此,2010 年中央一号文件对企业的发展提出了明确的要求,勾画了三个主要发展方向:国内种子企业要加快企业的并购和产业整合;种子企业和科研单位要加强联合;培育有核心竞争力的大型种子企业。

2013 年,农业部相关部门负责人表示,中国将推进产学研用紧密结合,创新种业体制机制,鼓励种子企业与科研院所和高等院校联合开展商业化育种,同时以育、繁、推一体化企业为基础,打造一批具有国际水平的现代种业企业。这表明在严格市场准入,清理不合格企业,提升种业实力的种业发展方向上,国家的大政方针已经明确,种企兼并重组已成为这种变革的第一波浪潮。

种业的高科技含量不仅意味着投入高,还意味着周期长、风险大,只有具有相当规模的公司才有实力从事种业的科研、生产和推广任务。规模越大,品牌越好的企业,其信誉也相对较高,因此大型种业公司往往容易得到农民的青睐。国内种子企业的良莠不齐和跨国企业的攻城掠地,都使得国内种企兼并重组显得越发迫切。因此,中国种子产业必须整合力量,培育自己的种业巨头,走集团化经营的道路,在横向和纵向两个方面整合多个企业的优势资源,打造种业的"航空母舰"。在做大做强国有种子公司,保证粮食安全的基础上,大力扶持民营企业,发挥其资本和经营灵活性的优势。要采取多种合作方式学习国外种企的管理经验和先进技术,从而提高国内种企的实力。

9.2 分析种子市场营销流程

9.2.1 调查和预测种子市场

1. 种子市场调查和预测的概念

(1)种子市场调查。种子市场调查就是采用一定的方法,有目的、有计划、有系统地收集有关种子市场需求信息以及与种子市场相关的资料，为种子营销单位进行种子市场预测、确定营销方针、制定营销策略、编制营销计划等提供科学依据。种子市场调查是获取种子市场信息的重要手段，是正确进行种子市场预测的前提与保证。

(2)种子市场预测。种子市场预测就是在市场调查的基础上，运用各种信息和资料，通过统计分析，预测未来一定时期内市场对种子的需求及变化趋势，为营销部门确定经营计划，制定营销策略提供科学依据。

2. 种子市场调查内容

种子市场调查主要包括10方面的内容。

(1)种子市场环境调查。农业发展的方针、政策、法规；发展规划；与种子营销相关的价格、税收财政补贴、银行信贷政策。

(2)种子市场需求量调查。一定范围内的各种作物种植面积和各品种的种子使用情况、数量、变化趋势；市场对种子产品的质量、包装、运输、服务方式等方面的要求；本单位现有的市场和潜在的市场。

(3)农户的购买力调查。农民家庭收入情况；农民家庭购买力的投向；农业生产发展需求农作物种子的品种、数量、规格、质量、价格，以及变化趋势和各种影响因素。

(4)种子供应量调查。主要调查一定时间内能供应市场的农作物种子的种类、品种、数量、质量以及潜在的供应能力等。

(5)种子市场销售情况调查。种子商业网点的数量、规模；网点周围的人口、耕地、作物、收入等；销售方式、付款方式、销售时间、销售品种、销售人员的服务质量和水平等。

(6)新品种发展趋势调查。农民对新品种的认可度；新品种的种子销路、发展前途如何；消费者对新产品有哪些要求；新品种与老品种之间有哪些区别；新品种的种子价格是否合理等。

(7)种子价格调查。农民对本公司和对其他公司销售的种子产品的价格的反应；在种子商品市场生命周期中各阶段的定价原则是否科学合理；价格策略对种子销售的影响情况。

(8)种子销售渠道调查。对本公司销售网点的销售情况进行调查，如销售量、利润、经营能力等；农户对销售单位(网点)的评价；种子商品的贮存、运输成本；进一步拓展销售网络、增设代理商的可能性等。

(9)种子竞争情况调查。种子生产经营单位的数目、规模、质量、市场占有率;竞争者的管理水平、销售方法、促销手段和供种能力;竞争者的成本、售价、利润;竞争者的经济实力、市场竞争能力等。

(10)种子售后服务调查。本公司售出的种子商品在使用后的综合表现;提供给用户的技术指导是否有针对性和适应性;用户对所购买的种子商品的售后服务是否满意等。

3. 种子市场调查方法

(1)访问(询问)调查法。通过走访、信访(书面调查)、电话、传真、电邮等方式进行。调查对象一般是购买种子的单位、购种农户、基层干部、农副产品收购和加工单位负责人等。访问(询问)调查法得到的资料属于第一手资料,数据往往比较真实、详细。由于交流范围广、方法灵活多样,可以获得较多的信息,有利于种子企业对种子市场动态、种子用户心态的较为深入的了解。

由于调查对象层次多、面广,应讲究方法和策略。调查前应拟好调查提纲,突出重点,以便有的放矢。调查时要善于启发,同时做好记录,不宜生硬、呆板地直奔主题进行发问。

(2)观察调查法。与对被访问者面谈调查不同的是,观察调查法主要观察人们的行为、态度和情感。它是不通过提问或者交流而系统地记录人、物体或者事件的行为模式的过程。主要方式有实地调查,现场观察。当事件发生时,运用观察技巧的市场研究员应见证并记录信息,或者根据以前的记录编辑整理证据。成功使用观察法,并使之成为市场调查中数据收集的工具,则必须具有如下条件:首先是所需要的信息必须是能观察到并能够从观察的行为中推断出来的;其次是所观察的行为必须是重复的、频繁的或者是可预测的;最后是被调查的行为是短期的,并是可获得结果的。

观察调查法具有直接性、情景性、及时性和纵贯性的优点。由于观察者和被观察者直接接触,不需要其他中间环节,观察到的结果,所获得的信息资料,具有真实可靠性,是第一手资料;观察一般在自然状态下实施,对被观察者不产生作用和影响,有利于排除语言或人际交往中可能引起的误差因素,能获得生动朴素的资料,具有一定的客观性。观察及时,能够捕捉到正在发生的现象,因此获得的信息资料及时、新鲜;对被观察者可以做较长时间的反复观察和跟踪观察,对被观察对象的行为动态演变可以进行分析。

同时,观察调查法也具有一定的缺点。观察法只能反映客观事实的发生过程,而不能说明其发生的原因和动机；只能观察到一些表面现象和行为，不能反映私下的行为；虽然观察者本意不想影响观者者的活动，但是通常情况下，观察者的参与在某种程度上往往影响被观察者的正常活动。加之个人进行观察，难免带有主观性和片面性，缺乏系统性；通常需要大量观察人员，调查时间长，费用高。

4. 种子市场调查的步骤

(1)确定调查的问题和调查目标。针对目前存在的要解决的问题，初步分析内部资料和外部资料。进行非正式调查(试探调查)，再确定调查项目的目标，是探索性调研、描述性调研还是因果分析调研。

(2)制定调查计划，做好现场调查准备。明确收集资料的来源和方法：种类、地点、时间和方法；设计调查方式：普查、重点调查和典型调查、抽样调查；设计调查表：自由对答式(提纲式)、选择式、序列式和评判式。

(3)正式调查。根据预先设计的调查方式，到实地向被调查者进行询问或观察。正式调查前，首先要与调查对象选定(约定)时间、地点，对协助调查的人员培训。

(4)整理和分析调查资料。在调查工作完成后，所得到的资料是凌乱的，因此对调查资料必须进行整理分类、汇总、列表和分析。

(5)编写调查报告。种子市场调查的最后结果是编写调查报告，主要内容包括五个方面：调查进程概况、调查目的与要求、调查结果与分析、调查结论与建议、附录。

(6)调查结果的应用与追踪。市场调查的目的是为了在种子市场营销活动中的应用，调查结论也应在市场预测和营销决策实践中加以验证，如果调查方法对路、结论正确、建议合理，则可以进一步应用。否则，需要进一步修正调查计划和方案，在新的调查中加以数据资料的补充和完善调查结论。

种子营销决策：是指种子公司在营销过程中，为实现预定营销目标或解决营销过程中遇到的重大问题，在市场调查和预测的基础上，决定具体的决策目标，制定出多种可行方案，从中选择最佳方案，并付诸实施的活动过程。

9.2.2 制订种子经营计划

1. 种子经营计划的概念

种子经营计划是在经营决策的基础上，根据经营目标，对企业的生产经营活动和所需要的各项资源，从时间和空间上进行具体的统筹安排所形成的计划体系。

2. 种子经营计划的类型

综合性计划通常是种子经营的整体计划，内容比较全面，又可以分为长期计划、年度计划和阶段计划。

① 长期计划。长期计划，也称远景计划，是关系到组织发展远景的计划，是为实现组织的长期目标服务的，其目的是扩大和提升组织的发展能力。种子经营的长期计划是在战略上、总体上确定种子企业的经营发展方向，明确在一定经营条件下的长远目标及达到长远目标的总的方法，而不规定具体做法。长期计划的内容主要涉及组织的长远目标和发展方向，主要内容有种子企业的经营方向、品种的更新换代、种子生产模式、确定经营成果的主要指标、职工队伍的建设等。长期计划的期限的跨度既应服从计划目标的要求，也要考虑组织目标的大小、未来的可预测性程度、组织的经济和技术力量等因素，不能千篇一律，一般与国家及地方的五年发展计划及十年发展规划的年限相一致。

② 年度计划。年度计划是根据长期计划所确定的发展方向、目标及实现的程序，在充分考虑本年度与生产经营有关的各种因素的基础上，对种子企业一年内所要进行的生产经营活动做出比较具体的、而又接近实际的安排。年度计划所包含的内容主要有良种繁育计划、种子销售计划、种子加工运输计划、销售网点发展计划、职工培训计划、财务计划等。不同的部门、不同的职别所做的年度计划从内容到形式都可能存在着很大的差别。比如销售部门，则更多的偏重于数据说话，销售额要达到多少，具体分解到产品中每个产品的贡献度是多少，划分到区域和季度又该如何达成，同时对渠道开发和终端网点的设置上也需要数字说话。而市场和品牌部门则相对更感性一些，会以描述性的语言为主，数据则作为辅助性支撑，在创造价值的同时，更多地体现在花多少钱，如何花钱上。人力资源部门则落脚在绩效考核、人员招募和培训、人才结构的优化和员工稳定性上下功夫。作为企业负责人则更多地从全局的角度，提纲挈领地规划年度工作计划。

③ 阶段计划。阶段计划是实现年度计划的工具，是具体的工作计划，主要指种子购、销、调、存贮的作业计划。阶段计划中具体规定了各个时段（季节）应完成的工作和目标量，以保证企业的年度计划的完成。

3. 种子经营计划的编制方法

种子企业借助一定的方法，把计划任务、目标和原则转化为指导实际行动的具体指标，在具体的经营业务中得以体现。科学的编制计划的方法是提高计划水平的重要保证。

(1)综合平衡法。综合平衡法是计划工作的基本方法。该方法研究如何正确地确定种子企业生产经营活动中的一些主要比例关系,并使这些关系协调一致。如资源分配关系,包括人力、财力、物力的分配,保证与计划任务相平衡;投入产出关系,即生产与投入、消耗与成果、费用与效益的关系;整体与局部关系,指企业整体发展与各部门、各环节平衡协调关系及供给与需求、收入与支出之间的关系等。

种子企业综合平衡的任务,就是在种子企业生产经营活动的复杂联系中寻求最优比例并在此基础上确定最优的发展速度、最优的经济效果,把比例、速度、效果三者统一起来。这需要综合考虑影响企业生产经营活动的各项因素,通过反复测算制定科学计划,对企业经营活动进行指导、监督、控制和协调,从而实现企业综合平衡的要求,取得最佳经济效益。

(2)滚动计划法。种子企业在编制计划时,一般难以对未来一个时期多种影响计划实现的因素做出准确的预测,因而制订出来的计划往往不能完全符合未来的实际而需进行主动调整。滚动计划法就是一种连续、灵活、有弹性地根据一定时期计划执行情况,通过定期的调整,依次将计划时期顺延,再确定计划的内容的编制方法。

滚动计划期可长可短,若是年度计划则按季滚动,若是中、长期计划则按年滚动。

9.2.3　签订种子购销合同

1. 种子购销合同的定义

根据《中华人民共和国合同法》规定,合同是平等主体的自然人、法人、其他组织之间设立、变更、终止民事权利义务关系的协议。

种子购销合同,主要是指供方(卖方)同需方(买方)根据协商一致的意见,由供方将一产品交付给需方,需方接受产品并按规定支付价款的协议。

2. 签订种子购销合同的程序

订立种子购销合同的程序,是指当事人双方就合同的一般条款经过协商一致并签署书面协议的过程。合同订立的过程就是当事人各方就合同条款通过协商达成协议的过程。这一过程分为要约和承诺两阶段。

要约(订约提议):是当事人一方向他方提出订立合同的建议。

承诺(接受订约提议):是当事人一方完全同意要约方提出要约的主要内容和条件的答复。

【案例——农作物种子购销合同的格式】

农作物种子购销合同

合同编号：________________

供方：________________　　签订地点：________________

需方：________________　　签订时间：____年____月____日

根据《中华人民共和国经济合同法》《中华人民共和国种子管理条例》及有关规定，为明确双方的权利义务，经双方协商一致，签订本合同。

一、农作物种子种类、品种、质量、数量、金额

农作物种类	品种名称	计量单位	数量	质量(%)				单价(元)
				纯度≥	净度≥	发芽率≥	水分≤	
合计人民币(大写)：　拾　万　仟　佰　拾　元　角　分整								

二、农作物种子的检验及检疫

供需双方应严格按国家颁布的种子检验检疫管理办法、规程及有关规定办理农作物种子检验检疫。检验执行 GB/T 3543.1—3543.7—1995《农作物种子检验规程》。

1. 供方必须提供持证种子检验员签发的该批种子《农作物种子质量合格证》。

2. 调运或邮寄种子必须出具相应的《农作物种子质量合格证》《植物检疫证书》。

3. 需方收货后复检，发芽率、净度、水分三项指标在收货后两个发芽周期内复检完毕，纯度在收货后该作物第一个生产周期内复检完毕，发现问题应及时通知对方，逾期视为种子合格。

4. 供需双方对经销的每批种子必须同时取样分别封存，以备种子复检和鉴定，样品保存至该批种子用于生产收获以后。

三、包装要求

每包 20 千克，塑料编织袋包装。

四、交(提)货时间、地点、发运方式、运费负担

五、交付定金数额及时间

六、结算方式和期限

七、双方一般责任

供方：保证所供种子品种、数量、质量达到合同约定条款规定，并按合同约定的时间、地点交付需方。

需方：按照合同约定时间交付定金，保证按时收购供方提供的符合本合同要求的种子。

八、因不可抗力因素造成种子数量或质量达不到本合同约定条款的，供方应及时通知需方进行实地考察，提供具有法律效力的有关资料，双方协商变更合同，签订补充协议。协商不成，按《种子法》《合同法》等国家有关规定处理。

九、违约责任

供方：合同签订后，必须按约定数量供货，否则违约罚款伍万元。

需方：合同签订后，必须按约定数量按时提货，否则违约罚款伍万元。

十、《农作物种子质量合格证》《产地检疫合格证》或《植物检疫证书》及合同双方《农作物种子经营许可证》复印件，均作为本合同附件。

十一、种子质量发生纠纷，由江苏省农业行政执法部门进行技术质量鉴定。本合同在履行中发生纠纷，由当事人协商解决；协商不成的，可由供方所在地仲裁机关仲裁或向人民法院起诉。

十二、双方协商的其他条款

纯度以双方共同封存的样品种植鉴定为准。

因自然灾害、栽培管理不当、病虫灾害造成的损失，供方恕不负责。

十三、本合同未尽事宜，一律按照《中华人民共和国种子法》《中华人民共和国经济合同法》及国家农作物种子管理的有关规定办理。

本合同一式两份，合同双方各执壹份。

供方（章）：

法定代表人：

委托代理人：

电话：

开户银行：

账号：

单位地址：

邮政编码：

需方（章）：

法定代表人：

委托代理人：

电话：

开户银行：

账号：

单位地址：

邮政编码：

9.2.4 种子销售及服务

1. 种子营销特点

(1)种子营销的技术性。种子既是具有生命的特殊产品,又是现代科学技术的载体。同时,种子作为重要的农业生产要素之一,在适宜的自然条件下,种子产品的潜力价值发挥还必须与正确的栽培、植保技术相结合,保证其对水、肥、防病虫等条件的需要。因此根据种子技术性的要求,在营销的过程中应紧紧围绕种子技术性特点开展售中、售后的技术指导服务,为种子经营中间商和种子使用者提供与种子相配套的技术服务,使良种良法配套,尽可能使种子使用者获得最大的利益。

(2)种子营销的季节性。由于农业生产具有季节性,种子生产也具有季节性,使用种子的季节就相对集中,因此种子营销具有很强的季节性。种子企业一定要适应这种明显的季节变化,合理安排生产和经营。

(3)种子营销具有区域性。由于任何作物种子不可能广泛适应不同的生态条件,种子生产业具有极强的区域性,只有在一定的生态条件下才能生产出高质量的种子,因此种子营销也带有明显的区域性。不同的种子在不同的适应地区销售,不同的地域生产、销售不同的种子,否则如果将种子销售到不适应其生长发育的地区会给农业造成不应有的损失。

(4)种子营销的风险性。一方面种子产品是具有生命力的,另一方面种子使用者期望获得较高的生产效益,因而产业风险性存在于种子生产经营和种子播种后至收获期间的各个环节。在种子生产期间受自然灾害威胁,造成损失;当销售季节出现供大于求时,经营者往往低于成本抛售,以免大量积压种子,或超过使用期转为商品粮食;当种子销售后使用者播种至收获期间,出现种子质量原因或自然条件影响造成产量严重下降,农民利益受损,则会找种子经营销售部门或生产企业索赔损失。一旦种子使用者索赔成立,则种子经营销售部门或生产企业会产生很大的经营风险,因此种子营销具有一定的风险性。

(5)种子营销的不稳定性。种子作为一种商品,它也和其他商品一样,在市场上的销售状况受供求状况和用种人对品种的选择的影响。当种子生产经营者无计划盲目生产、种子市场供大于求时,则种子市场营销会出现疲软、滞销现象;当种子生产经营者紧缩生产时,则会出现种子供不应求,市场营销出现火爆现象;某品种当期表现突出,下期可能供不应求,但当期表现不太理想时,下期可能供大于求,如此反复则给市场营销带来很大的不稳定性。

(6)种子营销价格的敏感性。种子是特殊的商品，特定的区域只能生产和使用特定的种子，加上长期以来种子生产经营者往往只注重局部行政区划的市场供应，在新品种示范推广方面相对滞后，导致局部地区出现某些种子严重短缺现象，使种子价格远远大于种子的价值，或种子质量较差，价格虽低，但种子使用者必须增加播种量来保苗、保产，从而增加用种成本，使种子使用者对种子价格在一定的供求比例下，产生很大的敏感性。

2. 种子销售服务

随着市场经济的发展，种子企业间的竞争将日益激烈，顾客的需要将日益多样化，从而必然引起品种结构和种植方法的复杂化，顾客对品种的“感觉风险”(购买前的疑虑)不断增加，而消除顾客“感觉风险”，提高顾客满意度的最好办法就是种子企业为之提供产品实物形态以外的一系列服务，包括以下三种。

(1)售前服务。包括种子包装和编写种子说明书。说明书内容有：品种来源、品种特征特性、性能指标、产量水平和栽培要点及注意事项等。

(2)售中服务。如代办合同、托运、邮寄、提供检疫证明等销售业务，技术咨询，给用户提供各种方便。

(3)售后服务。例如包退包换，接待和访问用户，组织用户现场交流，开展技术培训等。

9.2.5　评价种子经营效益

种子企业在经营种子的经济活动中，一方面要消耗和占用一定量的劳动；另一方面又有其经营的成果，并将它们用货币表现为一定的支出和收入。把其收入减去支出的结果，则为经营效益。讲求经济效益，就是寻求收入抵偿支出以后取得最大利益的途径，或者寻找利润与投资额的最优比例。加强种子企业经营效益评价是促使种子企业提高自身经营管理水平的强大动力。

1. 种子经营效益评价的内容

种子企业对其经营效益的评价，就是在其经营活动中对耗费和成果进行观察、记录、计算和分析的经济活动。种子企业经营效益评价的主要内容有。

(1)种子经营量的评价。种子经营量是种子企业经营活动的直接成果，它是衡量经营水平和向农业生产提供优良种子的主要依据。评价时以实物量为主，同时对种子类别、品种、质量进行评价。

(2)经营资金利用情况的评价。主要是对资金是否得到了充分合理的利用进行检查。在分析评价资金利用情况时应注意:第一,要分析资金的构成和来源。在资金构成中,应重视固定资金和流动资金之间比例关系的评价。在资金来源中应坚持自有资金在总资金中占较大比重,控制借入资金占总资金的比重。第二,要注重分析时间因素对资金使用的影响。把不同时间的资金收支价值换算成相同时间的价值,这个相同时间的价值可以是现值也可以是终值。

(3)经营费用的评价。经营费用是种子企业在某期间经营种子所耗各项费用的总和。评价经营费用,必须严格划清各项费用的开支界限。经营费用的评价,一般评价构成因素的影响程度、各因素在总费用中的比重,对分析的资料进行纵横比较。

(4)经营收入的评价。经营收入是经营成果的货币表现,从经营收入中扣除经营费用则为利润,它是扩大再生产所需资金的主要来源,也反映企业的经营效益。

2. 经营效益的评价方法

经营效益的评价方法有对比分析法、动态分析法、因素分析法、盈亏临界分析法。这里仅介绍常用的对比分析法。

对比分析法是根据辩证唯物论中相互联系的原理,运用两个有联系的经济指标来比较、分析经济活动。根据指标的不同作用和分析目的的不同,可以进行多种比较。一般常用的有四种比较方法:

(1)计划完成程度的对比分析。以计划指标为基数,用实际完成数同计划指标对比,来衡量计划完成程度。

(2)结构对比分析。这是指标的分项数与合计数的对比,说明各组成部分在总体中占的比重。由于各分项数之和等于合计数,因此结构相对指标加起来应等于100%。运用比重分项,能使经营者抓住主要矛盾。

(3)同类对比法。这是分析同一时期内某一同类经济指标在不同企业的对比关系。从对比中,可及时总结先进经验,找出差距,改进工作。

(4)强度对比分析。这是通过对两个性质不同项目的比较,其计算结果用复合单位表示。上述经营效率评价的指标体系中,许多指标就是用强度对比法计算说明问题的,比如单位经营费用收入、任务固定资产原值等。

9.3 分析种子市场营销策略

9.3.1 种子市场营销策略

1. 种子市场营销策略的定义

种子市场营销策略，是种子企业以顾客需要为出发点，根据经验获得种子用户(顾客)需求量以及购买力的信息、商业界的期望值，有计划地组织各项经营活动，通过相互协调一致的产品策略、价格策略、渠道策略和促销策略，为种子用户(顾客)提供满意的种子商品和服务而实现企业目标的过程。

种子市场营销策略目的是创造顾客，获取和维持顾客；要从长远的观点来考虑如何有效地战胜竞争对手，立于不败之地；注重市场调研，收集并分析大量的信息，只有这样才能在环境和市场的变化有很大不确实性的情况下做出正确的决策；积极推行革新，其程度与效果成正比；在变化中进行决策，要求其决策者要有很强的能力，要有像企业家一样的洞察力、识别力和决断力。

2. 种子营销策略的类型

种子市场营销策略包括：种子产品策略、种子定价策略、种子营销渠道策略、种子促销策略以及新闻机构宣传策略等。

(1)种子产品策略。产品策略主要是指产品的包装、设计、颜色、款式、商标等，给产品赋予特色，让其在消费者心目中留下深刻的印象。产品策略是种子企业的营销策略中最重要的内容，种子产品的核心内容——品种，是种业核心竞争力的重要方面。

(2)种子定价策略。定价策略(即价格策略)主要是指产品的定价，主要考虑成本、市场、竞争等，企业根据这些情况来给产品进行定价。

(3)种子营销渠道策略。渠道策略是指企业选用何种渠道使产品流通到顾客手中。它有很多种，比如直销、间接渠道(分销、经销、代理等)，企业可以根据不同的情况选用不同的渠道。

(4)种子促销策略。促销策略主要是指企业采用一定的促销手段来达到销售产品，增加销售额的目的。促销手段有折扣、返现、抽奖、免费体验等多种方式。

(5)新闻机构宣传策略。新闻机构宣传策略是指企业产品或形象通过权威媒体新闻报道的形式，迅速在互联网上曝光，扩大企业正面影响力，达到提升企业品牌影响力，提升信任度，提升业绩的效果。

9.3.2 常用的种子营销策略

种子企业经营状况的好坏，主要取决于其营销策略。种子营销策略直接关系到企业的经济效益和社会效益，是企业生存发展的关键所在。

1. 种子品牌策略

种子品牌策略(品牌营销策略)，是指以品牌输出为核心的营销策略，包括品牌精神理念的规划、品牌视觉形象体系的规划、品牌空间形象体系的规划、品牌服务理念和行动纲领的规划、品牌传播策略与品牌通路策略的规划、公关及事件营销策略的规划等。

种子企业的品牌作为一种关系，是基于农户(顾客)和种子企业之间的相互信任的前提下建立起来的：首先要有知名度，让农户(顾客)获得足够的信息以充分了解品牌；其次要获得农户(顾客)对品牌的信任，和农户(顾客)建立起友谊关系，进而赢得信任；最后由信任而生成对品牌的忠诚，农户(顾客)与种子品牌之间的关系转变成合作伙伴关系。

(1)种子品牌的决策和管理应注意以下几个问题。

①要有一个好的品牌名称和醒目容易识别的标志。具体的要求是：①要与种子特征相符，具有产品联想功能。例如“丰乐”“屯玉”等；②要有独特性，例如“三北”“博发”等；③醒目、易读、易记，给人印象深刻，例如“中种”“巡天”等。

②提高商标意识，提升品牌质量，注重品牌保护。种子企业一方面对自己的品牌进行商标注册，求得法律保护；另一方面应加强内部管理，提高种子质量，珍惜和维护种子品牌信誉。

③树立品牌形象，提高品牌知名度和品牌认知度。种子企业在宣传推广品牌的过程中，应特别注意种子品牌形象的一致性，树立品牌的独特性，培养和形成强势品牌，提高品牌价值，促进种子企业的健康发展。

(2)优质种子品牌的类型

优质种子要想成功打造出自己的品牌，必须建立品牌机制，对品牌进行管理，使品牌的价值得以彰显。一般来说，品牌分为功能型、形象型和体验型三种类型。

①功能型品牌。创建和管理功能型的优质种子品牌，在营销过程中要求种子营销企业将资源聚焦在产品之上(为了性能更佳)，聚焦在营销组合的分销和价格因素之上(为了更加经济)。利用广告的作用增强品牌和产品类别之间的联系，传

达优质种子品牌优越于其他种子竞争产品的种种特点。为了维持优质种子市场上的强势地位，功能型品牌必须在提供最佳功能和最低成本两方面至少拥有一项优势，当然能够双管齐下更是上上之策。在许多情况下，优质种子质量的不断提高意味着在现有的品牌内容上做得更好。例如，由河南农业大学教授张清海选育成功的优质小麦种子"豫麦52"，不断提高种子质量，使种子具有抗倒伏，抗病虫害，抗干热风，高产稳产，并在原来的基础上，育成了新的种系，但白粒、出粉率高的品质始终没变。然而，维持优质种子的质量在营销市场上的差异化正变得越来越艰难。种业创建出任何种子性能优势或者成本优势，竞争对手都能够更迅速地进行模仿，于是产品生命周期在不断缩短。面对此情此景，在优质种子营销中可供选择的一个战略就是创新，也就是给品牌注入新的功能。

② 形象型品牌。对于形象型品牌而言，要想获得成功，在优质种子营销过程中必须和农产品（农资）消费者之间产生一种感情联系，必须能够满足农产品（农资）消费者想从属于某一更大社会群体、能够获得他人尊重或者按照某一特定形象塑造自我的愿望。广告以及公关、活动赞助和促销等其他沟通形式在开发形象型品牌上作用巨大，这是因为这类品牌的价值主要来自使用品牌的象征意义，而与产品特性无关。构建形象型品牌既需要时间，也需要相当的资源投入。塑造的种种形象必须深深植入消费者的脑海之中。

如果在优质种子营销中成功地创建并很好地维持了这些形象，那么其所拥有的这些形象型品牌将享有相当的竞争优势。最显著的利益来自竞争对手对其形象的复制将变得既困难、代价昂贵，又未必具有竞争价值。形象化的品牌对于竞争者的举动提供了相当程度的"绝缘"效果。此外，形象型品牌一旦被创建，它还能有效地抵御价格竞争。当农产品（农资）消费者看重品牌形象时，价格只是购买决策中的一个次要因素。对于形象化型品牌而言，品牌延伸是一种行之有效的增长战略。强势品牌的形象能够被延伸到与该品牌总体形象相关联的任何价值导向的品牌管理。

③ 体验型品牌。体验型品牌面临两大重要挑战。第一是创立持续性品牌体验的能力。体验型品牌通常都是劳动力密集型的。如果种子营销公司没有缜密的招聘、清晰的标准、必要的培训和恰当的激励体系，员工将不可能拥有创立品牌体验所需的能力和动力。因此，那些在创建体验型品牌方面取得成功的公司都把大量时间倾斜到员工招聘和培训工作中。而优质种子营销人员要积极配合这项工作，搞好服务，维护优质种子品牌的整体利益。例如，由河南省浚县农科所培育的

“浚单20”玉米种子，在种子营销中，对买种子的消费者实行一条龙服务，种子的种、施肥、浇水、收，甚至玉米收后的销售，种业公司都负责到底，这大大提高了农民的种粮积极性。

2. 品种策略

(1)品种领先策略。品种领先的背后是科研领先，科研实力强的单位或企业常采用这种经营策略。特点是依靠自身科研实力，培育超一流品种，并在此基础上不断推陈出新，保持在某一领域的品种领先地位。北京农业科学院蔬菜研究中心的冬贮大白菜品种经营采取这一策略，在北京及周边地区，得以长期保持领先地位，取得了良好的经济效益。

20世纪90年代后期美国孟山都在中国推出抗虫棉，取得了阶段成功，但由于后续品种的缺乏，不到10年，孟山都精心打造的抗虫棉种子经营在中国市场的地位一落千丈。

(2)品种跟进策略。种子企业如果在别的企业开拓新品种的过程中，看到好的市场前景，或虽然首先看到好的市场前景，但不愿意进行投资，可采取品种跟进策略。一方面要十分了解领先品种的特点，尤其是弱点，另一方面，要有培育出领先品种的实力。

20世纪90年代，美国孟山都生物公司在中国推广的抗虫棉获得成功，但该公司的品种经营存在两大弱点：一是品种单一，二是价格太高，针对其弱点，数家农业科研单位，陆续培育出更加适合本地区的抗虫棉品种，取得了较好的经济效益。

品种跟进策略市场风险相对较小，但市场开拓难度较大，效益较小，如：1980年江苏沿江地区农科所首先开发了糯玉米品种“江苏糯1号”，效益很好，随着众多科研单位都参加了糯玉米品种的开发，但没有一家的效益能赶上“江苏糯1号”。

(3)填补市场空白策略。这类策略是针对大中型企业的市场空白或薄弱领域进行新品种的开发和经营，它是一种逃避竞争策略，并且市场大都是一些小市场或低价值市场，种子企业依靠这一策略可以在短期内获得自己生存空间，但想长期生存和有大的发展较困难。

江苏农业科学院及北京燕和金农业科技发展中心进行的紫花糯玉米品种的选育和开发，就是针对糯玉米品种市场相对薄弱的领域而采取的品种策略。

(4)品种多样化策略。种子企业同时经营多种作物的种子，或经营同一作物多种类型的品种的种子，都是属于此种策略。同时经营多种作物的种子，也称为品种综合经营型，是国内许多种子公司都采取的策略，尤其是区域或地方直接面对农户销售种子的企业。同一作物多种类型的品种策略，可以丰富品种类型，增加客户群体和经营利润，让竞争对手的生存空间变小，减少了竞争。采取这种策略，需要强大的科研实力为后盾，并且每个细分市场都要有优异的品种。

3. 正面竞争销售策略

正面竞争销售（正面进攻）策略，是指在种子畅销期和饱和期，将种子企业置于领先地位，直接参与竞争。种子企业以种子质量和优质服务进行竞争，采用正面交手竞争手段销售种子，以让利销售的办法来扩大销路。但不支持种子企业以消耗营销部门的财力为代价的竞争，例如削价销售。

例如，“正大 619”玉米种子的正面竞争策略。

2005 年 2 月 20 日央视国际频道播发了“一个贫困县的‘抢’种子风波”的新闻，报道了广西大化瑶族自治县农民抢购玉米种的情况，农民天不亮就起床，步行十几公里到种子公司排队购买“正大 619”，甚至还要托关系。从来没见过这种阵势！另据新闻报道，进入 2010 年春耕时节，广西壮族自治区都安县、马山县、大化县等县的玉米种子“正大 619”销售出现“一种难求”的现象，农民为了购买“正大 619”玉米种子，凌晨五点多排队甚至通宵排队等候买种。

“正大 619”玉米种子缘何如此短缺？

玉米是广西仅次于水稻的第二大农作物，常年播种面积在 750 万亩左右。1996—2005 年，广西先后育成或引进试种并通过农作物品种审定的玉米新品种在 60 个以上，可是真正在生产上引起农户抢购狂潮的品种只有“正大 619”一个。

农民称“正大 619”玉米种子起了“革命性的贡献”。

按照现行育种家的育种目标来衡量，“正大 619”的农艺性状及产量表现并不十分出众，刚开始进入广西区试还颇费周折，然而，就是这样一个“不起眼”的品种，从 1997 年引进广西少量试种起，至 2001 年种植 35 万亩（2000 年通过广西农作物品种审定），2002 年扩大到 119 万亩，2003 年增至 222 万亩，2005 年增至约 300 万亩，播种面积已经占据了广西玉米播种总面积的 40%。

在短短几年时间一个玉米杂交品种能够占据广西玉米播种的主导地位，这在广西的玉米生产史上还是首例。

据了解，“正大 619”玉米品种，因其品质优、产量高、抗性好、适应性广，特别适宜山区种植，深受农民喜爱，更是有 90%以上的农户选择种植该品种。

2008 年，“正大 619”玉米种子产地四川省受地震灾害影响，种子生产面积和产量大幅度减少，造成2009年“正大619”玉米种子市场供应不足。目前农民买不到玉米种的紧张局面，其实与农民的固有观念有相当大的关系。此外，2009年中央一号文件进一步增加对种粮农民的直接补贴，要求加大良种补贴力度，提高补贴标准，实现水稻、小麦、玉米、棉花全覆盖，扩大油菜和大豆良种补贴范围。这也在一定程度上刺激了农民的种粮积极性，耕种面积的扩大也给良种供应增加了不少压力。

那么造成如此缺货的真正的原因是什么呢？说到这里就要提到一个新的销售名词“饥饿销售法”。

所谓饥饿销售法，是将生产规模严格控制在比市场容量小20%～30%的范围内，它是一种有意识地压缩产量以达到产品畅销为目的的销售策略。饥饿销售模式就是商家采用这种通过断货的方式而造成市场饥饿销售上的“饥渴效应”提升人气，吸引消费者眼球，在市场上不断采用这种限量供应，控制铺货速度，从而引发价格在产品销售初期的飙升，达到更好的市场销售与经济效益。

按照常规思路，产量越高，效益越大，企业的发展步子才会越快。但是，“正大619”经营者却清醒地看到，一个产品在市场上销售时，企业面临的不是扩大生产，而是推出新的产品。如果盲目地通过降低成本来扩张的话，规模是容易上去，但弄得不好就会形成积压，自己砸自己的脚。一般产品是如此，名牌产品也是如此。

实行饥饿销售法，使自己的产品永远处于一种供不应求的状态，消费者对品牌的热情才会持续高涨。在对市场科学预测的基础上实行饥饿销售法，主动限量生产，不仅可以使企业保持当前的热销局面，同时也使得企业化解市场风险的能力增强，进退有足够的余地。饥饿销售法造成的旺销局面还有助于企业和经销商在较短的时间内完成每一批次的产品销售，以较快的速度回收资金用于新产品投产，加快了资金周转，从而实现最佳效益。

4. 新闻公关策略

新闻公关策略也是一种有效低成本扩张的品牌策略。新闻宣传的权威性是任何品牌传播方式无法比拟的，新闻宣传对树立企业品牌形象和建设品牌美誉度都非常重要。此外，通过许多公益新闻事件还有利于处理企业与政府、公众、社团及商业机构的关系。此外，新闻还具有转载、转播等独特特性。新闻宣传要求必然有一定由头，对于企业来说新闻由头产生于企业策划的新闻事件。

策划新闻的手法常用的有“事件营销”和“关系营销”。

(1)事件营销。事件营销是指企业在真实、不损害公众利益的前提下，有计划地策划、组织、举办和利用具有新闻价值的活动，通过制造有“热点新闻”效应的事件，吸引媒体和社会公众的注意与兴趣，以达到提高社会知名度、塑造品牌良好形象和最终促进产品或服务销售的目的。

(2)关系营销。关系营销的原则是，要正确处理企业与竞争者、供应商、经销商、社区、政府机构和消费者等相互之间的关系。关系营销谋求的是兼顾双方利益的、紧密的、稳定的长期合作关系。关系营销的四个特征是：双向沟通、合作、双赢和反馈。例如，2003年非典时期国内知名企业纷纷用捐款、捐物、赞助义演和公益广告等形式支持抗击非典，在公众和政府面前树立了良好的企业和品牌形象。

9.4 种子的营销管理

9.4.1 种子的市场准入

1. 种子市场的法规与制度

2000年7月8日第九届全国人民代表大会常务委员会第十六次会议通过《中华人民共和国种子法》(以下简称《种子法》)，从2000年12月1日颁布实施。

2004年8月28日第十届全国人民代表大会常务委员会第十一次会议通过《关于修改〈中华人民共和国种子法〉的决定》第一次修正，以《中华人民共和国主席令(第二十六号)》公布实施。

根据2013年6月29日第十二届全国人民代表大会常务委员会第三次会议《关于修改〈中华人民共和国文物保护法〉等十二部法律的决定》第二次修正。

2015年11月4日第十二届全国人民代表大会常务委员会第十七次会议修订。

《种子法》及其配套规章制度的颁布实施，对种子选育、生产、经营、使用行业进行了严格规范，鼓励种子企业依靠市场规则运营，鼓励竞争，标志我国种子产业进入一个有法可依、规范发展的新阶段。

《种子法》及其配套规章制度要求加强种子质量管理与控制，并规定农作物种子经营必须实行经营许可制度、种子检疫制度及种子标签制度等，这些制度既是规范种子营销行为的基本制度，也是种子营销市场准入的“通行证”。

《种子法》配套的规章制度主要有：种质资源保护制度、品种保护和品种审定制度、种子生产许可制度、种子经营许可制度、种子质量监督制度、植物检疫制度等。

2. 种子市场准入的条件

由于农作物种子是特殊商品,《种子法》规定对农作物种子的生产和经营实行许可制度。《种子法》以及相配套的2016年农业部公布施行的《农作物种子生产经营许可管理办法》对种子生产和经营许可管理的范围、申领种子生产经营许可证的条件(种子市场准入的条件)、生产经营许可证核发的程序等做出了明确的规定。

9.4.2 种子的营销组织

1. 我国种子企业的类型

种子企业类型根据侧重点不同可以有多种分法,这里根据种子企业的经营性质,可分为四种类型。

(1)是具备一定的科研能力,具有自我研发、自主品种权的企业。这类公司一般是从县市级国有农科所改制或科研人员分离创建的公司。这类公司具有科研的传统优势和倾向,具有一定的自主研发能力和自主品种。面临的问题是经营能力的不足,营销渠道方式单一。往往通过转让品种权或授权经营作为主导经营方式。

(2)是通过收购方式拥有品种权且具有专营渠道的企业。这类公司具有一定的资金实力,具备和熟悉国际化运作模式,具有跨区域并购和经营的经验。但是因为没有将业务前推,缺乏与品种科研单位的深度合作,通常以高价购买现成的品种去经营。

(3)是通过品种权人或经销代理获取授权具有品种经营权的企业。这类公司通常具备较为强大的区域销售网络,以品种经销区域垄断的方式为主导经营模式。通过获取品种独占许可方式参与区域经营竞争,具有市场的灵活性。

(4)是没有自主品种或获取品种经营权,通过品种权的私下转让、假冒侵权、盗取亲本、私繁私售,育种套购方式,什么品种畅销就经营什么品种,游离在政策法规的边缘,多有制假售假行为的公司。利用市场监管漏洞和农户识别能力差的现状倾销侵权品种、假冒品种或伪劣种子。

2. 我国种子企业的机构设置

目前,我国大型种子企业的机构设置比较齐全,中小型种子企业的机构设置则相对简约一些。大型种子企业一般在总经理下设立以下部门：

(1)科研部。主要负责新品种和相配套的栽培技术的研发。

(2)生产部。主要负责种子繁育基地相关工作，并负责种子的生产、仓储加工等工作，一些种子企业单独设立仓储加工部。

(3)品管部。主要负责种子的田间检验和室内检验，确保种子质量。

(4)营销部。主要负责种子的经营销售工作，是种子企业一个十分关键的部门。

(5)行政部(办公室)。主要负责企业的日常行政工作。

(6)财务部。主要负责资金筹集、固定资产投资、营运资金管理、利润分配、财务预测、财务计划、财务分析、税务等工作。

(7)企划部(市场部)。主要是负责种子企业的品牌、促销、广告等非直接销售工作，为营销系统提供服务。

(8)人事部(人力资源部)。主要负责制定人力规划、招聘及配置管理，绩效管理、培训管理、薪酬管理、员工关系管理、企业文化建设等。

9.4.3　种子的营销控制

营销控制，是指衡量和评估营销策略与计划的成果，以及采取纠正措施以确定营销目标的完成。实施与控制市场营销活动，对市场营销活动的进程和各个方面进行控制，是种子营销计划和执行的继续。以下介绍几种控制方法。

1. 年度计划控制

年度计划控制是由企业高层管理人员负责的，旨在检查年度计划目标是否实现。一般可用4种方法检查计划执行绩效。

(1)销售差异分析。衡量并评估企业的实际销售额与计划销售额之间的差异情况。例如，某种子公司在柳州、桂林、贺州三个地区的计划销售量分别是30 000千克、40 000千克、20 000千克，总计90 000千克，而实际总销量是70 000千克，三个地区分别是15 000千克、30 000千克、25 000千克，与计划的差距分别为－50%，－25%，＋25%。通过分析可知，柳州是造成困境的主要原因，因而应进一步查明柳州地区销量减少的原因。

(2)市场占有率分析。衡量并评估企业的市场占有率情况。根据企业选择的比较范围不同，市场占有率一般分为3种：全部市场占有率，即企业的销售额(量)占行业销售额(量)的百分比；目标市场占有率，即企业的销售额(量)占其目标市场总销售额(量)的百分比;相对市场占有率,即企业的销售额(量)和几个最大竞争者的销售额(量)的百分比。

(3)营销费用率分析。衡量并评估企业的营销费用对销售额的比率,还可进一步细分为人力推销费用率、广告费用率、销售促进费用率、市场营销调研费用率、销售管理费用率等。

(4)顾客态度追踪。企业通过设置顾客抱怨和建议系统、建立固定的顾客样本或者通过顾客调查等方式,了解顾客对本企业及其产品的态度变化情况,进行衡量并评估。

2. 盈利能力控制

盈利能力控制一般由财务部门负责,旨在测定企业不同产品、不同销售地区、不同顾客群、不同销售渠道以及不同规模订单的盈利情况的控制活动。

盈利能力指标包括资产收益率、销售利润率和资产周转率、现金周转率、存货周转率和应收账款周转率、净资产报酬率等。

企业要取得较高的盈利水平和较好的经济效益,一定要对直接推销费用、促销费用、仓储费用、折旧费、运输费用、其他营销费用,以及生产产品的材料费、人工费和制造费用进行有效控制,全面降低支出水平。

3. 营销效率控制

假如盈利分析发现公司在某些产品、地区或市场方面的盈利不佳,那接下来要解决的问题是寻找更有效的方法来管理销售队伍、广告、促销和分销。

(1)销售人员效率。各销售经理可用销售人员日均拜访客户的次数、每次访问的平均成本、每月新增客户数目、每月流失客户数目、销售成本对总销售额的百分比等这些指标考核和管理销售队伍,提高销售人员的工作效率。

(2)广告效率。为提高广告宣传的效率,经理应掌握这些统计资料:每种媒体接触每千名顾客所花费的公告成本;注意阅读广告的人在其受众中所占的比率;顾客对广告内容和效果的评价;广告前后顾客态度的变化;由广告激发的询问次数。

(3)营业推广效率。为了提高促销效率,企业应注意的统计资料有:优惠销售所占的百分比;每一单位销售额中所包含的陈列成本;赠券回收率;因示范引起的询问次数。

(4)分销效率。主要是对分销渠道的业绩、企业存货控制、仓库位置和运输方式的效率进行分析和改进,提高分销的效率。

复习思考题

1. 了解种子购销合同的含义。

2. 了解种子购销合同的签订程序。

3. 在广西，哪些农作物商品种子的生产、经营实行许可制度？

4. 申请种子生产、经营许可证，可以由谁提出申请？

5. 申请办理种子生产、经营许可证的程序有哪些？

技能训练

1. 实训项目

调研种子营销策略。

2. 实训目的

了解种子企业的营销策略。

3. 实训内容及要求

① 种子公司营销管理人员介绍种子经营管理情况。

② 实地参观公司营销部、加工仓储中心、质检部。

③ 与公司营销经理、加工仓储负责人进行座谈、现场咨询交流，了解种子营销策略。

4. 实训方法

到当地种子企业实地参观学习，调查研究。

5. 实训作业

写一份技能训练(调查)报告。

项目10

分析农药营销策略

学习项目导航

子项目	学习任务
10.1　认知农药行业发展状况	1. 国外农药行业概况 2. 我国农药市场产销概况
10.2　分析农药市场	1. 分析农药营销的组成要素 2. 分析农药商品消费群体 3. 分析农药市场竞争者 4. 分析农药行业市场前景
10.3　分析农药企业营销市场的“4P”策略	1. 农药产品策略 2. 农药价格策略 3. 农药营销渠道策略 4. 农药促销策略
10.4　分析农药营销渠道逆向重构策略	1. 农药营销渠道策略 2. 农药营销渠道的选择 3. 农药营销渠道逆向重构策略

10.1　认知农药行业发展状况

10.1.1　国外农药行业概况

农药指用来防治为害农作物的害虫、杂草和病菌的药剂。由农药中间体、农药原药合成和制剂加工三大板块构成了完整的农药产业链。行业上游为黄磷、液氯等无机原料和甲醇、三苯等基本有机原料，下游为农林牧业生产和卫生领域。总的来说，农药行业处于化工产业链的末端，属于精细化工行业，对技术的依赖性大，研发投入大、周期长、风险大、成功率低，一旦研制成功则利润丰厚。

农药行业是重要的支农产业之一，投入产出比高达6～10倍。在全球人口增长及耕地面积减少的矛盾下，农药的广泛施用以提高单位面积产量是解决粮食问题的重要出路。但农药使用同时也对环境和人类健康造成了直接或间接的威胁，所以随着环保意识的增强，农药的毒性问题和残留问题越来越受到关注，行业被迫向高效、低毒、低用量的方向发展。但在农业生产无根本性变化的可预见未来，世界农业对农药的依赖依然不会减弱，在此种不得不为的格局下，农药产业的布局也将影响一个国家农业及其他轻重工业的发展，因此，农药行业的结构调整、优化投资等研究的战略意义极其重大。

国外农药市场由20世纪90年代中期极度繁荣后的萎缩，跨入21世纪以后进入缓慢发展状态。自2003年世界农药市场在产品结构变化上实现了实际的增长，而后逐渐步入一个销售市场的稳定期。国外农药市场的主要趋势有以下几个方面。

(1)市场的转移。发达国家农药工业起步早，已走过高速发展期，市场趋于饱和。农药市场的增长主要集中在中国、印度、亚太地区和南美洲的部分国家。发展中国家的农业发展将成为全球农药行业增长的驱动力，世界农药基地产能也在向相关国家转移，以降低成本、就近销售，我国相关企业应该抓住此次机会，引进、吸收先进企业的生产管理经验，助跑农业现代化。

(2)农药开发向高效、低毒、低残留、高生物活性和高选择性方向发展。这类农药在国外通称为生物农药，这也是发达国家农药需求量趋于下降的主要原因。生物农药在美国年销量约为25亿美元，约占农药总销量的7.5%，欧洲约为10亿美元，占农药总销量的3%。

(3)转基因作物市场挤占传统农药市场。目前，全球有较大份额的大豆、玉米和棉花采用转基因种子种植。全球农药市场有向农业生物技术市场转移的趋势。草甘膦、草铵膦等非选择性除草剂的发展使其他的选择性除草剂市场受到严重影响。由于至今达到商品化种植的转基因抗病作物还很少，杀菌剂市场受到的影响很小。

(4)仿造农药。20世纪70和80年代是国际上农药有效成分发明创造的黄金时代，后来新合成有效成分发明的速度逐渐放慢。据统计，1996年世界所有农药有效成分中有47%受专利保护，其他53%尽管已失去保护，但仿造厂家甚少，只不过占总销量的10%左右。然而在2005年前后情况发生了重大变化，除了中国和印度有大量仿造厂家之外，美国、西欧也出现许多仿造厂家。

10.1.2 我国农药市场产销概况

农药是现代农业的重要生产资料，对于保证农作物优质、高产具有不可或缺的作用。我国是农业大国，农业是国民经济的基础，但人均耕地远远低于世界平均水平，农业生产水平的提高、农业生态环境的保护和农民收入的增长，更与农药行业的发展密切相关。我国农药行业起步晚，但近年有了长足进步，规模大幅增长，质量稳步提高，品种不断增加，为优质高效农业提供了强有力支撑。

1. 我国农药制剂产业的现状

据统计，2013年我国农药制剂有50多种，主要剂型有粉剂、可湿性粉剂、乳油、颗粒剂、悬浮剂、可溶性液剂等，其他像乳粉、水剂、烟剂、种衣剂、微囊剂等在近几年也有所增加。制剂在原药的基础上，加上分散剂和助溶剂等原辅料，经研制、复配、加工、生产出制剂产品，制剂直接应用到农业生产，与产量、质量、环境保护、食品安全、生态稳定有密切关系。

我国农药生产发展迅速，已成为世界第二大农药生产国，也是农药出口大国，为农业生产提供了重要支持。2011年之前我国农药出口以原药为主，其次是农药制剂。2011年出口农药制剂量首次超过原药，占出口总量的53%。2012年出口农药制剂85.64万吨，占出口总量的61.6%。

2. 我国农药营销发展趋势

历经多年市场竞争的洗礼，我国农药生产企业在从传统生产型企业向市场导向型企业转变的过程中，不论是产品创新方面还是在市场开拓意识方面，都比计划经济时期有了长足的进步，产能和品种大幅度增加，国际市场的开发力度不断加大，绝大多数国有农药企业完成了改制，一些大型骨干企业还成功实现了上市融资，企业的市场生存能力和综合竞争实力有了明显的提高。然而随着国内外市场环境的变化和竞争的不断加剧，服务、品牌、渠道、人才等营销要素在市场竞争中的作用正在快速提高，许多新的不确定因素将会影响并改变现有的市场竞争格局。

(1)产品受到国际市场绿色贸易壁垒和国内政策调整的压力，高毒高残留化学农药将彻底退出历史舞台，假冒伪劣产品也会逐步失去生存空间，客观环境的变化既为农药企业带来了挑战也提供了新的发展机遇。另外，技术进步将导致产品生命周期进一步缩短，试图用一两个定型产品来为企业创造长期收益的想法将一去不复返。这就要求企业必须加快新产品开发的步伐，不断调整各个产品的差异化市场开发策略，确保企业持续良性运行。

(2)价格竞争的加剧必然导致价格的不断降低。企业在新产品开发以及进入市场的各个阶段中都要高度重视市场价格的这一变化规律和总体趋势，从技术、工艺、原材料采购、生产管理、营销等各个环节实施切实有效的成本控制，不断提高产品在市场上的竞争力。价格竞争仍将是未来农药市场竞争的杀手锏。价格并非决定竞争成败的唯一因素，但却是任何一个行业在过度竞争环境下必须面对的一个营销难题，如何根据产品、市场、竞争状况等诸多因素不断调整自己的价格策略，避免因为价格竞争而受到过度伤害，是农药企业需要认真加以研究的大课题。

(3)分销渠道随着政府市场监管职能的不断完善和行政执法力度的加大，分销渠道将逐步由分化走向整合。农药连锁经营点逐渐增多，大量非法经营农药的个体经销商将被逐出市场。分销渠道竞争将成为未来农药市场竞争的焦点，谁拥有效率更高的分销渠道，谁就将获得更多的市场竞争优势。未来大中型农药生产商投资分销渠道领域将渐成风气，由生产商控制的分销渠道网络将成为我国未来农药市场经营的主力军和领导者，生产商长期受控于现有分销商的局面将会彻底改变。在越来越多有识之士的积极倡导下，以大的农药生产商和众多生产商营销联盟形式参与农药市场分销网络构建的情形将会越来越多，并会逐步成为分销渠道的主角。

(4)促销竞争加剧将会进一步导致促销手段和工具的多样化。除了传统的电视广告、招贴画报、店面 POP 广告、产品宣传单、农村墙体广告等之外，农村科教电影广告、零售店画 POP 广告、包装广告、礼品配赠、有奖销售、技术培训、服务上门等各种新的促销手段将使农药市场更加丰富多彩。促销目标下移将成必然趋势。农药生产商将逐步改变重视面向分销商促销的现状，将促销战场转向终端促销，甚至直接面向农民顾客进行促销。

(5)全国性的强势企业品牌将逐步出现。随着一些实力相对雄厚的农药生产企业对品牌建设的重视和投入力度的不断加大，品牌的内涵将会逐渐丰富，一些品牌的知名度、美誉度、忠诚度和作用力将会显著提升，在未来的五年左右时间里，现有优势品牌企业将可能会塑造 3～5 个全国性强势品牌。

(6)营销管理竞争的时代即将到来。高级营销管理人才的争夺与培养将成为未来农药企业营销管理竞争的焦点。农药行业有限的营销专门人才正在成为农药生产企业竞相争夺的目标,农药市场的特点和农药生产企业的人力资源管理现状又成为吸收外来人才的两个限制条件,因此立足改革现有人力资源管理体系,完善营销人力资源管理职能,加快培养更多更好的营销管理和营销业务人才队伍,是我国绝大多数农药生产企业亟待解决的一个难题。除此之外,随着我国农药产品出口市场的扩大,市场营销国际化趋势越来越明显,加紧引进、培养有国际市场营销经验和相关知识能力的外贸营销人才正在变得日益迫切。

2015 年 2 月 17 日,农业部印发“到 2020 年农药使用量零增长行动方案”,见附录一。

10.2 分析农药市场

10.2.1 分析农药营销的组成要素

1. 农药营销渠道

农药营销主要渠道形式是:农药生产企业—各级经销商—零售商。

2. 农药商品消费者(使用者)

农药商品消费者(使用者)是农民、种植大户。

3. 农药产品特点

(1)农药是特殊生产资料(具工业品属性),质量价格对等。

(2)农药是科技产品,要求使用过程中对症下药与使用技术指导相结合,药店是医院而不是一家仅销售商品的商店。

(3)农药市场需求不规则,市场需求量与需求时间因病虫害发生规律、天气、供货商实力等因素发生变化。

10.2.2 分析农药商品消费群体

1. 农药商品消费者的特点

农药消费者更关注产品的核心功能。农药消费者是消费群体单一的农民,需求具有一致性,更加强调整个群体的归属感;在对待品牌方面,农药消费者在品牌消费上表现的更具忠实性和保守性。另外农药市场相对而言政府的管理力度较强。

针对农药商品所面对的消费者绝大部分是在农村从事农业生产的农民,在这里只对农民这个群体进行分析，它们主要有以下几个特点：

(1)对新事物接受较慢，不轻易改变自己的习惯；

(2)对价格较为敏感；

(3)文化水平低，甚至很多山区农民听不懂普通话。

2. 影响农药商品消费者购买的四大重要因素

(1)使用习惯。由于农技推广体系的瘫痪，对农民新技术教育不够，许多农民靠自己的经验行事，用了一个产品觉得好，就会一直用下去，不轻易尝试新产品。

(2)价格。在对一个产品的了解缺乏可靠的信息来源，同时又无经验可循时，就会依靠价格来选择。

(3)零售商推荐。许多零售商都是当前农民获得新技术信息的一个主要途径，因此农民很信任零售商。

(4)广告。现在不再是“酒香不怕巷子深”的时代了，好买卖还要靠吆喝，这是大多数行业的惯例，通过广告可在消费者心中树立良好的形象。

10.2.3　分析农药市场竞争者

农药竞争者的情况可概括为：

(1)农药生产厂数量多，小厂更多。市场上小厂数要占到 70%～80%，它们的情况可以说是“三人一杆枪，五人一口缸”，名字起得稀奇古怪。

(2)农药产品多，且同质化现象严重。基本上每个产品都有十几个厂家生产，一些常规广谱药都到了家家都有的地步。农药行业的品牌效应又不明显，导致低层次的价格竞争。

(3)农药创新能力差。整个农药行业基本上是走仿制的路子。一家弄出个新东西，马上就是一大堆跟进仿制，进而恶性竞争。这种情况短期并不会改变。

(4)农药产品结构不合理。高毒高残留产品多。生物性、安全性、环保型的产品少。

10.2.4　分析农药行业市场前景

从目前的市场形势来看，随着国家的规范管理加强，竞争将会变得公平、有序，但同时会更加激烈。随着 WTO 对农药行业保护期限临近，外国的农药生产商、农资零售巨头摩拳擦掌，跃跃欲试。许多人惊呼我们在与狼共舞了。但是挑战总是与机会并存的。我们面临着两大机会。

一是市场的潜在空间有待开发。随着人们对环境和自身健康水平的关注，对生物性、低残留、安全性好的环保型农药的需求会愈来愈大。同时我国目前农药的使用比例为，杀虫：除草：杀菌＝70：16：14，而发达国家此比例为30：50：20。这说明在除草、杀菌方面还有很大的潜力可挖。另外，我国目前在高安全性的杀鼠剂、杀线虫剂方面还基本上是空白。

二是虽然外国竞争者有着先进的生产技术，丰富的营销经验，雄厚的资金，但是进入中国市场还要面临一段“水土不服”的时期。它们为了克服这个问题一定会选择与我们合作。这将是我们一个很好的学习并借机壮大自己的机会。

10.3 分析农药企业营销市场的“4P”策略

10.3.1 农药产品策略

1. 农药产品的现状

农药属于生产资料，用于生产性投入，是必要的消费。农药在产品换代、新产品市场推广速度上都较慢，产品线宽度、深度相对也窄、浅。同时受到国际市场绿色贸易壁垒和国内政策调整的压力，高毒高残留化学农药将退出历史舞台，假冒伪劣产品也会逐步失去生存空间。农药生产企业现在高度重视产品结构调整，积极开发和寻找高效低毒低残留替代产品，运用各种技术手段改进和改善低毒低效的用药效果，认真防范产品转型时期可能带来的各种经营风险。通过产品方面的特点，可以分析出农药的相关消费市场特点：农药市场需求相对稳定，而且在产品管理上也较容易；市场上的新产品推广风险较小，产品竞争强度弱；竞争对手的市场反应速度相对较慢，企业已经高度重视高效低毒低残留替代产品的研发。

目前农药产品方面不足主要有以下几点。

(1)缺乏创新。创新是企业的生命，这是人所共知的，但在农药行业是相当困难的。一些公司所谓的创新一般也就是几种原药的复配翻新，顶多是利用和国外合作、技术交流的机会仿制国外的产品。这种状况近期很难改变。农药企业的产品策略也就只能在形象、产品层和附加产品层做文章。

(2)药害频繁发生。

(3)产品标识不明确，导致农民使用不当。

2. 农药产品的策略

(1)质量过硬。较好质量才会有好的使用效果。

(2)产品的外包装要便于携带,产品包装上的标志要形象生动,简洁易记,尽量以图片的形式传达产品的信息。

(3)抓住市场的时机。主要根据市场需求,迅速推出具有针对性的产品,获得丰厚利润。

3. 农药产品的新趋势

现在市场上的产品有一种较新的生产趋势是“定制农药”。农药生产厂家按客户(经销商)在成分、名称、包装、规格上的要求,按一定的批量生产产品。这些产品由于针对性强,销路都不错,而且多是现款订货,厂商皆有利可图。但这种形式对市场管理农药登记提出新问题,还有待商榷。

10.3.2　农药价格策略

农药属于生产投入消费,加之近年农民的人均收入增长相对较低,所以在价格方面消费者更需要价格较低的农药产品,但这也是假冒农药产品横行乡里的重要原因。农药企业在价格策略上一般都尽量采用中低价格。价格战略是任何一个行业在过度竞争环境下必须面对的一个营销难题。如何根据产品市场竞争状况等诸多因素,不断调整自己的价格策略,避免因为价格竞争而受到过度伤害,是企业需要认真加以研究的大课题。

由于农药市场的无序竞争,以及农药产品易被仿制,产品的市场生命周期较短。农药价格策略主要分两种情况:

(1)相对较新,竞争者少,农民急需的产品,我们应采取快速渗透的策略。将产品价格提高,投入大量促销费用,采取高密度的促销措施,广告轰炸。要尽量以最快的速度取得尽可能多的利润,在其他仿制者到来之前,占据主动。

(2)在一个容量较大,竞争者又多的市场想争取主动地位应采取快速渗透策略。行动之前进行详细的市场调查,竞争的价格与分销点要摸清楚,然后突然行动进行针对性的铺货,以低于绝大多数竞争者的价格,高强度的促销措施突袭市场,要尽量达到一种奇袭的效果。

10.3.3　农药营销渠道策略

我国农药消费地域主要集中于县、乡、镇。根据2013年统计数据显示,我国县级行政区划有 2 861 个，乡镇行政区划近 40 000 个，而同期我国的城市数量仅 600 多个。农药的商业业态处于比较落后单一的农药公司、供应站、个体商店，从业人员（包括渠道和企业）的营销素质相对不高。相对而言，农药渠道业内竞争力度及手段较平和，农药销售网点的存活时间也较长。未来大中型农药生产商投资分销渠道领域将渐成风气，由生产商控制的分销渠道网络将成为我国未来农药市场经营的主力军和领导者，生产商长期受控于现有分销商的局面将会彻底改变。

1. 农药营销的三种主要渠道模式

(1)农药厂（生产商）—省级经销（或代理）—县市级批发—乡村零售。

(2)农药厂（生产商）—县市级批发—乡村零售。

(3)农药厂（生产商）—乡村零售。

新的渠道模式：农药连锁经营。主要有两种方式，一种是契约式的连锁，另一种是拥有产权的独资连锁。但是农药和生产资料的连锁毕竟与日用品的连锁销售有很大的不同，具体能不能成功，还要看很多客观因素和经营者的管理能力和市场的接受能力。

2. 农药营销渠道存在的主要问题

(1)农药分销商的信用度难以掌握。

(2)农药分销商经营过多相竞争的产品，难以体现厂家的优势。

(3)农药分销商的投机行为较多。

(4)分销不再依行政区划销售，窜货问题严重。

(5)普遍赊销。窜货和赊销是农药厂（生产商）非常头痛的问题，目前只能尽量减少，以防风险。

3. 农药营销渠道中分销商的选择依据

(1)产品自身的状况。广谱利润较低的产品通常要找规模较大的分销商，一个较新的产品，尚未推广开，最好选择成长型的客户。市场容量较大，成分性能较为人熟悉的产品，选择他们效果则会很好。

(2)分销商的信誉与财务状况。这一点通常关系到资金顺利回收。可以通过其他的分销商了解，同时与其他公司的业务员交流也是重要的途径。通过一个分销商的仓库库存量，产品品种的多少也可判断他们的财务状况。分销商个人的人品、家庭感情状况也可是一个重要指标。

(3)产品组合状况。若一个经销商同时代理几个相竞争的产品，不是一种好情况。

(4)市场覆盖范围。分销商间适度的覆盖范围重叠,有利于竞争,但重叠范围过大,常导致相互压价。

(5)合作意愿。要分清分销商是想短期干,还是想长期合作,把产品做大做强。

(6)区位优势。分销商所处便捷的区位环境,有利于货物的正常流动。

(7)促销能力。较好的促销能力能省去厂家不少不必要的麻烦。

10.3.4　农药促销策略

企业的促销策略,就是对促销方式的选择组合和运用。农药产品促销方式主要有:人员推销、广告、营业推广和公共关系等多种形式。目前,促销策略在农药行业主要是广告和赠品两个方面,公益活动、科技讲座只有少数较有财力的公司会使用。

1. 促销的基本策略

促销的基本策略,总的可分为拉引策略和推动策略。

拉引策略:就是企业先通过广告等直接面向最终消费者(农民)的强大促销攻势,把新的产品介绍给最终消费者,使之产生强烈的购买欲望,形成急切的市场需求,然后“拉引”中间商纷纷要求经销这种产品。在市场营销过程中,由于中间商与生产商对某些产品的市场前景有不同看法,很多新产品上市时,中间商往往因过高估计市场风险而不愿推销。在这种情形下,厂商只能先向消费者直接推销,然后拉引中间商经销。目前这种促销方式较多。厂家不惜采用电视、报纸、电台、会议等媒介进行大量的广告宣传,使消费者产生购买欲望,纷纷到农药经销部门咨询、购买,促使经营部门要求生产厂商供货,拉引经销部门经销,使产品迅速打开市场。当然这种方式也存在前期投入风险大的缺点。

推动策略:是厂商以人员推销为主要手段,首先争取中间商的合作,利用中间商的力量把新产品推向市场,推向消费者。推动策略是在厂商与中间商对新产品的市场前景看法比较一致,双方愿意合作的前提下经常采用的手段。运用这种策略,对厂商来说,较之拉引策略风险小,推销周期短,资金回收快,但其前提条件是必须有中间商的共识与配合。农药生产厂家在推销与其他厂商相同的产品时,为开拓新市场多采用此种推动策略。例如70%代森锰锌在农药市场上已有很多厂商的产品在此销售,某农药厂则通过人员推销与农业院校或者农科院的植物医院合作,经双方共同努力,很快打开了市场,迅速提高了市场占有率。

通常情况下,企业也可以把上述两种策略合起来运用,在向中间商进行大力促销的同时，通过大量的广告刺激市场需要。在“推动”的同时进行“拉引”，即又推又拉，用双向动策略更为有效。某企业在玉米地除草剂——乙莠混配剂的促销过程中采用了又推又拉的策略，在生产销售上取得了巨大成功。首先，他们利用具有丰富植保知识的销售人员与中间商的共同努力宣传推广产品，使农民认识到利用除草剂防除玉米田杂草省工、省力、省钱及效果好的优点，通过电视、报纸等媒介广泛宣传，引导农民利用除草剂防除玉米田杂草，使农民产生购买欲望，进而又调动各级中间商经营的积极性，从而迅速占领了市场。

2. 促销策略组合

促销策略组合就是有目的、有计划地将多种促销形式配合起来综合运用，形成一个整体促销策略。促销策略组合又可分为人员推销和非人员推销。

不同的促销方式应依据其产品特性灵活运用，三种促销方式的优缺点比较见表 10.3.1。

表 10.3.1　不同促销方式的优缺点

促销方式	优点	缺点
人员推销	推销方法灵活，利用深谈，容易激发兴趣，促成及时成交	费用较大，人才难觅
广告	触及面较广，易引起注意，多次运用可将信息艺术化，加深印象	说服力较小，难以促成即时购买行为
营业推广	吸引力较大，能改变顾客的购买习惯	可能引起顾客的顾虑或不信任

人员推销是企业通过自己的推销员或委托销售代理机构直接和顾客联系，进行推销商品的活动。非人员推销可以采用广告的方式，也可采用多种营业推广活动和公共关系的方式。广告是以广告主的名义，利用传播媒体向顾客传递有关产品的信息。营业推广指运用折扣、咨询、展销、示范等现场促销的方式，促使农民采取购买行为。

3. 人员推销

(1)人员推销的特点。人员推销是一种双向沟通的直接销售方法。人员推销是自商品交换产生后就出现的一种最古老的推销方法。人员推销的不足之处：一是费用开支较大，增加产品成本，在一定程度上会影响企业扩大市场占有率和市场竞争力；二是对推销员专业素质要求较高；三是推销人员的易受推销地域的限制。因为不同地区的农业生产特点及种植结构差异较大，推销员在一地区适应后，到另一地区去不一定能很快适应。

(2)推销员的选择。推销人员既是开拓市场的先锋,也是用户的顾问。所以必须有良好的素质。特别是许多中小型农药生产和经营企业的实践证明,一个小企业有几个优秀的推销员,往往可以使企业迅速摆脱困境。

一般来讲作为农药推销人员应具备以下一些基本条件。①强烈的事业心和服务精神。农药推销人员必须以谋求企业与农民朋友的共同利益为己任,热心为客户、为农民服务,在此基础上创造良好的推销产品的机会。②丰富的业务知识和良好的职业道德。作为农药企业的推销人员不同于其他商品的销售人员。他们必须具备丰富的农药、植保知识,同时具备一定的商品营销知识,熟悉企业、产品、用户、市场等。在企业知识方面,要知道企业的历史,在同行业中的地位,企业的经营战略和营销策略,生产的产品种类以及交货方式和付款条件等。在产品知识方面,要了解本企业农药产品的防治对象、药效期、毒性、安全间隔期、适用作物及不同防治对象的使用浓度、时间和方法,对哪类作物易产生药害及影响药效的因素等。同时还要了解其他厂家同类型产品的基本情况。在用户知识方面,要了解用户的经济实力(付款能力)、信用度、在最终消费者中的口碑,采购条件及采购决策者等。在市场知识方面,要了解用户和潜在用户的情况,用户是重视质量还是重视价格。③具有良好的气质和语言表达能力。推销员要性格外向,仪表与风度端正,热情,友善,思维敏捷,口齿流利,说话具有感染力。④熟练的推销技巧。要有善于与人交往的本领,能很快地接近客户并使人产生良好印象和信任感,要善于选择时机,对不同的客户要有不同的洽谈方式;要有耐性,不急于求成,生意不成友情在;文明礼貌,举止适当善于在比较中说服对方,切忌同客户发生争论。

4. 农药推销人员如何选择理想的经销商

目前我国农药市场的现状是供大于求,这种趋势可能还要维持下去。在激烈的市场竞争中,各农药企业为其自身的生存和发展,正在逐步建立和完善具有本企业特色的农药营销网络。农药营销网络是一个综合体系,它包括农药企业内部的销售网络、服务网络、商情网络、客户网络等。在这个体系中,农药经销商是构成各个网络的点,各个网络的构造和完善都是围绕农药经销商而进行的。农药营销网络的优劣是评价一个企业营销能力高低的最重要指标,因此推销人员选择适合于本企业产品销售的农药经销商则显得至关重要。

推销人员特别是新的推销人员在选择农药经销商时应注意以下几个方面:

(1)应仔细考察、筛选、确定经销商。经销商不但要具备在当地有销售网络体系,而且必须是具备有门面及工商、税务等方面的合法手续,具备农药经营许可证的经销商,且有存储、配送、促销、服务等多种能力,店面整洁,员工素质高,行为规范。同时还要考察经销商是否有与本企业产品相同或防治对象相同的其他厂家同类产品,有无特约经销的牌子,其价格、销量如何,如何进行销售运作等。在此基础上,通过运用一定的技巧进一步了解经销商的财务能力,如注册资金与实际投入资金是否相符与宽裕,必备的经营设施是否能承受目前业务,资金周转率如何,放账的程度如何,赊欠其他农药厂家货款的程度如何,有无欺诈行为和现象等。当然要了解这些销售“机密”一定不能让经销商引起反感,否则适得其反。

(2)考查经销商的信誉能力。经销商的信誉是至关重要的,信誉差的经销商即使销量再大,对于销售人员和企业来讲都是一颗时刻可能爆炸的炸弹。了解一个经销商的信誉能力如何,最简单的办法之一就是多听多问;在走访过程中可以与客户交谈,包括与客户的客户交谈;与其他农药厂的销售人员交谈,与店面的营业人员交谈,还可与当地的新闻媒体、政府单位的管理人员交谈等。通过多渠道的了解从而判断出经销商在同行的口碑如何,各农药厂家对其评价如何,其下级经销商及农民评价如何,从而对一个经销商的信誉能力做出较为客观的判断。

(3)考查经销商对市场的运行和管理能力。主要考查经销商在经销其他品牌的产品能否达到市场目标(主要是销售额);经销产品覆盖率;批发、零售能力(包括有几级批发或销售网络);他的销售网络能否渗透到周边;批发、直销手段能否控制价格;促销手段是否科学有效;有无长期经营发展的战略和做法;对货物放账的处理方式及货物流向控制能力如何等。

在上述认真考查的基础上,最终选出一个既有经济实力,又有推广和销售能力,同时又信誉良好的客户。一般来讲,在开辟一个新的农药市场时,如果推销人员能够做到对经销商的上述考察内容,就基本能开辟一个成功一个,从而尽快建立起具有本企业特色的农药营销网络。

10.4 分析农药营销渠道逆向重构策略

10.4.1 农药营销渠道策略

包括渠道的拓展方向、分销网络建设和管理、区域市场的管理、营销渠道自控力和辐射力的要求。

营销渠道策略是整个营销系统的重要组成部分，是规划中的重中之重。它对降低企业成本和提高企业竞争力具有重要意义。随着市场发展进入新阶段，企业的营销渠道不断发生新的变革，旧的渠道模式已不能适应形势的变化。

10.4.2　农药营销渠道的选择

1. 直接渠道或间接渠道的营销策略

(1)直接渠道，又称为零级渠道，是指生产者直接把商品出售给最终消费者的分销渠道。基本模式为：生产者—消费者。直接渠道的具体销售形式有接受用户订货、设店销售、上门推销、利用通信、电子手段销售。

直接分销渠道的优点。减少中间环节，节约流通费用；而且产销直接见面，生产者能够及时地了解消费者的市场需求变化，有利于企业及时调整产品结构，作出相应的决策。企业可迅速及时地获得信息的反馈，从中了解国际市场的动态，据此制定适宜的营销策略。企业直接参与国际市场竞争，建立和开拓自己的销售网络，为树立企业形象，提高企业声誉，不断积累经验，进一步扩大国际市场奠定了基础。企业独立地进行出口管理，对国外的营销有了较大的控制权，有利于企业根据自己的战略目标，对国外的营销活动做出适宜的调整。

直接分销渠道的不足。提高生产企业的经营成本，增加营销管理资金耗费及销售的风险。

(2)间接渠道，指生产者通过流通领域的中间环节把商品销售给消费者的渠道。基本模式为：生产者—中间商—消费者。

间接渠道的优点。间接渠道是社会分工的结果，通过专业化分工使得商品的销售工作简单化；中间商的介入，分担了生产者的经营风险；借助于中间环节，可增加商品销售的覆盖面，有利于扩大商品市场占有率。企业可以利用国内其他组织机构在国外的分销渠道和营销经验，迅速将产品推向国外市场，取得良好的时间效益。减少了企业所承担的外汇风险及各种出口信贷的风险，对资金的使用有一定的安全性。企业不必设置从事进出口业务的专门机构或专门人员，可以节省人力、物力和财力，集中精力搞好生产。

间接渠道的不足。中间环节太多，会增加商品的经营成本，限制了企业在国外市场上的经营。间接分销渠道主要用于缺乏出口经验能力、没有海外分销渠道和信息网络的中小生产企业；或面对潜力不大、风险较大的市场；一般适用于消费品。

2. 长渠道或短渠道的营销策略

(1)长渠道，是指生产者经过两道或两道以上的中间环节，把产品销售给消费者。如生产者通过代理商(经销商、批发商)、零售商，将产品销售给消费者。

长渠道的优点是：渠道长、分布密、触角多，能有效地覆盖市场，从而扩大产品销售，有利于商品远购远销，在全社会范围内调剂余缺、沟通供求。缺点是：由于环节多，销售费用增加，不利于生产者及时获得市场情报，迅速占领市场。

适合采取长渠道策略的情况：从产品特点来看，非易腐、非易损、价格低、选择性不强、技术要求不高；零售市场较为分散，各市场需求量较小；企业的销售能力弱，推销人员素质较差，缺乏资金，或者增加的收入不能够补偿多花费的销售费用。

(2)短渠道，是指产品在从生产者向消费者转移过程中，只经过一道环节的分销渠道。有产需直接见面和中间经过零售商等两种形式。

传统的“厂家—总经销—地域总经销—二级经销—三级经销—小批发—零售”这种模式，在商品由卖方市场转入买方市场之后，已经不能适应市场竞争。尤其是近年来，随着整合营销模式的普及，中间环节越多，越容易降低整体营销方案的到达率和执行率。同时，由于各类商品的种类繁多，渠道拉长了也就相当于增加了空白点，很容易被竞争对手插入到整体的销售链中，造成整个网络的损失。另一方面，缩短渠道，可以节省中间环节的流通费用，增加终端价格的竞争力。

短渠道的优缺点：有利于加速商品流通，缩短产品的生产周期，增加产品竞争力；有利于减少商品损耗，从总体上节省流通费用；有利于开展售后服务，利于生产者和中间商建立直接、密切的合作关系，维护生产者信誉。减少中间环节，使商品直接到消费者手中，生产商需要大量的投入。短渠道尽管减少了流通环节，可是却增加了直销费用，这些直销费用必然要加价到商品价格中，此时不仅没有降低产品价格，反而增加了价格，不利于生产企业大批量组织生产。

适合短渠道的企业：短渠道应该只适用于两种企业，即实力超强的和实力微弱的。请注意是“超强”和“微弱”。对一般企业而言，盲目的短渠道运用只会事倍功半。对于实力超强的企业来说，由于自身实力雄厚，它有足够多的资金来招聘大量的促销员、支付大量的进店费，进行大面积的铺货，并且有能力来应付呆坏账以及“跑账”带来的影响和市场风险，强化整体营销方案的到达率和执行率。而对于实力微弱的企业，因为人少、目标小，开始的销售目的也比较简单，使用短渠道策略可以发挥步步为营、逐步扩展根据地的优势。同时因为有着不是很多的但集中起来有相当足够的资金支持，在区域市场，甚至完全可以实现直接销售。正因为它没有全面开花，所以也不会造成狗熊掰棒子的恶果。

3. 宽渠道或窄渠道的营销策略

宽渠道的定义：营销渠道的“宽度”取决于渠道的每一个层次中使用同种类型中间商数目的多少。如农药厂通过许多批发商、零售商将其生产的除草剂推销到广大地区和广大消费者手中，这种产品分销渠道就较宽。

宽渠道的特点：宽营销渠道范围广，广大消费者可以随时、随地买到企业的产品；而且可以造成中间商之间的竞争。但由于同类型的中间商数目多，使中间商推销企业的产品不专一，不愿为企业付出更多的费用；另外，在宽营销渠道下，生产企业和中间商之间的关系松散，使得在交易中中间商会不断变化。

宽营销渠道的优点是：能够增加销售网点，提高产品的市场覆盖面，提高市场占有率，通过多数中间商大范围地将产品转移到消费者手中。另外有利于生产者选择效率高的中间商而淘汰效率低的中间商，提高销售效率。

宽渠道的缺点是：中间商多，容易引起渠道冲突，生产商需加强渠道控制。

4. 单一营销渠道和多营销渠道策略

单一营销渠道是指生产企业只通过一条营销渠道将产品销售出去。如某农药公司，一直采用直接营销的方式推销其产品，其渠道策略即为单一营销渠道策略。

单一渠道形式不利于企业整合中间渠道的优势。单一渠道的弊端是容易导致信息流、物流、资金流受到限制，阻碍渠道功能的发挥。

5. 传统营销渠道和垂直营销渠道策略

(1)概念。传统渠道是指商品从生产厂家流向消费者手中的多个通路批发和销售的过程。垂直营销系统亦称为垂直营销渠道，由生产者、批发商和零售商所组成的一种统一的联合体。

(2)传统渠道与新型渠道的区别。传统渠道是一种分离度很高的组织网，渠道上的各个成员之间彼此独立、各自为政、各行其是，购销交易是建立在自身利益、讨价还价、相互竞争基础上的，因此联系松散、交易关系很不稳定。这样虽然保持了各企业的独立性，但由于缺乏共同目标，因而影响了局部与整体运行效率和经营效益。新型渠道则是一种专业化管理和集中计划的组织网，渠道上的各个成员之间采取了不同程度的一体化经营或联合经营的方式，从而形成了经营规模，加强了交换能力，提高了整体运行效率和经营效益，有效地增强了环境适应力和市场竞争力。

10.4.3 农药营销渠道逆向重构策略

农药营销渠道的传统顺序是厂商—总经销商—二级经销商(或二级批发商)—零售商,创新营销渠道的逆向顺序是厂商—零售商—二级批发商(或二级经销商)—总经销商。

农药营销渠道的逆向重构策略的原理主要包括以下几点。

(1)渠道宽度控制原则:要建立一个渠道金字塔,必须要有一个宽大的基础层,即一定数量的同样功能和作用的经销商。首先,充分了解目标市场,对其进行深度细分和筛选。以辐射面广、影响大、具备潜力的二级批发市场和零售市场为重点。渠道宽度决策,就是在某一市场上并列地使用多少中间商的决策。至于究竟应指定几家中间商,多一些好还是少一些好,则主要看企业的资源能否与目标市场相融合。

(2)渠道长度控制原则逆向重构策略要求渠道体系可随竞争情况压缩渠道环节以提高竞争力。渠道长,一旦某个产品流通环节出现问题,渠道调整见效慢,不利于市场竞争;而渠道短,产品流通环节少,一旦某个环节出现问题,渠道调整见效快,市场竞争力相对较强。渠道究竟是长好还是短好,要随市场竞争力情况适当、适时调控。

(3)营销渠道建设的推拉策略分为推销和拉销策略。推销策略是生产商通过销售人员把产品推销给批发商,批发商把产品推销给零售商,零售商通过全方位的营销方法把产品推销给最终消费者。运用推销策略,生产商基本上依赖于人员推销及渠道营销,依次地将产品由生产商推向中间商到最终消费者,推力的大小产生于推销人员的语言、交际和促销手段及能力。生产商主要针对中间商搞促销活动。拉销策略是生产商针对最终消费者搞促销活动,吸引消费者的购买欲望,消费者积极向零售商购买,零售商积极向批发商进货,批发商积极向生产商进货。

(4)零售终端的原则渠道的最终目的是将产品在消费者需要的地方、需要的时间里送到需要的消费者手中,所以成功的策略就是消费者即时式的服务。农药主要通过零售商销售,生产者应该通过渠道支持、服务零售终端,实行低重心营销。

复习思考题

1. 讨论比较以下 5 组渠道策略的优缺点。

(1)直接渠道或间接渠道的营销策略;

(2)长渠道或短渠道的营销策略;

(3)宽渠道或窄渠道的营销策略;

(4)单一营销渠道和多营销渠道策略;

(5)传统营销渠道和垂直营销渠道策略。

2. 农药营销渠道策略具有哪些意义?

3. 案例分析题

中国农药是全球第一大农药生产国,也是全球农药供应链中的重要一环,农药产品供给市场极大丰富,为农业增产、农民增收做出了积极贡献。“以创新促进高质量发展,用绿色推动供给侧改革”将是今后一段时间农药行业发展的主题。农药企业应强化企业的安全、环保管理水平,提升企业的社会责任意识;加强创新驱动对行业的引领作用,提升农药行业的绿色发展水平;大力推动行业的两化融合工作,以智能制造为主要抓手,全面提升行业发展质量和经济效益。

利民化工股份有限公司董事长李新生介绍说,作为国家定点农药制造骨干企业、国家高新技术企业,公司始终秉承“艰苦奋斗、变革创新、追求卓越、志存高远”的价值观和“依靠科技和管理进步,塑造优质产品和服务,推动植保科技发展”的经营理念,主要从事农药原药、剂型的研发、生产和销售,代森类、霜脲氰、嘧霉胺、威百亩和三乙膦酸铝等产品产能、产量位居国内第一。

面对行业持续加大的环保压力,去年公司投入高达 1.24 亿元用于环保治理,其中仅代森锰锌产品的环保综合运行费用就达 2 000 万元,折合每吨产品环保成本 640 元。一方面,公司持续加强产品创新,全面提升质量管理标准,建立清晰、稳定和持续的品牌推广体系,深入推进 HSE(health,safety,environment:即健康、安全和环境三位一体)管理工作,进一步完善环保运行体系,提升环保效益,另一方面,公司把“智慧企业、智能制造、智才聚集”作为引领企业发展方向的旗帜标杆,锐意进取,致力于成为最可信赖的植保服务商。

案例思考:

(1)如何解决农药销售与国家环保政策之间的矛盾?

(2)利民化工股份有限公司投入重金用于环保治理,是否值得,为什么?

技能训练

1. 实训项目

调研农药营销策略

2. 实训目的

了解农药企业的营销策略。

3. 实训内容及要求

① 农药公司营销管理人员介绍农药经营管理情况。

② 实地参观公司营销部、加工仓储中心、质检部。

③ 与公司营销经理、加工仓储负责人进行座谈、现场咨询交流,了解农药营销策略。

4. 实训方法

到当地农药企业实地参观学习,调查、研究。

5. 实训作业

写一份技能训练(调查)报告。

项目11

分析肥料营销策略

学习项目导航

子项目	学习任务
11.1　认知肥料行业发展状况	1. 化肥生产概况 2. 我国肥料市场产销现状
11.2　分析肥料产品决策与新产品开发	1. 肥料产品的分类 2. 肥料产品的市场生命周期 3. 肥料新产品的开发策略
11.3　分析肥料品牌、商标与包装策略	1. 品牌与商标的概念 2. 品牌策略与包装策略
11.4　分析肥料分销渠道策略	1. 肥料分销渠道的作用 2. 肥料分销渠道的类型
11.5　分析肥料定价策略	1. 肥料定价概念和目标 2. 影响肥料定价的因素 3. 肥料定价策略
11.6　分析肥料零售与批发策略	1. 零售的概念及肥料零售业类型 2. 肥料零售营销决策 3. 肥料批发与批发商的类型
11.7　分析肥料促销策略	1. 肥料促销的概念 2. 肥料促销的方式 3. 肥料市场常用促销活动形式 4. 肥料营销新概念

11.1 认知肥料行业发展状况

11.1.1 化肥生产概况

有这么一组数字，中国人耳熟能详，引以为豪。中国用世界10%的耕地和6%左右的淡水资源，生产了全球1/4的粮食，养活了世界1/5的人口。但是，巨大成就的背后是巨大代价，农业资源长期透支、过度开发，农业面临污染加重、农业生态系统退化，引发的生态环境和农产品质量等一系列问题，愈来愈成为社会关注的焦点。

在我国，20世纪70年代至21世纪初，化肥工业总产值约占化学工业总产值的20%，化肥工业是国民经济的重要产业部门。按照《中国化肥网》提供的数据，2013年全国共生产化肥7 153.7万吨(折纯量，下同)，较2012年增长4.89%，产量首次突破7 000万吨大关，再创历史新高。从全国各省市看，化肥产量排在前5位的省份分别为湖北、山东、河南、贵州、山西，产量分别为1 186.7万吨、826.3万吨、535.9万吨、511.7万吨、446.1万吨，这5个省2013年产量均实现正增长，其中河南增幅最大，达19.44%，其余4省增幅0.98%～9.96%不等。

未来的农业面临巨大挑战。农业的绿色发展与人民福祉紧紧相连。在生态环境和农业资源的“红灯”面前，习近平总书记指出，推进农业绿色发展是农业发展观的一场深刻革命，也是农业供给侧结构性改革的主攻方向。

党的十八大报告站在全局和战略的高度，把生态文明建设与经济建设、政治建设、文化建设、社会建设一道纳入中国特色社会主义事业总体布局，并对推进生态文明建设进行全面部署，要求全党全国人民更加自觉地珍爱自然、更加积极地保护生态。深入贯彻落实党的十八大精神，要求我们在思想上更加重视生态文明建设，在实践中更好地推进生态文明建设。

党的十九大报告提出：“实施乡村振兴战略，要坚持农业农村优先发展，按照产业兴旺、生态宜居、乡风文明、治理有效、生活富裕的总要求，建立健全城乡融合发展体制机制和政策体系，加快推进农业农村现代化。这是我国未来20～30年农业农村发展的国家的基本战略。”还提出：“加快建立绿色生产和消费的法律制度和政策导向，建立健全绿色低碳循环发展的经济体系。”

国家连续出台推进一系列相关政策与技术，2016年全国化肥使用量首次接近零增长。测土配方施肥技术推广应用面积近 16 亿亩，有机肥施用面积 3.8 亿亩次，绿肥种植面积约 4 800 万亩。

国家统计局发布《2017 年国民经济和社会发展统计公报》，化肥(折 100%)产量从 2016 年的 7 128.6 万吨降至 2017 年的 6 184.3 万吨，为 2009 年以来最低值。这个数值让行业意识到：来自产业内部和外部的因素正在协同发力，推动中国农业、农资行业向绿色转型。相关数据显示，2017 年我国水稻、玉米、小麦三大粮食作物化肥利用率为 37.8%、农药利用率为 38.8%，化肥农药零增长提前 3 年实现。下一步，化肥农药由零增长提升为负增长仍然任重道远。

2018 年化学肥料产量出现下降趋势。2018 年 5 月，中国农用氮、磷、钾化学肥料(折纯)产量 499.8 万吨，同比减少 5.7%。2018 年 1～5 月份，全国农用氮、磷、钾化学肥料(折纯)累计产量 2 329.4 万吨，同比减少 8.1%。从地区产量来看：2018 年 5 月全国共有 29 个省份生产农用氮、磷、钾化肥，仅有 7 个省份呈正增长。在 2018 年 5 月全国各地农用氮、磷、钾化肥产量排行榜上，湖北省以产量 68.65 万吨位居榜首，同比下滑 14.48%。排名第二的是河南省，河南 5 月农用氮、磷、钾化肥产量为 45.91 万吨，同比增长 4.66%。贵州省 5 月农用氮、磷、钾化肥产量为 44.49 万吨排名第三。从增速来看，2018 年 5 月农用氮、磷、钾化肥产量累计增速最快的是宁夏，农用氮、磷、钾化肥产量达 4.19 万吨，同比增长 28.63%。其次为福建省，农用氮、磷、钾化肥产量增速为 20.97%(据中商产业研究院大数据库数据)。

11.1.2　我国肥料市场产销现状

1. 化肥消费使用概况

中国是化肥生产和消费大国，化肥的总产量和消费量均占世界 1/3 以上，见图 11.1.1。

化肥是农业生产中必不可少的生产资料，是粮食的“粮食”。因此，自从新中国成立以来，为解决粮食生产问题，让人民吃饱饭，我国积极推进化肥产业的发展，通过引入国外肥料生产企业和学习其先进生产技术，造就了一批具有先进生产技术和管理能力的国有、公私合营、私营化肥企业，对我国肥料产业的发展起到巨大的推动作用。据统计，1992—2002 年的 11 年中，中国化肥消费量平均年增长 4.4%。2003 年达到 4 411 万吨，居世界首位，氮、磷、钾肥的消费比例为 1∶0.43∶0.32。综合预测 2020 年化肥需求达到 5 600 万吨。总体而言，国产化肥占 90%，氮肥基本能自给自足，磷肥 1/3 靠进口，钾肥则大部分需要进口。进口产品主要是氯化钾、硫酸钾、磷酸二铵和三元复合肥。2010 年前后我国化肥行业需求量呈现逐年递增之势。

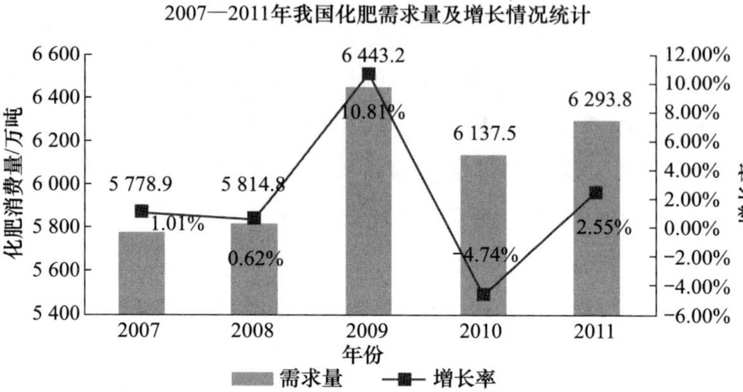

图 11.1.1　2007—2011 年中国化肥消费量（单位：万吨）

数据来源：农业统计年鉴

化肥产业健康发展，是保障我国粮食安全的基础，是整个农业发展的基石。但随着消费升级和农业供给侧结构性改革的推进，对粮食从单纯增产到提出提质增效的新要求，化肥产业的发展迎来了新的机遇和挑战。

我国化肥从单质肥起家，到目前形成氮肥、钾肥、磷肥、微量元素肥、复合肥等品种丰富、用途多样的产业格局。

随着设施农业的发展，水溶肥、叶面肥等成为肥料新的品类增长点，并且随着水肥一体化的推广和农业部"两减一控"的实施，单质肥带来的土壤板结、污染等问题也促使厂家开始转型发展复合肥、控释肥、生物肥、水溶肥、叶面肥等新型高效肥料。

20 世纪 80 年代末至 90 年代，随着改革开放的推动和加快，为解决国内资金不足的问题，利用国际金融组织贷款和政府贷款建设了一大批中型氮肥装置，并对中小型氮肥进行大规模技术改造。随后的"九五"计划时期，也是化肥工业由计划经济管理向市场经济过渡的时期。通过自主创新与引进消化吸收相结合，逐步建立起化肥工业体系，形成颇具市场竞争力的化肥企业。

截至 2016 年，我国有化肥生产企业 3 000 多家，国有和民营企业并存，其中上市公司有 45 家(部分上市企业业务以农药为主，涉及化肥板块)，总市值近 3 000 亿元人民币。

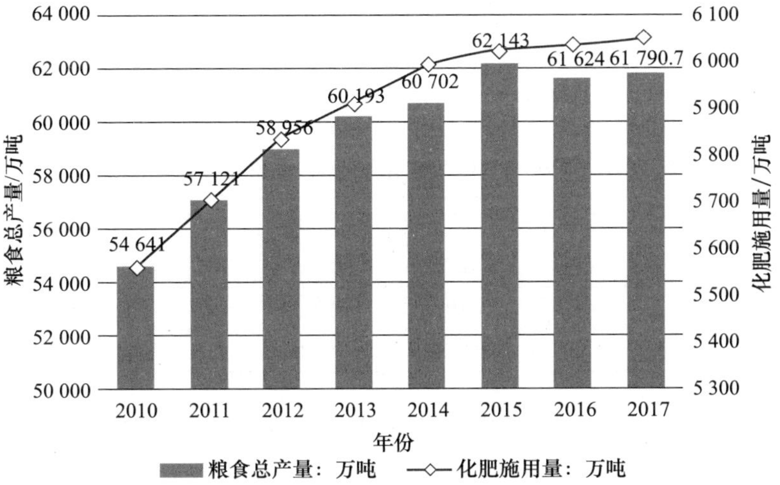

图 11.1.2　我国粮食总产量和化肥施用量

（资料来源：公开资料整理）

2. 化肥产销对比情况

化肥起源于欧洲，是工业革命的产物。化肥的施用让欧洲人口成倍增长，一举成为世界经济中心。鉴于化肥对人类文明的重大贡献，合成氨技术发明者获得过诺贝尔化学奖。

化肥需求主要有两个途径，一为农用化肥，二为工业用肥，其中农用化肥占主要部分。

20 世纪 70 年代，美国总统尼克松访华时签署的第一份商业协议，便是引入中国 13 套世界最大规模的合成氨装置。邓小平回访的最大订单，是从美国购买尿素和磷酸二胺，二者都是肥料。

化肥中的养分是传统有机肥的 10 倍以上。一亩农田 10 千克的氮素供应只需要 25 千克左右尿素，一个劳动力徒手半天就可以完成运输和施用，而传统农业需要许多人花费几个月的时间。因此，中国鼓足劲儿实现化肥的增长。化肥刚刚进入中国时，正处在改革开放前后，工业基础薄弱，化肥生产又依赖工业体系，在 20 世纪 80 年代以前，中国化学工业投资的 40%、优质无烟块煤的 50%、进口天然气的 30%、进口硫资源的 60%以上都用于化肥生产。国家还为大中型化肥厂修建了专用输电线路、铁路和码头仓库等。化肥成为一种战略资源，一度举全国之力生产，中国的科学家自主创新了现代化的工业氮肥体系。1990 年，中国超过苏联成为全球最大的氮肥生产国，2005 年中国磷肥产量超过美国成为世界第一。2006—2011 年，我国化肥施用总量是增加的，但是，农用化肥施用量占化肥产量比重逐年降低，反映了化肥行业产能整体过剩的局面日益严重。

表 11.1.1 2006—2011 年化肥产量、施用量及比重情况 万吨

年份	2006 年	2007 年	2008 年	2009 年	2010 年	2011 年
化肥产量	5 345.05	5 824.98	6 028.05	6 385.01	6 764.36	6 027
化肥施用量	4 927.7	5 107.8	5 239	5 404	5 562	5 704
施用量占产量的比重	92.19%	87.69%	86.91%	84.64%	82.23%	94.64%

2015 年，中国成为全球化肥用量最高的国家，是全球平均用量的 3.4 倍、非洲的 27 倍。

2015 年 2 月 17 日，农业部印发“到 2020 年化肥使用量零增长行动方案”，见附录二。

11.2 分析肥料产品决策与新产品开发

11.2.1 肥料产品的分类

(1)按成分划分：单质肥料、复混肥料、专用肥、生物肥、生物有机肥、有机无机复混肥、有机肥、腐殖酸肥。

(2)按生产工艺性状划分：颗粒肥、粉末肥、液体肥、冲施肥、叶面肥、控释肥(缓效肥)、高塔肥等。

11.2.2 肥料产品的市场生命周期

1. 产品市场生命周期的概念

产品市场生命周期，是指一种产品从投入市场到退出市场为止的周期变化过程(即产品在市场上销售的时间)。

产品生命周期理论是美国哈佛大学教授雷蒙德·弗农(Raymond Vernon)1966 年在其《产品周期中的国际投资与国际贸易》一文中首次提出的。费农认为：产品生命是指上市的营销生命，产品和人的生命一样，要经历形成、成长、成熟、衰退这样的周期。就产品而言，也就是要经历一个开发、引进、成长、成熟、衰退的阶

段。而这个周期在不同的技术水平的国家里，发生的时间和过程是不一样的，期间存在一个较大的差距和时差，正是这一时差，表现为不同国家在技术上的差距，它反映了同一产品在不同国家市场上的竞争地位的差异，从而决定了国际贸易和国际投资的变化。为了便于区分，费农把这些国家依次分成创新国（一般为最发达国家）、一般发达国家、发展中国家。

2. 肥料产品市场生命周期的阶段

肥料产品与其他产品一样，具有典型的产品生命周期。一般可以分成四个阶段，即介绍期（引入期）、成长期、成熟期和衰退期。

(1)第一阶段：介绍期（引入期）。指产品从设计投产直到投入市场进入测试阶段。新产品投入市场，便进入了介绍期。此时产品品种少，顾客对产品还不了解，除少数追求新奇的顾客外，几乎无人实际购买该产品。生产者为了扩大销路，不得不投入大量的促销费用，对产品进行宣传推广。该阶段由于生产技术方面的限制，产品生产批量小，制造成本高，广告费用大，产品销售价格偏高，销售量极为有限，企业通常不能获利，反而可能亏损。

(2)第二阶段：成长期。当产品进入引入期，销售取得成功之后，便进入了成长期。成长期是指产品通过试销效果良好，购买者逐渐接受该产品，产品在市场上站住脚并且打开了销路。这是需求增长阶段，需求量和销售额迅速上升。生产成本大幅度下降，利润迅速增长。与此同时，竞争者看到有利可图，将纷纷进入市场参与竞争，使同类产品供给量增加，价格随之下降，企业利润增长速度逐步减慢。

(3)第三阶段：成熟期。指产品进入大批量生产并稳定地进入市场销售，产品的销售量、利润额达到峰值，随着购买产品的人数增多，市场需求趋于饱和。此时，产品普及并日趋标准化，成本低而产量大。销售增长速度缓慢直至转而下降，由于竞争的加剧，导致同类产品生产企业之间不得不加大在产品质量、花色、规格、包装服务等方面加大投入，在一定程度上增加了成本。

(4)第四阶段：衰退期。是指产品进入了淘汰阶段。随着科技的发展以及消费习惯的改变等原因，产品的销售量和利润持续下降，产品在市场上已经老化，不能适应市场需求，市场上已经有其他性能更好、价格更低的新产品，足以满足消费者的需求。此时成本较高的企业就会由于无利可图而陆续停止生产，该类产品的生命周期也就陆续结束，以致最后完全撤出市场。

产品生命周期是一个很重要的概念，它和企业制定产品策略以及营销策略有着直接的联系。管理者要想使他的产品有一个较长的销售周期，以便赚取足够的利润来补偿在推出该产品时所做出的一切努力和经受的一切风险，就必须认真研究和运用产品的生命周期理论，此外，产品生命周期也是营销人员用来描述产品和市场运作方法的有力工具。但是，在开发市场营销战略的过程中，产品生命周期却显得有点力不从心，因为战略既是产品生命周期的原因又是其结果，产品现状可以使人想到最好的营销战略，此外，在预测产品性能时产品生命周期的运用也受到限制。

11.2.3 肥料新产品的开发策略

1. 肥料新产品开发的必要性

(1)是企业发展的生命线。在新知识经济时代，新技术转化为新产品的速度加快，肥料产品的生命周期越来越短。40 年前平均周期是 8 年，20 年前平均周期是 5 年，10 年前平均周期是 3 年。另外，与日常生活联系的消费品更短，所以要不断开发适合市场需求的新产品才能确保企业的持续发展。

(2)是企业保持市场竞争优势的重要条件。科技进步、科技创新、新技术转化和市场新动向，可以为企业争取机会，抢得时机。只有新产品的不断开发、强化开发能力，才能保持企业的竞争优势。(典型案例：我国的一些中小型的单质肥料厂或复混肥厂，由于缺乏新产品开发而逐渐被市场淘汰。)

(3)是充分利用企业资源，增强企业活力的条件。企业通过不断整合，充分利用自己的资源，不断创新产品，才会需要新人才、新工艺、新设备，职工积极性、创造性才能得到充分发挥，从而激发企业的生机和活力。

(4)新产品开发是提高企业经济效益的重要途径。新产品在工艺、材料、污染控制上更符合环保的要求，减少环境的污染，有利于提高企业的经济效益和社会效益。

2. 肥料新产品开发的形式

(1)独立研制：企业完全依靠自己的科研、技术力量研发新产品。

(2)技术引进：从企业之外引进技术、购买专利，具体方式是引进样品仿制或者引进先进技术工艺。

(3)研制与引进相结合：一般是通过科研协作进行研制，如企业、科研院所、高校之间的合作。

3. 肥料新产品的开发策略

(1)抢占市场策略。

① 超越自我策略：要求企业的着眼点放在长远利益上，为培育市场而适当放

弃一部分眼前利益。

② 迟人半步策略：等别的企业推出新产品，然后立即加以仿制或改进推出自己的产品。

③ 借脑生财策略：以科研、高校的专家为依托，引进或技术合作，借脑开发新产品。

(2)产品差异化策略。企业在研制新产品时，要考虑其他产品的差异性，向消费者提供有明显特征的产品，给消费者标新立异的感觉，增强产品的吸引力和竞争力，所谓“人无我有则新，人新我精则妙，人妙我奇则智”。

(3)市场扩散策略。采用渐进策略，或急进策略。

11.3　分析肥料品牌、商标与包装策略

11.3.1　品牌与商标的概念

1. 品牌

品牌，指公司的名称、产品或服务的商标，和其他可以有别于竞争对手公司的标识、广告等构成公司独特市场形象的无形资产。品牌是一种识别企业的标志，是企业的一种精神象征、一种价值理念，是品质优异的核心体现，通常由文字、标记、符号、图案和颜色等要素或它们的组合构成。

品牌的主要内容包括：

(1)品牌名称：如富岛、盐桥等。

(2)品牌标志：是品牌中容易识别与记忆，但无法用口语称呼的部分，包括符号、特殊颜色、图案等。

(3)商标：经过注册登记，受到法律保护的品牌或一部分。

商标，是识别某商品、服务或与其相关具体个人或企业的显著标志。商标可由文字商标、记号商标、图形商标单独形成，或组合形成商标。图形Ⓡ常用来表示某个商标经过注册，并受法律保护。

2. 品牌的作用

(1)对消费者：有利于识别、辨认、选购所需商品，有利于维护消费者的权益，有利于消费者避免购买风险，有利于消费者形成品牌偏好。

(2)对生产经营者：有利于企业促销产品、拓展市场；有助于减少产品价格弹

性，降低企业经营风险；有利于保护品牌所有者的合法权益，争夺市场竞争优势；一个成功的品牌比有形资产更具增值能力。

11.3.2 品牌策略与包装策略

1. 品牌策略

(1)同一品牌策略：企业生产的一切产品均使用一种品牌进入市场。

(2)个别品牌策略：企业按产品品种、用途和质量，分别采用不同的品牌。

(3)品牌扩展策略(特殊品牌策略)：指企业利用成功的品牌推出新产品或改良新产品。

(4)更换品牌策略：就是更换原有企业的品牌，采用新的品牌。

2. 包装策略

(1)包装的作用。包装的主要作用有保护产品、提供方便、易于识别、增加利润等。

(2)常用的肥料包装策略。

类似式包装：企业将所生产的各种产品，在包装外形上采用相同的图案、近似的色彩、共同的特征，使客户容易辨认本企业的产品。

密闭式包装：防潮、防晒以保证肥料产品质量。

等级式包装：按照产品质量采用相应的包装，以满足不同需求层次的消费者，区分产品档次。

特殊式包装：追求包装独特风格，目的在于风格独特，易于同类产品区分，同时，可以起到一定的预防伪造和假冒的作用。

(3)2013年中国化肥企业十大品牌排名。

① 中化。始建于1950年中国驰名商标，上市公司，国有大型骨干企业，财富全球500强，中国最具竞争力品牌之一，中化集团公司旗下。

② 鲁西。中国驰名商标，中国名牌产品，国有大型化工企业集团，全国化肥市场生产行业的领先企业，山东鲁西化工集团股份有限公司。

③ 宜化。中国驰名商标，中国最大的磷化工生产企业之一，上市公司，中国石化行业最具影响力企业之一，湖北宜化集团有限责任公司。

④ 史丹利。中国驰名商标，高新技术企业，山东名牌，山东省著名商标，全国最大的高塔复合肥生产基地之一，丹利化肥股份有限公司。

⑤ 美丰。中国驰名商标，中国名牌，中国氮肥行业标志性品牌，四川名牌，中国石化集团控股的上市公司，四川美丰化工股份有限公司。

⑥ 西洋。辽宁省著名商标,辽宁名牌,中国最大的硫基复合肥生产基地之一,中国复合肥行业标志性品牌,中国企业 500 强,西洋集团。

⑦ 云天化。始建于 1974 年,中国名牌,中国驰名商标,最具市场竞争力品牌之一,云南省著名商标,上市公司,云天化集团有限责任公司。

⑧ 丰喜。中国驰名商标,山西省著名商标,大型煤化工企业集团,山西省最大的化工企业之一,山西阳煤丰喜肥业(集团)有限责任公司。

⑨ 天脊。中国驰名商标,中国名牌,生产规模最大的高效复合肥生产基地之一,中国最具价值品牌之一,山西天脊煤化工集团有限公司。

⑩ 金沂蒙。始建于 1975 年,中国驰名商标,国家火炬计划重点高新技术企业,山东名牌,中国企业集团竞争力 500 强,金沂蒙集团有限公司。

11.4 分析肥料分销渠道策略

11.4.1 肥料分销渠道的作用

主要是为了解决生产者和消费者(或用户)之间的一些矛盾。

(1)空间分离的矛盾:生产者集中,而消费者分散。

(2)时间分离的矛盾:肥料生产和消费的季节性。

(3)所有权分离的矛盾:拥有产品所有权的不消费产品,而需要该产品的又不拥有所有权。

(4)产品供需数量上的矛盾:大批量生产与小批量购买之间的矛盾。

(5)产品供需结构的矛盾:即产品生产的专业化与消费者结构的多样化矛盾。

11.4.2 肥料分销渠道的类型

(1)厂家—省经销商—县级经销商—终端零售店—用户。

(2)厂家—在终端零售店—用户(直销制)。

(3)厂家—省经销商—终端零售店—用户。

(4)代理制:区域代理和多家代理。

(5)连锁经营:是指经营同类商品或服务的若干个经营单位,以一定的形式组成一个联合体,在整体规划下进行专业化分工,并在分工基础上实施集中化管理,把独立的经营活动组合成整体的规模经营,从而实现规模效益,是一种经营模式。

包括直营连锁、特许连锁和自由连锁三种形式。

【案例1】

复合肥生产企业近年来发展迅速，而在十几年前，我国的复合肥基本都是进口产品，农民经过多年施用，比较信任进口品牌。因此，一些地方工厂在进行产品包装和品牌营销方面采取了炒作概念、夸大品牌的方式，纷纷打出进口产品的概念，称之为“傍品牌”。比如，工厂的名称为中外合资，品牌的名称也和进口品牌的名称相近，给农民一个印象，这种肥料和进口的差不多，质量好，价格低，还有在包装上也尽量模仿进口产品的图案，大量使用外文，让农民无法识别，尽管方式简单，但是效果很好，低成本进入市场。

【案例2】

甲企业在北方市场是知名品牌，乙企业在华东是知名品牌，乙企业因为扩大产能，需要开发甲企业的北方市场，优势是低价位进入市场，甲企业得知乙企业的主要原料采自西南某矿区的生产企业，所以和该企业建立新的合作关系，并且以较高的价格采购其原料，造成乙企业原料供应紧张，乙企业的产能季节性地锐减，只能满足主市场的季节性供应，无法满足开发市场的产品供应，造成开发新市场困难，投入的促销成本短期无法收回。

【案例3】

某肥料生产工厂在一个一级市场培养了一个肥料批发商，几年下来成绩突出，但是，随着批发商的实力增强，这个批发商又代理几个知名品牌，销量和利润节节上升，开始和工厂讲条件，条件越来越高，工厂难以承受。后来工厂动员其开发周围市场，这也符合该批发商的需要。于是该批发商投入大量人力、物力开发新市场，造成原有市场空虚，工厂趁机提出派自己的业务员来支持销售，经销商同意后，工厂的业务员李海沧开始接手，不久就与零售商建立了紧密联系，顺便团结了几个该单位业务尖子，然后要求该单位独立出一个部门专营其产品，该经营商只有同意，工厂开始直接控制市场。

11.5 分析肥料定价策略

11.5.1 肥料定价概念和目标

(1)肥料定价：就是每一个商品的价格实现以后达到的目的，它和企业战略目标是一致的,并为经营战略目标服务,其总的目的是追求利润的最大化。

(2)肥料定价目标。

① 以利润达到销售额的一定比例为目标(百分比毛利):具体做法是肥料成本外,再估计本年度费用开支额和自己期望的利润,计算出毛利标准。

② 以维持或提高市场占有率为定价目标:主要目的是扩展商品销售,保持和增加商品销售额,提高市场占有率。市场营销战略影响利润系统(PIMS)的分析指出:当市场占有率为10%以下时,投资收益率(ROL)约为8%;当市场占有率在10%～20%时,投资收益率在14%以上;当市场占有率在20%～30%,投资收益率约为22%。

③ 以应付和防止竞争为定价目标:企业竞相降价可以争夺市场,一般竞争力强的企业,在行业中居于领袖地位,其定价目标是对付竞争者或组织竞争者,一般会首先变动价格(一般价格定得相对低一些),市场竞争力弱的中小企业,在竞争中为了防止竞争对手的报复,一般跟随市场领袖的价格。

④ 以社会责任为定价目标:指企业由于认识到自己的行业对消费者和社会承担某种义务,放弃追求高额利润,遵循以消费者和社会的最大效益为企业的定价目标。

11.5.2 影响肥料定价的因素

(1)成本因素。考虑固定成本(如固定资产折旧、机器设备租金、管理人员费用等)和变动成本(随着产量变化而变化的成本,如原材料、营销费用、生产经营第一线的人员工资等)。一般要求价格不能低于总成本。

(2)肥料市场状况因素。包括肥料供求状况;市场竞争状况。

(3)国家有关政策法规因素。税收政策、价格政策、淡季储备政策、运输法规、电价、农资补贴政策、进口肥料的增值税等。

(4)心理因素。人的购买行为主要受动机、直觉、学习、信念和态度等五种心理因素的影响。

11.5.3 肥料定价策略

1. 统一定价策略

统一定价策略是指肥料企业的同一产品在国际市场上采用同一价格的策略。这里的同一价格是指母公司与各国子公司的同一产品出厂价折合为同等金额的母国货币或同等金额的可兑换货币。

统一定价策略的好处在于：简单易行。企业可以忽略，甚至不需要调研和掌握目标市场国的环境、市场和消费者等信息；有利于企业建立全球统一的公司形象和产品形象；有利于公司的价格管理和营销管理，避免平行进口现象的发生。

与统一定价策略的优势一样，这一策略的劣势也很明显。在国际市场中，产品的成本因不同市场中税赋水平、中间商利润、汇率变化等因素的差异而很难统一。加上不同国家的市场状况差异，竞争程度差异和竞争对手的情况差异，统一价格在不同的市场中可能会因为价格过低而失去获取最大利润的机会，也可能会因为价格过高而失去竞争力，从而影响企业在不同市场的利润水平，甚至竞争力。统一定价策略的弊端使得这一策略越来越少地为跨国企业所使用，取而代之的是多元定价策略。

2. 折扣价格策略

折扣定价是指对基本价格做出一定的让步，直接或间接降低价格，以争取顾客，扩大销量。其中，直接折扣的形式有数量折扣、现金折扣、功能折扣、季节折扣；间接折扣的形式有津贴。

3. 招徕定价

招徕定价策略是指企业为了招徕更多消费者，有意将某些产品价格定得很低吸引客流。比如：肥料营销单位在店内某一位置，对某种商品故意标以低于成本价格，在这种商品的旁边摆放多位价格较高的商品。

4. 地区定价策略

地区定价策略就是肥料企业要决定对于卖给不同地区顾客的某种产品，是分别制定不同的价格，还是制定相同的价格。

5. 价格变动策略

肥料企业根据市场变化降价或提价。企业对肥料产品价格调整的动力既可能来自于内部，也可能来自外部。倘若肥料企业利用自身的产品或成本优势，主动地对价格予以调整，将价格作为竞争的利器，这称为主动调整价格。有时，价格的调整出于应付竞争的需要，即竞争对手主动调整价格，而肥料企业也相应地被动调整价格。无论是主动调整，还是被动调整，其形式不外乎是降价和提价两种。

11.6　分析肥料零售与批发策略

11.6.1　零售的概念及肥料零售业类型

(1)零售的概念。零售,是指将肥料产品和服务直接销售给终端消费者——农业种植户,以供其个人消费或非营利用途的各种活动。

(2)零售业的类型。传统肥料零售店、农资经营店、无店铺零售(如厂家推销人员的直销;直复营销——采用广告媒体、邮购、电话、电视、网络营销;农户自愿组团购买。

零售组织:结合式零售类型(如总体农资连锁店、自愿连锁店和零售合作社)、特许经营组织、销售联合大企业等。

11.6.2　肥料零售营销决策

(1)目标市场策略。做好细分市场,选择目标市场及市场定位工作。

(2)商品组合与采购决策。商品组合要与目标市场的需求结构相适应,商品组合包括商品的数量及比例、品种及质量等。采购决策包括采购商品目录、价格、时间、地点和单位等。

(3)服务组合决策。服务组合策略,包括售前、售中、售后和附加服务(表 11.6.1)(服务型、自我型、有限服务型和完全服务型)。商店氛围决策,包括合理布置店内顾客、商品和店员,创造良好购物环境,吸引顾客、方便购买。

表 11.6.1　不同类型的肥料零售服务

售前服务	售后服务	附加服务
接受电话服务 接受邮购 接受土壤、植株等样品养分分析化验服务 肥料推荐 广告 肥料展示 营业时间	送货 田间施用方法指导 在产品质量出现问题的情况下,尽量安排退货或换货 施用效果调查取证或接受信息反馈	信用卡、支票付款 一般咨询 免费停车 分期付款或赊账

(4)价格策略主要类型:“高毛利—低周转—高服务”“低毛利—高周转—低服务”这两种类型。

(5)促销决策(在后面促销决策中讲述)。

(6)地点决策。店址的选择对零售商的成功经营极其重要,关系到客流量和购买量。选人气较浓、农业发展水平高、农民素质较高的乡镇,一般可以在肥料销售旺季的时候做市场调查后,做出决定。

11.6.3 肥料批发与批发商的类型

1. 肥料批发的概念

肥料批发,指将商品或服务销售给未来转售、进一步市场加工或其他商业用途机构和个人的各种活动,广义而言,个人或组织把商品卖给除最终消费者之外的任何购买者,都是在从事批发活动,这些个人或组织就是批发商。

2. 批发商的类型

(1)商业批发商:对其经营的商品有所有权,即买下所有经营的商品,然后再转售出去,分为全面服务批发商(如农资综合批发商)和有限服务批发商(邮购批发商、现购自运批发商、生产者合作社)。

(2)居间经纪商:如肥料生产企业代理商、销售代理商和采购代理商。

(3)自营批发机构:如肥料生产企业销售机构和采购办事处。

3. 肥料批发商的营销特征与决策

(1)批发商的营销特点:目标市场决策,选择有利可图,有特色的肥料。

(2)货品与服务组合定价决策:扣除各项费用后,一般肥料批发商的实际利润在2%~3%。

(3)销售地点决策:选择租金低的地段,交通方便,仓库设置合理。

4. 肥料批发营销的发展趋势

(1)实施聚焦战略:重点放在具有竞争优势肥料产品上。

(2)更新营销理念:他们与客户的关系不完全是购销关系,而是“营销支持关系”,帮助批发商和客户制定营销方案、各种任务和活动,使整个销售渠道更有效率与效益,关系营销和渠道整合是各个批发商寻求发展的主要方向。

11.7　分析肥料促销策略

11.7.1　肥料促销的概念

肥料促销，也称为促进销售，指工商企业通过人员与非人员的方式把企业的产品及提供的服务信息传递给顾客，激发顾客的购买欲望，影响和促成顾客购买行为的全部活动的总称。

11.7.2　肥料促销的方式

1. 人员推销

人员推销，指肥料企业派出推销人员或委托推销人员直接向目标顾客介绍和推销产品的经营活动。

具体方式有：上门推销、会议推销、电话推销（电话或短信）和书面推销（书信、传真等方式，邮寄广告单、商品目录或订单）等。

2. 商业广告

商业广告，指肥料企业借用媒体形式向公众传播信息的活动。如报纸、电视、杂志、广播、网络。

公共关系广告与商业广告不同的是公共关系中的广告具有含蓄性（提倡某种观念，如环保），宣传的是肥料企业的整体形象，而一般的商业广告单纯以促销某产品或服务为目的，是显性广告促销企业文化。

选择广告媒体应注意的因素：商品的质量、农民接触媒体的习惯、广告媒体传播的效果、媒体成本和企业的支付能力。

3. 营业推广

营业推广，又称为推销促进，指肥料企业能够刺激消费者和中间商做出强烈反应，迅速促进短期购买行为的促销方式。

方式有：对消费者（农户）的营业推广，如采用赠送样品、示范推广、有奖销售、增量包装等。对中间商采用推广津贴、销售竞赛、交易会或博览会等。

4. 公共关系

公共关系，指肥料企业通过一系列社会活动，增进公众对企业的认识、理解和支持，在公众中树立良好的形象和信誉的经营管理活动。

方式有：社会公益、新闻宣传、专题活动（如召开新闻发布会，招待会）等。

11.7.3 肥料市场常用促销活动形式

肥料市场常用促销活动形式主要有：店面促销、田间促销、亲情促销、事件促销、示范促销（对比演示、示范田）、农化促销、服务促销、承诺促销（信誉、质量、产量、服务）、跟踪促销（建档案、勤跟踪）、助销促销（选择助销户参与促销）、订单促销、批发促销、配肥站促销、驻店促销、卖点促销、快速促销、讲座促销、文化促销、公益促销、积分促销等。

[肥料促销案例 1]

甲企业在自己的工厂附近的市场销售业绩非常好，有一定的品牌知名度。有一年，乙企业来到该区域与甲企业进行产品销售竞争，并且以价格优势和优惠的合作条件，竞争到了该区域部分批发商的支持，市场开始有货，乙企业向消费者进行宣传范围非常普及，广告具有一定的诱惑力，宣传的卖点是：两者产品是一样的，但是价格要低，农民得到更多的实惠。宣传口号是“敢与某某肥料比质量，敢与某某肥料比价格”。甲企业没有正面与乙企业打广告战，当销售季节到来时，全力进行门店促销，迅速出货，率先占据了农民需求的大部分额度，使乙企业市场上大量剩货积压在批发商的库房里，由于肥料配方有季节性，该产品需要到第二年的当季才能销售，乙企业和批发商损失惨重。

[肥料促销案例 2]

某企业业务员在漳州推广复合肥，发现当地农民大部分是将复合肥作为底肥施用，因此，促销主要集中在农民的田间地头，而且季节性非常强，局限性较大。一天，他到花卉市场游玩，发现许多花卉销售商在卖花的时候，也顺便卖花肥，主要是有机肥和进口肥，都是散装的小袋，于是他灵机一动，回去印制有本企业产品标识和广告的小袋，将自己工厂的产品分袋，然后分给花卉销售商出售，一方面卖出了好价格，另一方面起到了非常好的广告效应，许多花卉种植者开始使用这种肥料。

[肥料促销案例 3]

通过妇联和计划生育委员会对留守妇女进行科技讲座，在广大农村是非常好的促销方式。目前农村种地的人员基本是老人、妇女，青壮年劳力大部分外出打工，越是这样，农村就越需要科技种田来减轻农民的负担。某肥料市场企业与当地计划生育委员会、妇联组织了“留守妇女测土配方施肥讲座”，对重点乡镇的有知识妇女进行广泛的培训，讲清楚测土施肥的主要好处是省钱、省力、省事、增产，同时进行产品促销，取得了非常好的促销效果。

11.7.4　肥料营销新概念

1. 整合营销

整合营销，指利用多种渠道和媒介表达同一思想，传递同一种声音。其核心思想是将与企业进行市场营销有关的一切传播活动一体化。

2. 绿色营销

绿色营销的广义解释指企业营销活动中体现的社会价值观、伦理道德观，充分考虑社会效益，既维护自然生态平衡，更自觉地抵制各种有害营销。

3. 关系营销

关系营销，把营销活动看成是一个企业与消费者、竞争者、供应者、分销商、政府机构和其他社会组织发生互动作用的过程。其核心是建立和发展与公众的良好关系。

在肥料营销行业主要有以下几个方面的关系：厂家与经销商、经销商与门店、门店与消费者。

4. 技术营销

技术营销，是指营销管理技术，管理必须规范化、流程化、制度化。

主要内容有促销技术的优化、销售网络管理技术的整合、零售技术的规范化和差异化、服务技术和农化技术。服务技术和农化技术是以农化服务为基础，又在农化服务中创造价值，肥料行业的服务营销是未来的发展重点。

5. 网络营销

网络营销，是以计算机互联网的使用为基础，企业直接与顾客接触，并根据顾客的特定要求，以比竞争对手更有效的手段向顾客提供所需要产品或服务的营销。

网络营销特点：全球营销性、未来营销的交互性、无形性、便利性、互联性（国际—国内—地区—企业）、未来营销的个性化、标准化、效益化、整合化和技术性。

网络营销的操作步骤：获取 Internet 的域名→建立 web 服务器与企业的网页→营销定位→提供恰当的营销信息内容→将信息内容转变为 HTML 格式，以便计算机识别→将做完的信息资料在 Internet 上发布→在电子商店销售商品→在电子商店线上付款→寄送产品。

6. 营销道德

营销道德，指调整企业与所有利益相关者之间的关系的行为规范的总称，是客观经济规律及法制以外制约企业行为的另一要素。

道义论的道德观的几个主要论点是：诚实、感恩、公正、行善、自我完善、不作恶。

7. 服务营销

服务营销，指企业为了满足对服务产品所带来的服务用户的需求，实现企业预定的目标，通过采取一系列整合营销策略（售前、售中、售后）而达到交易的活动。包括：使用服务、价值服务、信息服务、边际服务。

服务营销的主要对策：注重口碑相传，诚实守信；重视提高一线服务人员的素质；细微体贴服务周到；熟悉产品、技能；快速反应，便利便捷。

复习思考题

1. 什么是产品的市场生命周期？分析肥料产品的市场生命周期的各个阶段。
2. 肥料新产品开发的形式有哪些？
3. 肥料新产品开发有哪些必要性？
4. 肥料品牌在市场营销中有什么作用？
5. 肥料批发与批发商的类型有哪些？
6. 分析肥料市场常用促销活动形式。

技能训练

1. 实训项目

调研肥料营销策略

2. 实训目的

了解肥料企业的营销策略。

3. 实训内容及要求

① 肥料公司营销管理人员介绍肥料经营管理情况；

② 实地参观公司营销部、加工仓储中心、质检部；

③ 与公司营销经理、加工仓储负责人进行座谈、现场咨询交流，了解肥料营销策略。

4. 实训方法

到当地肥料企业实地参观学习，调查、研究。

5. 实训作业

写一份技能训练（调查）报告。

项目12

农产品、农资市场营销创业实践

学习项目导航

子项目	学习任务
12.1　办理农资区域营销资质审批	1. 办理种子营销资质审批程序 2. 办理肥料营销资质审批程序 3. 办理农药营销资质审批程序
12.2　成立农产品、农资零售商	1. 零售商的概念、形式 2. 农产品、农资零售商的条件和程序 3. 零售店的商品结构 4. 零售商的选址和店面设计 5. 农资零售商的货品采购和营销策略 6. 创业案例——农业服务公司
12.3　成立农产品、农资批发商	1. 批发商的概念、类型 2. 设立农资批发商的程序 3. 批发商的选址 4. 批发商的货品采购和营销策略
12.4　成立农产品、农资生产商	1. 生产商的概念、主要形式 2. 设立农资生产商的条件 3. 生产商的营销策略

让学习者全面了解农产品、农资生产商、批发商和零售商的成立条件、成立程序、经营内容、选址要求、经营商品结构、营销策略等，能有效地管理和拓建农产品、农资营销渠道，提高选择、建立和管理农产品、农资营销渠道的能力，培养高职学生

进行独立创业的能力。

【思考】

李国华曾就读于某农业大学植保专业，毕业后在一家农资公司跑了四年的产品推广业务，做了一年的技术服务，现在想回家开办一家农药零售店，李国华应当具备什么条件，才能开设农资店？农药经营店需要提供哪些材料？

12.1　办理农资区域营销资质审批

12.1.1　办理种子营销资质审批程序

1. 主要农作物和主要林木种子生产经营许可范围和发放机关

(1)《种子法》(《中华人民共和国种子法》的简称，2015 年修订，2016 年 1 月 1 日实施)第三十一条规定：从事种子进出口业务的种子生产经营许可证，由省、自治区、直辖市人民政府农业、林业主管部门审核，国务院农业、林业主管部门核发。从事主要农作物杂交种子及其亲本种子、林木良种种子的生产经营以及实行选育生产经营相结合，符合国务院农业、林业主管部门规定条件的种子企业的种子生产经营许可证，由生产经营者所在地县级人民政府农业、林业主管部门审核，省、自治区、直辖市人民政府农业、林业主管部门核发。前两款规定以外的其他种子的生产经营许可证，由生产经营者所在地县级以上地方人民政府农业、林业主管部门核发。只从事非主要农作物种子和非主要林木种子生产的，不需要办理种子生产经营许可证。

(2)《种子法》第九十二条。第三项规定：主要农作物是指稻、小麦、玉米、棉花、大豆。第四项规定：主要林木由国务院林业主管部门确定并公布；省、自治区、直辖市人民政府林业主管部门可以在国务院林业主管部门确定的主要林木之外确定其他八种以下的主要林木。第五项规定：林木良种是指通过审定的主要林木品种，在一定的区域内，其产量、适应性、抗性等方面明显优于当前主栽材料的繁殖材料和种植材料。

2. 申请种子生产经营许可证应当具备的条件

(1)《种子法》第三十二条规定：申请取得种子生产经营许可证的，应当具有与种子生产经营相适应的生产经营设施、设备及专业技术人员，以及法规和国务院农业、林业主管部门规定的其他条件。从事种子生产的，还应当同时具有繁殖种子的隔离和培育条件，具有无检疫性有害生物的种子生产地点或者县级以上人民政府林业主管部门确定的采种林。申请领取具有植物新品种权的种子生产经营许可证的，应当征得植物新品种权所有人的书面同意。

(2)《农作物种子生产经营许可证管理办法》(中华人民共和国农业部令 2016 年 第 5 号)规定：

第七条 申请领取主要农作物常规种子或非主要农作物种子生产经营许可证的企业，应当具备以下条件：

(一)基本设施。生产经营主要农作物常规种子的，具有办公场所 150 平方米以上、检验室 100 平方米以上、加工厂房 500 平方米以上、仓库 500 平方米以上；生产经营非主要农作物种子的，具有办公场所 100 平方米以上、检验室 50 平方米以上、加工厂房 100 平方米以上、仓库 100 平方米以上；

(二)检验仪器。具有净度分析台、电子秤、样品粉碎机、烘箱、生物显微镜、电子天平、扦样器、分样器、发芽箱等检验仪器，满足种子质量常规检测需要；

(三)加工设备。具有与其规模相适应的种子加工、包装等设备。其中，生产经营主要农作物常规种子的，应当具有种子加工成套设备，生产经营常规小麦种子的，成套设备总加工能力 10 吨/小时以上；生产经营常规稻种子的，成套设备总加工能力 5 吨/小时以上；生产经营常规大豆种子的，成套设备总加工能力 3 吨/小时以上；生产经营常规棉花种子的，成套设备总加工能力 1 吨/小时以上；

(四)人员。具有种子生产、加工贮藏和检验专业技术人员各 2 名以上；

(五)品种。生产经营主要农作物常规种子的，生产经营的品种应当通过审定，并具有 1 个以上与申请作物类别相应的审定品种；生产经营登记作物种子的，应当具有 1 个以上的登记品种。生产经营授权品种种子的，应当征得品种权人的书面同意；

(六)生产环境。生产地点无检疫性有害生物，并具有种子生产的隔离和培育条件；

(七)农业部规定的其他条件。

第八条 申请领取主要农作物杂交种子及其亲本种子生产经营许可证的企业，应当具备以下条件：

(一)基本设施。具有办公场所 200 平方米以上、检验室 150 平方米以上、加工厂房 500 平方米以上、仓库 500 平方米以上；

（二）检验仪器。除具备本办法第七条第二项规定的条件外，还应当具有PCR扩增仪及产物检测配套设备、酸度计、高压灭菌锅、磁力搅拌器、恒温水浴锅、高速冷冻离心机、成套移液器等仪器设备，能够开展种子水分、净度、纯度、发芽率四项指标检测及品种分子鉴定；

（三）加工设备。具有种子加工成套设备，生产经营杂交玉米种子的，成套设备总加工能力10吨/小时以上；生产经营杂交稻种子的，成套设备总加工能力5吨/小时以上；生产经营其他主要农作物杂交种子的，成套设备总加工能力1吨/小时以上；

（四）人员。具有种子生产、加工贮藏和检验专业技术人员各5名以上；

（五）品种。生产经营的品种应当通过审定，并具有自育品种或作为第一选育人的审定品种1个以上，或者合作选育的审定品种2个以上，或者受让品种权的品种3个以上。生产经营授权品种种子的，应当征得品种权人的书面同意；

（六）具有本办法第七条第六项规定的条件；

（七）农业部规定的其他条件。

第九条　申请领取实行选育生产经营相结合、有效区域为全国的种子生产经营许可证的企业，应当具备以下条件：

（一）基本设施。具有办公场所500平方米以上，冷藏库200平方米以上。生产经营主要农作物种子或马铃薯种薯的，具有检验室300平方米以上；生产经营其他农作物种子的，具有检验室200平方米以上。生产经营杂交玉米、杂交稻、小麦种子或马铃薯种薯的，具有加工厂房1000平方米以上、仓库2000平方米以上；生产经营棉花、大豆种子的，具有加工厂房500平方米以上、仓库500平方米以上；生产经营其他农作物种子的，具有加工厂房200平方米以上、仓库500平方米以上；

（二）育种机构及测试网络。具有专门的育种机构和相应的育种材料，建有完整的科研育种档案。生产经营杂交玉米、杂交稻种子的，在全国不同生态区有测试点30个以上和相应的播种、收获、考种设施设备；生产经营其他农作物种子的，在全国不同生态区有测试点10个以上和相应的播种、收获、考种设施设备；

（三）育种基地。具有自有或租用（租期不少于5年）的科研育种基地。生产经营杂交玉米、杂交稻种子的，具有分布在不同生态区的育种基地5处以上、总面积

200亩以上；生产经营其他农作物种子的，具有分布在不同生态区的育种基地3处以上、总面积100亩以上；

（四）科研投入。在申请之日前3年内，年均科研投入不低于年种子销售收入的5%，同时，生产经营杂交玉米种子的，年均科研投入不低于1500万元；生产经营杂交稻种子的，年均科研投入不低于800万元；生产经营其他种子的，年均科研投入不低于300万元；

（五）品种。生产经营主要农作物种子的，生产经营的品种应当通过审定，并具有相应作物的作为第一育种者的国家级审定品种3个以上，或者省级审定品种6个以上（至少包含3个省份审定通过），或者国家级审定品种2个和省级审定品种3个以上，或者国家级审定品种1个和省级审定品种5个以上。生产经营杂交稻种子同时生产经营常规稻种子的，除具有杂交稻要求的品种条件外，还应当具有常规稻的作为第一育种者的国家级审定品种1个以上或者省级审定品种3个以上。生产经营非主要农作物种子的，应当具有相应作物的以本企业名义单独申请获得植物新品种权的品种5个以上。生产经营授权品种种子的，应当征得品种权人的书面同意；

（六）生产规模。生产经营杂交玉米种子的，近3年年均种子生产面积2万亩以上；生产经营杂交稻种子的，近3年年均种子生产面积1万亩以上；生产经营其他农作物种子的，近3年年均种子生产的数量不低于该类作物100万亩的大田用种量；

（七）种子经营。具有健全的销售网络和售后服务体系。生产经营杂交玉米种子的，在申请之日前3年内至少有1年，杂交玉米种子销售额2亿元以上或占该类种子全国市场份额的1%以上；生产经营杂交稻种子的，在申请之日前3年内至少有1年，杂交稻种子销售额1.2亿元以上或占该类种子全国市场份额的1%以上；生产经营蔬菜种子的，在申请之日前3年内至少有1年，蔬菜种子销售额8000万元以上或占该类种子全国市场份额的1%以上；生产经营其他农作物种子的，在申请之日前3年内至少有1年，其种子销售额占该类种子全国市场份额的1%以上；

（八）种子加工。具有种子加工成套设备，生产经营杂交玉米、小麦种子的，总加工能力20吨/小时以上；生产经营杂交稻种子的，总加工能力10吨/小时以上（含窝眼清选设备）；生产经营大豆种子的，总加工能力5吨/小时以上；生产经营其他农作物种子的，总加工能力1吨/小时以上。生产经营杂交玉米、杂交稻、小麦种子的，还应当具有相应的干燥设备；

（九）人员。生产经营杂交玉米、杂交稻种子的，具有本科以上学历或中级以上职称的专业育种人员 10 人以上；生产经营其他农作物种子的，具有本科以上学历或中级以上职称的专业育种人员 6 人以上。生产经营主要农作物种子的，具有专职的种子生产、加工贮藏和检验专业技术人员各 5 名以上；生产经营非主要农作物种子的，具有专职的种子生产、加工贮藏和检验专业技术人员各 3 名以上；

（十）具有本办法第七条第六项、第八条第二项规定的条件；

（十一）农业部规定的其他条件。

第十条　从事种子进出口业务的企业和外商投资企业申请领取种子生产经营许可证，除具备本办法规定的相应农作物种子生产经营许可证核发的条件外，还应当符合有关法律、行政法规规定的其他条件。

12.1.2　办理肥料营销资质审批程序

《肥料登记管理办法》(2000 年 6 月 23 日农业部令第 32 号公布，2004 年 7 月 1 日农业部令第 38 号修订，2017 年 11 月 30 日，中华人民共和国农业部第 8 号令修订）规定：

1. 肥料登记管理

(1)国家农业部负责全国肥料登记和监督管理工作。

(2)国家鼓励研制、生产和使用安全、高效、经济的肥料产品。

(3)实行肥料产品登记管理制度，未经登记的肥料产品不得进口、生产、销售和使用，不得进行广告宣传。

2. 登记申请

(1)凡经工商注册，具有独立法人资格的肥料生产者均可提出肥料登记申请。

(2)农业部制定并发布《肥料登记资料要求》。

肥料生产者申请肥料登记，应按照《肥料登记资料要求》提供产品化学、肥效、安全性、标签等方面资料和有代表性的肥料样品。

(3)农业部负责办理肥料登记受理手续，并审查登记申请资料是否齐全。境内生产者申请肥料登记，其申请登记资料应经其所在地省级农业行政主管部门初审后，向农业部提出申请。

(4)生产者申请肥料登记前,须在中国境内进行规范的田间试验。对有国家标准或行业标准,或肥料登记评审委员会建议经农业部认定的产品类型,可相应减免田间试验。

(5)生产者可按要求自行开展肥料田间试验,也可委托有关单位开展,生产者和试验单位对所出具的试验报告的真实性承担法律责任。

(6)有下列情形的肥料产品,登记申请不予受理:没有生产国使用证明(登记注册)的国外产品;不符合国家产业政策的产品;知识产权有争议的产品;不符合国家有关安全、卫生、环保等国家或行业标准要求的产品。

(7)对经农田长期使用,有国家或行业标准的下列产品免予登记:硫酸铵,尿素,硝酸铵,氰氨化钙,磷酸铵(磷酸一铵、二铵),硝酸磷肥,过磷酸钙,氯化钾,硫酸钾,硝酸钾,氯化铵,碳酸氢铵,钙镁磷肥,磷酸二氢钾,单一微量元素肥,高浓度复合肥。

3. 登记审批

(1)农业部负责全国肥料的登记审批、登记证发放和公告工作。

(2)农业部聘请技术专家和管理专家组织成立肥料登记评审委员会,负责对申请登记肥料产品的产品化学、肥效和安全性等资料进行综合评审。

(3)农业部根据肥料登记评审委员会的综合评审意见,在评审结束后 20 日内作出是否颁发肥料登记证的决定。肥料登记证使用《中华人民共和国农业部肥料审批专用章》。

(4)农业部对符合下列条件的产品直接审批、发放肥料登记证:有国家或行业标准,经检验质量合格的产品;经肥料登记评审委员会建议并由农业部认定的产品类型,申请登记资料齐全,经检验质量合格的产品。

(5)农业部根据具体情况决定召开肥料登记评审委员会全体会议。

(6)肥料商品名称的命名应规范,不得有误导作用。

(7)肥料正式登记证有效期为五年。肥料正式登记证有效期满,需要继续生产、销售该产品的,应当在有效期满六个月前提出续展登记申请,符合条件的经农业部批准续展登记。续展有效期为五年。

登记证有效期满没有提出续展登记申请的,视为自动撤销登记。登记证有效期满后提出续展登记申请的,应重新办理登记。

(8)经登记的肥料产品,在登记有效期内改变使用范围、商品名称、企业名称的,应申请变更登记;改变成分、剂型的,应重新申请登记。

12.1.3　办理农药营销资质审批程序

《农药管理条例》(1997 年 5 月 8 日中华人民共和国国务院令第 216 号发布；2017 年 2 月 8 日国务院第 164 次常务会议修订通过)规定：

1. 农药生产、经营的管理

(1)国务院农业主管部门负责全国的农药监督管理工作。县级以上地方人民政府农业主管部门负责本行政区域的农药监督管理工作。县级以上人民政府其他有关部门在各自职责范围内负责有关的农药监督管理工作。

(2)县级以上地方人民政府应当加强对农药监督管理工作的组织领导，将农药监督管理经费列入本级政府预算，保障农药监督管理工作的开展。

(3)农药生产企业、农药经营者应当对其生产、经营的农药的安全性、有效性负责，自觉接受政府监管和社会监督。农药生产企业、农药经营者应当加强行业自律，规范生产、经营行为。

(4)国家鼓励和支持研制、生产、使用安全、高效、经济的农药，推进农药专业化使用，促进农药产业升级。对在农药研制、推广和监督管理等工作中作出突出贡献的单位和个人，按照国家有关规定予以表彰或者奖励。

2. 农药登记制度

(1)国家实行农药登记制度。

农药生产企业、向中国出口农药的企业应当依照本条例的规定申请农药登记，新农药研制者可以依照本条例的规定申请农药登记。

国务院农业主管部门所属的负责农药检定工作的机构负责农药登记具体工作。省、自治区、直辖市人民政府农业主管部门所属的负责农药检定工作的机构协助做好本行政区域的农药登记具体工作。

(2)农药登记证应当载明农药名称、剂型、有效成分及其含量、毒性、使用范围、使用方法和剂量、登记证持有人、登记证号以及有效期等事项。

农药登记证有效期为 5 年。有效期届满，需要继续生产农药或者向中国出口农药的，农药登记证持有人应当在有效期届满 90 日前向国务院农业主管部门申请延续。

农药登记证载明事项发生变化的，农药登记证持有人应当按照国务院农业主管部门的规定申请变更农药登记证。

3. 农药生产许可制度

(1)国家实行农药生产许可制度。

农药生产企业应当具备下列条件，并按照国务院农业主管部门的规定向省、自治区、直辖市人民政府农业主管部门申请农药生产许可证：有与所申请生产农药相适应的技术人员；有与所申请生产农药相适应的厂房、设施；有对所申请生产农药进行质量管理和质量检验的人员、仪器和设备；有保证所申请生产农药质量的规章制度。

省、自治区、直辖市人民政府农业主管部门应当自受理申请之日起20个工作日内作出审批决定，必要时应当进行实地核查。符合条件的，核发农药生产许可证；不符合条件的，书面通知申请人并说明理由。

安全生产、环境保护等法律、行政法规对企业生产条件有其他规定的，农药生产企业还应当遵守其规定。

(2)农药生产许可证应当载明农药生产企业名称、住所、法定代表人(负责人)、生产范围、生产地址以及有效期等事项。

农药生产许可证有效期为5年。有效期届满，需要继续生产农药的，农药生产企业应当在有效期届满90日前向省、自治区、直辖市人民政府农业主管部门申请延续。

农药生产许可证载明事项发生变化的，农药生产企业应当按照国务院农业主管部门的规定申请变更农药生产许可证。

(3)委托加工、分装农药的，委托人应当取得相应的农药登记证，受托人应当取得农药生产许可证。委托人应当对委托加工、分装的农药质量负责。

4. 农药经营许可制度

(1)国家实行农药经营许可制度，但经营卫生用农药的除外。

农药经营者应当具备下列条件，并按照国务院农业主管部门的规定向县级以上地方人民政府农业主管部门申请农药经营许可证：

① 有具备农药和病虫害防治专业知识，熟悉农药管理规定，能够指导安全合理使用农药的经营人员。

② 有与其他商品以及饮用水水源、生活区域等有效隔离的营业场所和仓储场所，并配备与所申请经营农药相适应的防护设施。

③ 有与所申请经营农药相适应的质量管理、台账记录、安全防护、应急处置、仓储管理等制度。

经营限制使用农药的，还应当配备相应的用药指导和病虫害防治专业技术人员，并按照所在地省、自治区、直辖市人民政府农业主管部门的规定实行定点经营。

县级以上地方人民政府农业主管部门应当自受理申请之日起 20 个工作日内作出审批决定。符合条件的，核发农药经营许可证；不符合条件的，书面通知申请人并说明理由。

(2)农药经营许可证应当载明农药经营者名称、住所、负责人、经营范围以及有效期等事项。

农药经营许可证有效期为 5 年。有效期届满，需要继续经营农药的，农药经营者应当在有效期届满 90 日前向发证机关申请延续。

农药经营许可证载明事项发生变化的，农药经营者应当按照国务院农业主管部门的规定申请变更农药经营许可证。

取得农药经营许可证的农药经营者设立分支机构的，应当依法申请变更农药经营许可证，并向分支机构所在地县级以上地方人民政府农业主管部门备案，其分支机构免予办理农药经营许可证。农药经营者应当对其分支机构的经营活动负责。

(3)农药经营者采购农药应当查验产品包装、标签、产品质量检验合格证以及有关许可证明文件，不得向未取得农药生产许可证的农药生产企业或者未取得农药经营许可证的其他农药经营者采购农药。

农药经营者应当建立采购台账，如实记录农药的名称、有关许可证明文件编号、规格、数量、生产企业和供货人名称及其联系方式、进货日期等内容。采购台账应当保存 2 年以上。

(4)农药经营者应当建立销售台账，如实记录销售农药的名称、规格、数量、生产企业、购买人、销售日期等内容。销售台账应当保存 2 年以上。

农药经营者应当向购买人询问病虫害发生情况并科学推荐农药，必要时应当实地查看病虫害发生情况，并正确说明农药的使用范围、使用方法和剂量、使用技术要求和注意事项，不得误导购买人。[1]

经营卫生用农药的，不适用本条第一款、第二款的规定。

(5)农药经营者不得加工、分装农药，不得在农药中添加任何物质，不得采购、销售包装和标签不符合规定，未附具产品质量检验合格证，未取得有关许可证明文件的农药。

经营卫生用农药的，应当将卫生用农药与其他商品分柜销售；经营其他农药的，不得在农药经营场所内经营食品、食用农产品、饲料等。

(6)境外企业不得直接在中国销售农药。境外企业在中国销售农药的，应当依法在中国设立销售机构或者委托符合条件的中国代理机构销售。

向中国出口的农药应当附具中文标签、说明书,符合产品质量标准,并经出入境检验检疫部门依法检验合格。禁止进口未取得农药登记证的农药。

办理农药进出口海关申报手续,应当按照海关总署的规定出示相关证明文件。

12.2 成立农产品、农资零售商

12.2.1 零售商的概念、形式

1. 零售的概念

零售:指将产品和服务直接销售给终端消费者或农业种植户,以供其作个人消费或非营利用途的各种活动。

2. 零售店形式

(1)独立经营型。是指具有独立的商品经营权,并能以自己的名义承担责任与义务的零售企业。独立经营型有以下几种具体形式。

商店零售的特点是在店内零售商品与服务。其形式主要有:

① 综合性零售店。是指经营两类以上且品种比较多的农资零售企业,多设在农村乡镇基层。其经营的产品线较宽,产品多、乱、杂,经营方式较为粗放,通常仅限于常用必需品种。

② 专业商店。通常是一种技术知识相对专业化程度较高的农资零售商店,方便农民的技术咨询。一般专业商店的产品线较窄,但每个产品线内的产品品种、规格比较齐全,便于消费者充分选择,适应了不同消费者的个性需求。专业商店或以单一产品线甚至单一品牌经营而成为专营店(例如,化肥商店、农药商店、蔬菜种子商店),或以某一顾客群为服务对象,经营有限产品线而成为专门店(例如农药制剂商店)。

③ 无店铺零售。是指不经过商店,生产者自己或通过推销人员(直销员)向消费者销售产品,包括上门推销、举办展销会、网上销售等方式。目前,农资无店铺零售相对较少,成本也较高。

(2)组织零售型。组织零售型是指与某一农资生产者或中间商,通过建立某种关系而成为利益共同体的零售商业企业。主要形式有直营连锁和特许经营。

① 直营连锁即总公司直接投资开设连锁店，是指连锁公司的店铺均由公司总部全资和控股开设，在总部的直接领导下统一经营。

连锁作为一种联系生产、流通的企业组织形式，把工业资本与商业资本嫁接。目前，我国农药连锁经营方式主要有生产厂家自建连锁、流通企业（经销商、代理商）所经营的连锁网络。连锁经营最大的特点是销售的高度规范和售后优质服务。连锁经营采用统一采购、配送、批发和零售的一体化，从而形成产销一体化或批零一体化的格局。

② 特许经营是特许人把自己的商标标志和管理技术等知识产权授权被特许人有偿使用，由此以整体统一的商业形象和管理模式对外营业。而对于所有的受许人来说，他在经营产品或服务时，权利和责任受到特许授权人的限制。特许经营是连锁经营发展到一定阶段的产物，是连锁经营的高级形式。

3. 代理型（农资代理商）

代理商是指不需要购进商品取得商品的所有权，只是为生产者代理销售，靠代理行为赚取生产者代理佣金来取得利润的企业。代理商由于没有商品所有权，所以也没有价格调整权，只能按生产商规定的价格或在生产商规定的价格范围内确定商品价格。也就无须承担产品问题而带来损失，相对经营风险比较小。但代理商有定期向生产商汇报市场动态、销售业绩、消费评价的义务。

4. 经销型（农资经销商）

经销商是指从生产商或其他中间商购进商品，取得商品所有权后，再将商品卖给最终消费者的商业企业。经销商由于具有经销商品的所有权，因此可以独立制定营销决策。利润来源主要依靠商品的进销差价取得。

12.2.2　设立农产品、农资零售商的条件和程序

1. 设立零售商店的条件

农产品、农资经营作为一种专业性较强的商业活动，有自己特有的要求和应该具备的条件。创办一个农产品、农资零售店，应具备以下几方面的条件。

（1）区域内农业产业条件。具备农业生产条件是从事农产品、农资经营的前提，尤其农资零售面对的是农业终端消费者——农民，因此，在经营前首先要调查好当地的农业产业结构及农民和种植大户的需求量是否适合农资经营。不同的农业产业结构意味着有不同的农资消费需求。

(2)经营者自身条件。经营者是企业效益的决定性因素,经营者在开办企业之前,要对自身条件作充分的分析,总结出本人优势与劣势所在。主要包括:①本人的知识范围和知识结构能否适应经营对象的需要。②资金状况如何。特别是首期启动资金是否充足,对开店运营影响很大。③社会关系。关系营销是将企业置身于社会经济大环境中考察企业的市场营销活动,认为企业营销是一个与消费者、竞争者、供应商、分销商、政府机构和社会组织发生互动作用的过程,正确处理这些个人和组织的关系是营销的核心,是企业成败的关键,使农资用户成为自己长期的顾客。

(3)政策法规条件。不论是国家政策法规,还是地方政策法规,都同样影响到农产品、农资零售商业的经营。特别是农业生产资料有其自身的特殊性,因此,国家对农资经营有着特殊的法律法规要求,在经营前一定要认真学习。例如,地方政府对零售商经营项目、品种和开店地点有无规定,有无市政规划变动等。

2. 设立零售商店的程序

(1)选择确定目标市场。这是开办零售商店营销策划中最重要的任务。只有明确界定出目标市场时,零售商才能对货物搭配、商店装饰、广告媒体、价格水平等做出一致的策划,目标市场要在市场需求调查基础上确定。

(2)确定规模及经营对象。开办多大规模,经营什么品种要视开办者所处的地理位置、区域特点、现有网点分布情况、本人资金情况、产品知识、能够提供的技术服务等因素。我国农产品、农资零售商店以中小型居多,以民营或个体经济形式居多。

(3)确定经营形式。确定经营形式是经销或代理,是独立经营还是连锁经营。目前大部分的零售店以自主经营为主。

(4)制作运营资金及风险预算表。通过制作预算做到心中有数,为顺利经营提供保证。

① 筹措资金。筹措资金可以通过自筹、借贷、信贷、投资入股等途径。

② 选择店址。农产品店要根据市场客流量及生活消费习惯设立,通常选择居民区和交通便利处。农资店多以乡镇为主,以村庄为单位经营的逐步增加。

③ 办理相关证照。农资属于特殊商品,国家规定农资经营实行《经营许可证》制度,由工商行政管理部门批准的同时,还要经有关的专业管理部门批准并取得相应的《经营许可证》。设立种子经营商店要同时提供由所在地相应的农业行政主管部门核发的《农作物种子经营许可证》。设立农药、化肥零售商店要提供由所在地相应的安全监督部门核发的《危险化学品经营许可证》,然后到工商部门领取营业执照。

(5)选择营销人员。目前零售店以夫妻店居多，小部分连锁店是以批发商建立分店的形式出现。

(6)店堂布置。店堂布置没有统一的标准，通常情况下就是一个货柜、桌子或玻璃柜的形式摆放。

(7)开门营业，接待顾客。开门等客、常规的销售是零售商主要的日常工作。对顾客要做到主动、热情、细致的接待。

12.2.3　零售店的商品结构

商品结构是零售店在一定的经营范围内，按一定的标志将经营的商品划分为若干类别和项目，并确定各类别和项目在商品总构成中的比重。经营目标能否圆满完成，经济效益能否顺利实现，关键不在于经营范围，而在于商品结构是否合理。

1. 商品结构的分类与内容

按商品自然种类划分，可以分为商品类别、商品品种、商品花色、规格、质量、等级、品牌等；按销售程度划分，可以分为畅销商品、平销商品、滞销商品；按经营商品的构成划分，可以分为主力商品、辅助商品和关联商品等。

(1)主力商品。主力商品是指在零售店经营中，无论是数量还是金额均占主要部分的商品。可以说，主力商品的经营效果决定着零售店经营的成败。因此，零售店应首先将注意力放在主力商品的经营上。

零售店选作主力商品经营的应该是在市场上具有竞争力的商品。零售店必须掌握主力商品的变化情况，同时还应注意掌握顾客的需求动向和购买习惯的变化，如果在经营中发现主力商品的某些品种滞销，就必须及时采取措施加以调整。

(2)辅助商品。辅助商品是对主力商品的补充，两者相搭配，可以使商品更加丰富，克服商品的单调感，增加顾客光顾频率，能够刺激顾客的购买欲望，促进主力商品的销售。只要是零售店能够经营，而且又是顾客需要的商品就可以。

(3)关联商品。关联商品是在用途上与主力商品有密切联系的商品。例如，种子与种衣剂、农药与喷雾器等都是关联商品。配备关联商品，可以方便顾客的购买，可以增加主力商品的销售，扩大商品销售量。

2. 商品结构的完善与调整

零售店商品结构的完善，主要是完善主力商品、辅助商品和关联商品的结构，主力商品应该占绝大部分。其中关联商品应确实与主力商品具有很强关联性。有相当部分商品品种由于供求的季节性波动而形成周期性的商品交替,所以企业要随着季节的不断变更,随时提前调整好商品结构。

12.2.4 零售店的选址和店面设计

1. 零售店选址

零售店的经营地址是一种无形的资源。选址正确,门庭若市,生意就会兴隆;选址错误,必然会带来巨大的损失。农资零售商店选址要考虑以下几个因素:

(1)交通条件。很多农产品、农资商品使用的是大包装,占地面积大、笨重,因此零售商店要选择交通便利,运输通畅的地段。

(2)社会环境。

① 人口因素。人口数量是衡量商圈内需求大小的重要参数,人口因素对零售营销影响非常大,因为人是市场的主体。

② 经济发展情况。经济发展程度和速度对购买力起决定作用,而购买力则是销售量的决定性因素。

③ 区域经济结构。经济结构是指一个区域内各行业所占的比例。区域经济结构不同,所需的物资结构就不同。

④ 农用地面积。商圈内农用地面积,尤其是耕地面积大小直接影响某些农资的消费量。

(3)经营内容。多数种类商品要求店铺开在人流量大的地方,但有的要选在远离人群的地方。例如,农药专营商店要离居民区远些。

① 易于形成农资供应市场。目前全国农资零售店仍属于分散性经营,县级经销商多以集中市场型经营。

② 有广告空间。有的店面没有独立门面,店门前自然就失去了独立的广告空间,这会给农资促销带来不便。

2. 零售店店名及店面设计

(1)店名确定。具有高度概括力与强烈的吸引力的商店招牌(商店名),对顾客的视觉刺激和心理影响以及打响零售店牌子是很重要的。

① 商店的名称是作为法人所享有的一种人身权。名称的使用必须符合法律的规定,才能受到法律的保护。根据国家工商行政管理局发布的《企业名称登记

管理条例》的精神，其名称应遵循以下要求：a. 企业只准使用一个名称。b. 企业名称应使用汉字或同时使用本民族自治地方通用的民族文字。使用外文名称的，其外文名称应当与中文一致，并报登记主管机关登记注册。c. 企业名称不得含有下列内容和文字：有损国家、社会公共利益的；可能对公众造成欺骗或误解的；外国国家组织名称；政党名称、党政军机关名称、群众组织名称、社会团体名称及部队番号；汉语拼音字母（外文名称中使用的除外）、数字；其他法律法规规定禁用的。

② 商店名要与经营商品相吻合。商店命名方法，通常能反映经营者的经营特色，或反映主营商品的优良品质，使消费者易于识别店铺经营范围，如“农科所种子经营服务部”。

（2）店名要新颖，不落俗套，忌语意隐晦，易生歧义，要能迅速吸引消费者的视觉，引起消费者的兴趣。

（3）店名应易读易记

忌用多音字、忌用偏字，店名不能起得太长。

（4）店面设计

农资商店的店面设计与普通消费品的店面设计有所不同，一般要考虑以下几个因素。

① 室内装饰材料的耐液体性、耐碱性、耐酸性、耐压性等。

② 合理安排库房与展厅的比例。

③ 货架的设计要有利于商品的展示和摆放。

④ 要有利于通风、散热、防水、防潮。

⑤ 最好有单独库房存放挥发性、刺激性较强的商品。

12.2.5　农资零售商的货品采购和营销策略

1. 货品采购

零售店的商品采购活动一般可分为与供应商洽谈、市场采价、议价、进货以及追踪管理商品等具体步骤。

（1）接洽供应商。

① 选择供应商。

选择供应商的思路

思路决定出路。一个供应商的思路跟他的企业发展关系很大，也会影响到零售商店的经营效益。要考察经销供应商的五种能力:即凝聚力、魅力、魄力、眼力和执行力。

了解供应商的团队

供应商的团队建设对市场的竞争也是非常关键的,一支好的团队能帮你开辟一片市场,能够帮你树立局部的品牌。

了解供应商的市场管理

如果供应商把市场管理做到位了,供应有保障,并尽可能延长产品在市场上的寿命,使得商品市场价格保持相对平稳,就等于利润有保障,跟着这样的供应商就能挣到钱。

② 供应商的技术力量。技术力量能体现一个企业是否专业,只有专业才能真正到位地帮助农民,取得农民的信任,产品才能市场化。

③ 供应商的学习力。学习力是学习能力、动力、态度和创新能力的总和。没有学习力就没有创造力,学习力实际上就是竞争力,因为只有学习才能创新,创新了也就发展了。学习和创新应该是一个持续不断的过程。

④ 供应商的信誉和资金实力。对于供应商来说,不恶意窜货、不售假、制假、造假、对人友善、在行业中的口碑好,能够及时地返利,对自己答应的事情能说到做到,这就是信誉,它是一种软生产力,属于无形资产。

⑤ 供应商与当地执法部门的关系。当企业发展到一定的程度,就必须与政府有关部门搞好关系,否则,就容易出现不必要的误解、失误甚至损失,解决问题也可能需要付出较高的代价。

⑥ 供应商的产品结构。产品结构尽可能地合理搭配,全年均有具竞争力的产品可卖。

(2)分类接洽供应商。要根据商品的不同类别将供应商进行分类,分别拜访不同类别的供应商,以提高洽谈效率。

① 采价。采价就是零售店采购人员在接受了供应商的产品报价以后,亲自到市场上采取同类产品的价格,与供应商的报价进行比较,来确定供应商的取舍。在采价时,一定要注意采价的商品要与供应商的商品是一种竞争关系,即相同类型、相同品项,否则就没有可比性。

② 议定价格。在采价以后,要与供应商商定供应品的价格。在商议之前,采购人员要通过各种途径了解供应商向其他零售店的实际供货价,再具体分析本零售店的经营优势和劣势,以增加自己在价格谈判中的筹码。事先应该确定一个可

接受的最高价格，超过这个价格就应该果断地放弃，寻求其他供应商。

③ 进货。零售店经营者在商品采购过程中，重要的问题是要确定采购商品的数量、费用、渠道、组织形式等内容。

2. 零售店营销策略

(1)产品策略。商品的质量越好，使用价值就越高；服务越好，越能满足消费者的需求，顾客的满意度也就越高，这是商店培养顾客忠诚度的基础所在。所以从产品方面来讲，商店应该做到：

把好产品质量关。商店要坚决杜绝假冒伪劣商品、残次品，注意先进先出，随时检查商品的出厂日期和保质期，并保持商品的外观清洁，以高质量赢得消费者的信赖。

重信誉。“民无信不立”，诚信已经成了经商的基本原则，纵观我们身边的旺铺，都是信誉好的。

服务要好。为顾客提供优良的服务而不仅仅是提供产品，包括提供售后服务，劣质的服务会把顾客赶跑。

突出产品特色。店里的商品并不一定非全不可，根据当地的实际情况，突出店面的特色，满足顾客的需求，同时店面空间设计要能给人一种舒畅的感觉，就更好了。

(2)价格。价格是顾客购买产品最敏感的话题。一般而言，人们总是希望花最少的钱办更多的事，不少商店因为产品价位的不合理而失去了大批的顾客。

低价渗透策略。采取大批量直接采购，减少中间环节，提高经营效率，争取供应商让利等措施，千方百计降低成本，实行薄利多销，以低价取胜。

以盈补缺法。以低价吸引顾客大批购买自己的某种产品，同时，以相关系列产品获利。

平头低尾法。只是将价格的“龙尾”微微向下落一落，就能给人一下降很多的感觉。例如标价 10.8 元和标价 11 元经常给人两个水平的感觉，其实相差只有 0.2 元。

错觉定价法。有一个农资店的杀虫剂 500 克装，定价 9.30 元，又推出一种 450 克装的产品，定价 8.50 元，一时销路看好，因为消费者有时对重量的敏感远远低于价格。仔细算一下会发现，二者单位定价相差无几，而且后者还略高一些。

季节折扣。根据产品淡旺季和消费者购买的数量，来决定是否给予折扣，折扣多少的定价策略。这种定价运用得当，可以有效调节客流淡季过少等情况，使店面常见顾客盈门。

3. 促销

促销是提升人气最快捷最有效的方法，但前提是一定要懂得促销的方法。

① 做好促销前的宣传工作。“酒香也怕巷子深”，做好促销前的宣传工作是促销达到目的的前提。一般而言，促销宣传要在店面的辐射范围之内，针对目标消费者进行。

② 巧制促销政策。要先对目标顾客市场进行调查，然后有针对性地制定相关的政策，才能收到较好的效果。比如采取低价吸引、附赠品（成本很低但适用）、批量优惠价、积分返利等办法。

③ 注意创新。如今，促销花样越来越多，但只有符合顾客的心理和需求的方式才可能收到良好的效果。同时，在促销的过程中，不要忽视中后期的宣传，一定要杜绝虚假。

【案例】

店面开业前期，我们花费 20 天时间，进行三轮地毯式宣传，通知到每家每户。开业第一天，农民大多结伴而来，最多时店里楼上楼下约聚有 200 人。

楼上听农业专家的讲座，楼下观察、挑选肥料。当第一位农民交钱订肥时，在场农民戒备心理明显降低，紧随其后开始交钱订购肥料。

分析：从众心理。一般的消费心理是：别人买什么我也买什么。如果在一个村子里有种田大户，庄稼种得不错，菜棚管理的比较好，或者果园管理的很好，就有一部分农民在观察他们在打药、施肥的时候用的什么，就认为他们的庄稼好，说明打的药好，施的肥好，他们用什么，就跟着购买什么。还有的农民观察地头井边，看看别人丢掉的农药瓶子，小包装袋子，哪个包装比较多，自己也去寻找这样的产品，因为大家都在用。还有就是到了零售店里，看看别人都购买的是什么产品，如果一个店里有 10 个农民在买药，其中 8 个农民购买的是同一个产品，他就会问是打虫的还是防病的，如果跟自己的庄稼得的是一个病或虫，就会出现别人买什么，他也买什么的情况。

课堂讨论：如何造势？

1. 门店开业造势；2. 销售旺季造势；3. 销售淡季造势。各小组任选一个主题。

12.2.6　创业案例——农业服务公司

2017年，广西农业职业技术学院植保专业2014级的4名同学组成创业团队。一名同学作为主要负责人，对团队建设与各项工作进行谋划、统筹；两名同学负责业务对接；一名同学负责财务管理及后勤工作。学校指导老师全程跟踪指导，聘请相关企业专家作为创业顾问。

公司名称：南宁都市农人科技有限公司。

公司经营范围：一是主要开展昆虫知识科普（展销）教育活动、标本定制；二是农业植保“飞”防服务及产品销售；三是智能“一米菜园”及无土栽培与农业生产资料销售；四是农业咨询及病虫害专业技术服务；五是区内外名特优农产品销售。

公司经营理念：诚信经营，专业服务，为广大农民朋友创造美好生活。

公司品牌标签：都市农人。

12.3　成立农产品、农资批发商

12.3.1　批发商的概念、类型

1. 批发商的概念

批发商就是指专门从事产品批发活动，提供产品批发服务的企业或公司。

2. 批发商类型

(1)商业批发商（或商人批发商）。商业批发商（或商人批发商）是独立的商业经营者，是批发商最主要的类型。商业批发商一般是买下所经销的商品，然后再出售以获取利润。商业批发商按其批发职能和提供的服务是否完全可分为两种类型：

① 完全服务批发商。完全服务批发商执行批发商的全部职能，他们提供的服务主要有保持货存、提供信贷、运送货物以及协助管理等。

② 有限服务批发商。有限服务批发商为了减少成本费用，降低批发价格，只执行批发商的部分职能。

(2)代理批发商。代理批发商与商业批发商的区别在于对所经营的商品没有

所有权，仅依靠自己的信息资源、专业知识与劳务，促进供求关系的建立、发展与成交，从中取得佣金。代理批发商又有多种类型。

a. 企业代理商。代表一家或几家生产企业推销产品，与生产者订有书面合同（协议），商品出售后，按销售数量或金额的一定比例取得佣金。

b. 销售代理商。独立接受委托，负责代理包销生产企业的全部产品。它不受地域限制并有一定的定价权。在同一时期生产者只能委托一家销售代理商，且本身不能从事销售活动。

3. 经纪人

从事买卖介绍活动，向买卖双方提供市场信息，促使买卖双方成交，并收取佣金，不承担风险。

4. 生产商的销售机构和销售办事处

这种类型是在生产企业决定不采用或仅部分采用批发商的情况下所设置的专门经营该企业产品批发销售业务的独立机构，其实质是隶属于生产者的一个业务代办机构。

12.3.2 设立农资批发商的程序

1. 种子批发商

成立种子批发商需要有《种子经营许可证》。种子生产、经营许可证分为 A、B 两种。生产、经营主要农作物杂交种子及其亲本种子、常规种原种种子的，用 A 证。生产、经营主要农作物常规大田用种和经营非主要农作物种子的，用 B 证。《种子经营许可证》的办理需提供如下材料：

① 农作物种子经营许可证申请表；

② 种子检验人员、贮藏保管人员和加工技术人员资质证明；

③ 种子检验仪器、加工设备、仓储设施清单、照片及产权证明；

④ 种子经营场所照片。

2. 农药批发商

成立农药批发商需要有《农药经营许可证》。对于所经营的农药属于化学危险品的，还应有安全监督局的审批证明。办理《农药经营许可证》需提供如下材料：

①《农药经营许可证》申请表；

② 与经营农药相适应的技术人员资格证明文件复印件；

③ 法定代表人身份证明文件复印件；

④ 经营负责人身份证明文件复印件；

⑤ 经营场地有关证明文书(或租赁合同)复印件。

3. 化肥批发商

国家规定化肥流通以农资公司为主渠道，县级及县级以下农业植保站、土肥站、农技推广(中心)站和化肥生产企业为辅助渠道，其他任何单位和个人一律不得经营化肥。中央统配化肥为二级批发、一级零售；省级统配化肥为一级批发、一级零售。进口化肥统一由中国农资集团进货。

12.3.3　批发商的选址

批发商销售目标群体比较固定，主要考虑其所在的位置是否有利于产品的批量贮存与运输，通常以处于交通枢纽为宜。具体来说，批发商在选址过程中，应考虑如下几点原则。

① 方便顾客购买；

② 方便货物运送；

③ 有利于竞争；

④ 有利于网点扩充。

12.3.4　批发商的商品采购和营销策略

1. 批发商的商品采购

选择理想的农资供货厂家，是农资批发业务开展能否顺利进行的重要保障，也是最终获取利润的基础保证。农资批发商在对供货厂商的选择上，一般要在以下几个方面对供货厂商进行比较和考核。

① 信誉：要从多途径、多方面地了解；

② 实力：企业规模、资金实力；技术与产品；品牌广告宣传；

③ 利益：农资批发商的经营目的很明确，就是追逐利益；

④ 厂家的支持力度、创新能力等。

总之，选择好的农资生产厂家是农资批发商核心竞争力的根本。

2. 批发商营销策略

(1)规划品牌。当今市场中销售产品不再是决定因素，销售品牌则显得越来越重要。我国的农资批发商大都没有自己的注册商标，谈不上什么品牌识别。应该充分利用良好的销售网络、高信誉等无形资产，发展自己的品牌。

(2)经营关键品牌。虽然在老产品、成熟品牌上批发商所赚取的利润十分微薄,可它们能够给批发商带来滚滚的商流,可以"拳头产品"为诱饵,通过建议零售商采购其拥有的其他中小品牌来赚取高利润。

(3)销售网络建设。经销商应积极开拓周边市场,加大网络的辐射面和覆盖面,在更广阔的市场做更多的深度分销工作。

(4)提高终端运作能力。市场竞争的结果是"得终端者得天下",未来的竞争焦点是决胜终端,谁掌握了终端,谁就掌握了市场。以下三点是常用的重要策略。

① 加强终端建设;

② 建立一支能征善战的终端销售队伍;

③ 强化终端促销。

12.4 成立农产品、农资生产商

12.4.1 生产商的概念、主要形式

(1)生产商的概念。农资生产商是指从事农业生产资料生产的企业。

(2)生产商的主要形式。

① 个人独资企业。个人独资企业是指由一人投资经营并由投资者一人负无限责任的企业。

② 合伙企业。合伙企业是指依法设立的由各合伙人订立合伙协议,共同出资,合伙经营,共享收益,共担风险,对企业债务承担无限连带责任的营利性组织。

12.4.2 设立农资生产商的条件

(1)成立主要农作物和主要林木种子生产企业的条件。

① 具有繁殖种子的隔离和培育条件。

② 具有无检疫性病虫害的主要农作物种子生产地点或者县级以上人民政府林业行政主管部门确定的采种林。

③ 获得主要农作物和主要林木的商品种子生产许可证。具体可查看《农作物种子生产经营许可证管理办法》。

④ 具有与种子生产相适应的资金和生产、检验设施。

⑤ 申请领取具有植物新品种权的种子生产许可证的，应当征得品种权人的书面同意。

(2)成立农药生产企业的条件。

① 有与其生产的农药相适应的技术人员和技术工人。

② 有与其生产的农药相适应的厂房、生产设施和卫生环境。

③ 有符合国家劳动安全、卫生标准的设施和相应的劳动安全、卫生管理制度。

④ 有产品质量标准和产品质量保证体系。

⑤ 所生产的农药是依法取得农药登记的农药。

⑥ 有符合国家环境保护要求的污染防治设施和措施，并且污染物排放不超过国家和地方规定的排放标准。

⑦ 工业和信息化部规定的其他条件。

(3)成立肥料生产企业的条件。

① 申请单位必须是在工商行政管理机关正式登记注册的企业，产品有正式牌号、正式注册的商标。

② 根据农业部制定并发布的《肥料登记管理办法》进行肥料登记。《肥料登记管理办法》2000 年农业部令 32 号公布，2004 年 7 月 1 日农业部令第 38 号修订。2017 年 11 月 30 日农业部第 8 号令修订。

③ 需经农业部主管部门指定的省级土壤肥料技术单位组织进行正规的田间试验，做出增产效果、经济效益的鉴定。

④ 提供农业部委托的卫生部门对申请登记产品做出的安全性鉴定。

12.4.3　生产商的营销策略

我国千千万万的中小企业，大多是由创业者自筹资金创立。他们的勇气是民族工业的积极力量和创新的重要源泉。但中小型企业的生存却是不易，需要有正确的营销才能有活下来的机会。

1. 强化产品功能，以产品促进“营”销

目前，国内产品同质化严重，产品诉求点有很多雷同。许多产品的产品说明基本上是人云亦云，没有对产品特性、卖点的诉求、包装的诉求、市场准确定位等进行深入挖掘，因而策划不出与众不同的产品。强化农资产品功效，细分市场，农产品、农资企业对产品特性、市场定位、卖点诉求等方面做好一番市场调研与精心策划，才能为营销部门提供良好产品作为“弹药”，保证营销人员能占领各个市场的制高点，创出骄人业绩。

强化产品功能，农产品、农资企业需要从以下几个方面着手：

(1)了解产品特性。农资企业必须对农资产品的特性与消费者对该农资产品的需求点进行深入了解，才能针对性地策划编写出与众不同的产品特性说明。

(2)准确市场定位。农资产品的市场定位取决于消费者的需求。

(3)产品包装定位。好点包装就是好点广告。产品包装包括商品名称，商品规格，内、外包材的选择，外包装的设计等方面。

(4)卖点提炼。卖点，是指所卖商品具备了前所未有、别出心裁或与众不同的特色、特点。这些特点、特色，一方面是产品与生俱来的，另一方面是通过营销策划人的想象力、创造力来产生的。

许多农产品、农资产品雷同化。在销售工作中，如果销售员不会提炼产品的卖点，是无法取得好业绩的。现在大多数的产品都是靠卖点去赢市场的，销售员只有想方设法地向顾客展示产品卖点才能获得顾客的认同，才能够说服顾客，最终实现成交。

卖点，其实就是一个理由，一个能让顾客购买的理由。

提炼产品卖点的方法有以下几点。

① 技术卖点。突出技术会让顾客更轻松、更省时、更便捷、购买行为更高效。如果某款产品的技术正好符合顾客的需求，而且定价也合理，那么销售员不用费太大的力气就能搞定顾客。

② 产品的品质卖点。现在很多企业都在宣传自己的产品品质如何如何好，有的则是宣传自己的专业化水准，这也通常能打动顾客的心。销售员有时强调品牌，往往更能快速地打动顾客的心，品牌的力量也是不容小觑的。

③ 服务卖点。一流的服务和一流的质量相辅相成，同等重要。产品的售后服务逐渐被顾客所重视，顾客更愿意接受销售员的热心服务。因此，销售员要想获得顾客的认可，就得尽量突出产品的服务质量，这是赢得顾客的一种重要手段。

④ 情感卖点。销售员同时也要学会用情感去感染顾客，情感卖点是以情感作为支撑，这种情感往往能容易引发更多话题，让顾客享受到更多的关怀。

⑤ 产品自身卖点，销售员要多强调该产品的唯一性，这样顾客为了追求个性，这时就更能让顾客接受该产品。

2. 制订产品价格策略，以产品价格"营"销

在制订整个营销战略过程中，确定农产品、农资产品价格是最为关键的一步。

价格体系决定所有营销要素:渠道、促销、公关、宣传等方面,从根本上影响销售政策的成败与销售量的多寡。反过来,销售政策导向也影响价格制定过程,产品价格体系制定也反映企业营销之道思想,反映当时的市场状况对你企业的深刻影响。农产品、农资市场的特性要求农资经营者在物流管理中实行优化管理,缩短渠道,减少流通成本,运用规模效应加大与企业的深度合作,获得企业的价格支持。在价格管理中应注意对渠道价格的管理,避免因渠道价格失控对渠道自身的破坏。

(1)去管理,以渠道"营"销。农产品、农资当地市场原有经营者的资源优势,在渠道管理上,现代经销商一方面要整合自己的渠道,另一方面要采用工商联合、合作、兼并等手段对当地经销商进行重组,以便纳入自己的营销网络中。

企业要做好渠道的管理工作,必须在渠道规划、建设、维护和调整等方面强调有效性原则、整体效率最大化原则、增值性原则、分工协作原则,针对性竞争原则和集中开发、滚动发展原则以及动态平衡原则。

(2)加强宣传技术服务,以技术"营"销。市场的特点决定了农产品、农资企业必须加强农技推广的力度,才有可能突破原有的桎梏,促进产品良好销售。特别是农资企业,加强宣传与技术服务是今后所必须要走的一条路,必须加强宣传及技术推广。

① 试验示范。农资消费者本身有着文化教育程度低等特点,没有了良好的试验示范,消费者不看在眼里,是不会相信的。

② 口碑效应。农村消费者的消费主要是靠"经验"消费,对于各类广告宣传相信率很低。在经验消费中,有很明显的从众心理,易受到周围人的影响。因此农资企业可以建立起以村主任、有威望种植能手、种植大户为主的信息传递队伍,赢得市场口碑,树立起品牌,易让他们产生从众购买的欲望。

③ 技术服务。农村消费者缺少的是技术,只要是对其庄稼作物、果树蔬菜等有指导意义的知识,他们都喜欢,希望听课。

④ 多样化宣传。利用人们普遍爱占小便宜的心理,给予农民"小恩小惠",如散发技术手册、礼品赠送、电影下乡等都是具有成功经验的农村促销手段。

农资产品要以"营"促销,以强化产品功效为前提,注重渠道管理为根本,价格策略做保障,技术服务做跨越。只有抓住抓好这四个方面,农资营销才能"赢"销。

复习思考题

1. 在广西的主要农作物有哪些？其分布如何？

2. 申请领取种子生产许可证应当具备的条件是什么？

3. 申请农作物种子经营许可证的单位和个人，应当具备哪些条件？

4. 简述肥料登记管理的主要内容。

5. 农药经营单位应当具备的条件？

6. 成立种子生产企业、农药生产企业、肥料生产企业分别需要哪些条件？

7. 农产品、农资批发商的类型及其经营方式有哪些？

8. 成立农产品、农资批发商需要哪些程序？

9. 旺季拉客户，淡季做服务；旺季冲业绩，淡季搞管理；旺季做销量，淡季做市场。你是怎么理解的？如果你作为零售商淡季要怎么安排？

技能训练

1. 选择一家包含有零售店的农产品，或农资经销企业进行走访，了解其经营运行经历和现状，针对存在的问题提出具体措施。

2. 写一份成立农产品，或农资零售店的创业策划书。

附录一

到2020年农药使用量零增长行动方案

农药是重要的农业生产资料，对防病治虫、促进粮食和农业稳产高产至关重要。但由于农药使用量较大，加之施药方法不够科学，带来生产成本增加、农产品残留超标、作物药害、环境污染等问题。为推进农业发展方式转变，有效控制农药使用量，保障农业生产安全、农产品质量安全和生态环境安全，促进农业可持续发展，农业部制定《到2020年农药使用量零增长行动方案》。

一、现状和形势

施用农药是防病治虫的重要措施。多年来，因农作物播种面积逐年扩大、病虫害防治难度不断加大，农药使用量总体呈上升趋势。据统计，2012—2014年农作物病虫害防治农药年均使用量31.1万吨（折百，下同），比2009—2011年增长9.2%。农药的过量使用，不仅造成生产成本增加，也影响农产品质量安全和生态环境安全。实现农药减量控害，十分必要。

（一）促进病虫可持续治理的需要。由于气候的变化和栽培方式的改变，农作物病虫害呈多发、频发、重发的态势。据统计，2013年农作物病虫草鼠害发生面积73亿亩次，比2003年增加12.8亿亩次，增长21%。目前，防病治虫多依赖化学农药，容易造成病虫抗药性增强、防治效果下降，出现农药越打越多、病虫越防越难的问题。需要保护和利用天敌，实施生物、物理防治等绿色防控措施，科学使用农药，遏制病虫加重发生的态势，实现可持续治理。

（二）保障农产品质量安全的需要。目前，病虫防治最主要的手段还是化学防治，但因防治不科学、使用不合理，容易造成部分产品农药残留超标，影响农产品质量安全。保障农产品质量安全，需要强化“管”的制度保障，也需要强化“产”的过程控制。“产”的过程控制，关键是要控制农残，注重源头治理、标本兼治，实现农药减量使用、科学使用，保障农产品质量安全。

（三）促进农业节本增收的需要。粮食和农业效益仍然偏低，重要的原因是生产成本增加较快。既有劳动力成本的增加，也有物化成本的增加。农药是重要的投入品，施用农药需人量人工，过量施药必然造成农业生产成本增加。据调查分析，2012 年，蔬菜、苹果农药使用成本均比 2002 年提高 90%左右。需要集成推广绿色防控技术，大力推进统防统治，提高防治效果，降低生产成本，实现提质增效。

（四）保护生态环境安全的需要。目前，我国农药平均利用率仅为 35%，大部分农药通过径流、渗漏、飘移等流失，污染土壤、水环境，影响农田生态环境安全。实施农药减量控害，改进施药方式，有助于提高防治效果，减轻农业面源污染，保护农田生态环境，促进生产与生态协调发展。

二、总体思路、基本原则和目标任务

（一）总体思路

坚持“预防为主、综合防治”的方针，树立“科学植保、公共植保、绿色植保”的理念，依靠科技进步，依托新型农业经营主体、病虫防治专业化服务组织，集中连片整体推进，大力推广新型农药，提升装备水平，加快转变病虫害防控方式，大力推进绿色防控、统防统治，构建资源节约型、环境友好型病虫害可持续治理技术体系，实现农药减量控害，保障农业生产安全、农产品质量安全和生态环境安全。

（二）基本原则

一是坚持减量与保产并举。在减少农药使用量的同时，提高病虫害综合防治水平，做到病虫害防治效果不降低，促进粮食和重要农产品生产稳定发展，保障有效供给。

二是坚持数量与质量并重。在保障农业生产安全的同时，更加注重农产品质量的提升，推进绿色防控和科学用药，保障农产品质量安全。

三是坚持生产与生态统筹。在保障粮食和农业生产稳定发展的同时，统筹考虑生态环境安全，减少农药面源污染，保护生物多样性，促进生态文明建设。

四是坚持节本与增效兼顾。在减少农药使用量的同时，大力推广新药剂、新药械、新技术，做到保产增效、提质增效，促进农业增产、农民增收。

（三）目标任务

到 2020 年，初步建立资源节约型、环境友好型病虫害可持续治理技术体系，科学用药水平明显提升，单位防治面积农药使用量控制在近三年平均水平以下，力争实现农药使用总量零增长。

——绿色防控：主要农作物病虫害生物、物理防治覆盖率达到30%以上、比2014年提高10个百分点，大中城市蔬菜基地、南菜北运蔬菜基地、北方设施蔬菜基地、园艺作物标准园全覆盖。

——统防统治：主要农作物病虫害专业化统防统治覆盖率达到40%以上、比2014年提高10个百分点，粮棉油糖等作物高产创建示范片、园艺作物标准园全覆盖。

——科学用药：主要农作物农药利用率达到40%以上、比2013年提高5个百分点，高效低毒低残留农药比例明显提高。

三、技术路径和区域重点

（一）技术路径。根据病虫害发生危害的特点和预防控制的实际，坚持综合治理、标本兼治，重点在“控、替、精、统”四个字上下功夫。

一是“控”，即是控制病虫发生危害。应用农业防治、生物防治、物理防治等绿色防控技术，创建有利于作物生长、天敌保护而不利于病虫害发生的环境条件，预防控制病虫发生，从而达到少用药的目的。

二是“替”，即是高效低毒低残留农药替代高毒高残留农药、大中型高效药械替代小型低效药械。大力推广应用生物农药、高效低毒低残留农药，替代高毒高残留农药。开发应用现代植保机械，替代跑冒滴漏落后机械，减少农药流失和浪费。

三是“精”，即是推行精准科学施药。重点是对症适时适量施药。在准确诊断病虫害并明确其抗药性水平的基础上，配方选药，对症用药，避免乱用药。根据病虫监测预报，坚持达标防治，适期用药。按照农药使用说明要求的剂量和次数施药，避免盲目加大施用剂量、增加使用次数。

四是“统”，即是推行病虫害统防统治。扶持病虫防治专业化服务组织、新型农业经营主体，大规模开展专业化统防统治，推行植保机械与农艺配套，提高防治效率、效果和效益，解决一家一户“打药难”“乱打药”等问题。

（二）区域重点。突出小麦、水稻、玉米、马铃薯、蔬菜、水果、茶叶等主要作物，实施分类指导、分区推进。

1. 东北地区。包括辽宁、吉林、黑龙江三省及内蒙古东四盟（市），为水稻、玉米、马铃薯、大豆等粮油作物一季种植区。该区域是玉米螟常年重发区，稻瘟病、玉米大斑病和马铃薯晚疫病高风险流行区，黏虫和草地螟间歇暴发区，蝗虫偶发危害区。重点推广玉米螟生物防治、生物农药预防稻瘟病等绿色防控措施，发展大型高效施药机械和飞机航化作业。

2. 黄淮海地区。包括北京、天津、河北、河南、山东及安徽与江苏淮北地区、山西与陕西中南部地区，为小麦、夏玉米轮作区。该区域是小麦穗期蚜虫、吸浆虫、玉米螟常年重发区，东亚飞蝗、黏虫常年发生区，小麦条锈病、赤霉病扩展流行区，以及玉米二点委夜蛾突发危害区。重点推行绿色防控与化学防治相结合、专业化统防统治与群防群治相结合、地面高效施药机械与飞机航化作业相结合措施，大力推广蝗虫生物防治、药剂拌种、秸秆粉碎还田等技术。

3. 长江中下游地区。包括上海、浙江、江西及江苏、安徽、湖北、湖南大部，为稻麦、稻油轮作区，也是柑橘、茶、蔬菜等优势产区。该区域是水稻“两迁”害虫、小麦赤霉病、稻瘟病、柑橘黄龙病等病虫多发重发区。重点推行专业化统防统治，促进统防统治与绿色防控融合发展，实施综合治理。柑橘、茶叶、蔬菜作物上推行灯诱、性诱、色诱、食诱“四诱”措施，优先选用生物农药或高效低毒低残留农药。

4. 华南地区。包括福建、广东、广西、海南等 4 省(自治区)，为双季稻种植区，也是水果、茶叶、甘蔗等优势产区和重要的冬季蔬菜生产基地。该区域是常年境外“两迁”害虫迁入我国的主降区，也是稻瘟病、南方水稻黑条矮缩病、柑橘黄龙病、小菜蛾、豆荚螟、甘蔗螟虫等多种病虫易发重发区。重点推行绿色防控与统防统治融合发展。水果、茶叶、冬季蔬菜生产基地重点推广灯诱、色诱、性诱、生态调控和生物防治措施。

5. 西南地区。包括重庆、四川、贵州、云南及湖北、湖南西部，为稻麦(油)两熟区、春播马铃薯主产区，也是水果、蔬菜、茶叶优势产区。该区域是小麦条锈病冬繁区、南部也是稻飞虱境外虫源初始迁入主降区，丘陵山区气候条件也非常适宜稻瘟病等多种病虫发生流行。重点培育病虫防治专业化服务组织，提高防控组织化程度，推行精准施药和绿色防控。水果、蔬菜、茶叶等重点推广“四诱”和生物防治等绿色防控技术。

6. 西北地区。包括陕西、甘肃、宁夏、新疆和山西中北部及内蒙古中西部地区，为马铃薯、春玉米、小麦、棉花等作物一季种植区，也是苹果、葡萄等优势产区。该区域是小麦条锈病主要越夏源头区，棉铃虫、草地螟和马铃薯晚疫病等重大病虫常年重发区。重点推行绿色防控措施，最大限度降低化学农药使用量。其中，小麦条锈病源头区推行退麦改种、药剂拌种等措施，减少大面积防治次数和外传菌源。

7. 青藏地区。西藏、青海及四川西北部，以牧业为主，种植业占比较小，病虫发生种类较少，危害程度较轻。该区域重点推行以生物防治、生态调控为主的绿色防控措施。

四、重点任务

围绕建立资源节约型、环境友好型病虫害可持续治理技术体系，实现农药使用量零增长。重点任务是："一构建，三推进。"

（一）构建病虫监测预警体系。按照先进、实用的原则，重点建设一批自动化、智能化田间监测网点，健全病虫监测体系；配备自动虫情测报灯、自动计数性诱捕器、病害智能监测仪等现代监测工具，提升装备水平；完善测报技术标准、数学模型和会商机制，实现数字化监测、网络化传输、模型化预测、可视化预报，提高监测预警的时效性和准确性。

（二）推进科学用药。重点是"药、械、人"三要素协调提升。一是推广高效低毒低残留农药。扩大低毒生物农药补贴项目实施范围，加快高效低毒低残留农药品种的筛选、登记和推广应用，推进小宗作物用药试验、登记，逐步淘汰高毒农药。科学采用种子、土壤、秧苗处理等预防措施，减少中后期农药施用次数。对症选药，合理添加喷雾助剂，促进农药减量增效，提高防治效果。二是推广新型高效植保机械。因地制宜推广自走式喷杆喷雾机、高效常温烟雾机、固定翼飞机、直升机、植保无人机等现代植保机械，采用低容量喷雾、静电喷雾等先进施药技术，提高喷雾对靶性，降低飘移损失，提高农药利用率。三是普及科学用药知识。以新型农业经营主体及病虫防治专业化服务组织为重点，培养一批科学用药技术骨干，辐射带动农民正确选购农药、科学使用农药。

（三）推进绿色防控。加大政府扶持，充分发挥市场机制作用，加快绿色防控推进步伐。一是集成推广一批技术模式。因地制宜集成推广适合不同作物的病虫害绿色防控技术模式，解决技术不配套、不规范的问题，加快绿色防控技术推广应用。二是建设一批绿色防控示范区。重点选择大中城市蔬菜基地、南菜北运蔬菜基地、北方设施蔬菜基地、园艺作物标准园、"三品一标"农产品生产基地，建设一批绿色防控示范区，帮助农业企业、农民合作社提升农产品质量、创响品牌，实现优质优价，带动大面积推广应用。三是培养一批技术骨干。以农业企业、农民合作社、基层植保机构为重点，培养一批技术骨干，带动农民科学应用绿色防控技术。此外，大力开展清洁化生产，推进农药包装废弃物回收利用，减轻农药面源污染、净化乡村环境。

（四）推进统防统治。以扩大服务范围、提高服务质量为重点，大力推进病虫害专业化统防统治。一是提升装备水平。发挥农作物重大病虫害统防统治补助、农机购置补贴及植保工程建设投资的引导作用，装备现代植保机械，扶持发展一批装备精良、服务高效、规模适度的病虫防治专业化服务组织。二是提升技术水平。推进专业化统防统治与绿色防控融合，集成示范综合配套的技术服务模式，逐步实现农作物病虫害全程绿色防控的规模化实施、规范化作业。三是提升服务水平。加强对防治组织的指导服务，及时提供病虫测报信息与防治技术。引导防治组织加强内部管理，规范服务行为。

五、保障措施

（一）强化组织领导。农业部成立由部领导任组长的农药使用量零增长行动协调指导组，部内有关司局和单位负责同志为成员，种植业管理司负责具体工作。各省成立由农业厅（自治委、直辖局）主要负责同志任组长的推进落实领导小组，加强协调指导，推进各项措施落实。

（二）上下联动推进。结合实施绩效考核，建立上下联动、多方协作的工作机制，强化责任、加强督查。重点实施区域建立协作机制，相互交流、共同促进。充分发挥教学科研机构和行业协会技术和信息优势，鼓励开展技术推广、政策宣传、技术培训、服务指导等工作。

（三）强化政策扶持。加强与发展改革、财政等部门的沟通协调，落实植物保护工程建设项目，建设覆盖重点区域、重点作物的病虫监测网络。将航空植保机械纳入农机购置补贴范围，提高大中型植保机械购置补贴标准。加大重大病虫统防统治、低毒生物农药使用、防治组织植保机械和操作人员保险费用的补贴力度，启动实施绿色防控示范项目。

（四）发挥专家作用。成立农药使用量零增长行动专家指导组，提出具体的技术方案，开展技术指导服务，把各项关键技术落实到位。结合实施新型职业农民培训工程、农村实用人才带头人素质提升计划，重点培养种粮大户、病虫防治专业化服务组织技术骨干，提高科学用药水平。落实好化肥农药减施综合技术研发重大专项。

（五）加强法制保障。制修订《农药管理条例》和《农作物病虫害防治条例》，推进依法植保。强化农药市场监管，打击制售假劣农药行为，维护农民利益。

（六）强化宣传引导。充分利用广播、电视、报刊、互联网等媒体，大力宣传绿色防控技术和科学用药知识，增强农民安全用药意识，营造良好社会氛围。

附录二

到2020年化肥使用量零增长行动方案

化肥是重要的农业生产资料，是粮食的“粮食”。化肥在促进粮食和农业生产发展中起了不可替代的作用，但目前也存在化肥过量施用、盲目施用等问题，带来了成本的增加和环境的污染，亟须改进施肥方式，提高肥料利用率，减少不合理投入，保障粮食等主要农产品有效供给，促进农业可持续发展。为此，农业部制订《到2020年化肥使用量零增长行动方案》。

一、现状和形势

（一）化肥施用现状。我国是化肥生产和使用大国。据国家统计局数据，2013年化肥生产量7 037万吨（折纯，下同），农用化肥施用量5 912万吨。专家分析，我国耕地基础地力偏低，化肥施用对粮食增产的贡献较大，大体在40%以上。当前我国化肥施用存在四个方面问题：一是亩均施用量偏高。我国农作物亩均化肥用量21.9千克，远高于世界平均水平（每亩8千克），是美国的2.6倍，欧盟的2.5倍。二是施肥不均衡现象突出。东部经济发达地区、长江下游地区和城市郊区施肥量偏高，蔬菜、果树等附加值较高的经济园艺作物过量施肥比较普遍。三是有机肥资源利用率低。目前，我国有机肥资源总养分7 000多万吨，实际利用不足40%。其中，畜禽粪便养分还田率为50%左右，农作物秸秆养分还田率为35%左右。四是施肥结构不平衡。重化肥、轻有机肥，重大量元素肥料、轻中微量元素肥料，重氮肥、轻磷钾肥“三重三轻”问题突出。传统人工施肥方式仍然占主导地位，化肥撒施、表施现象比较普遍，机械施肥仅占主要农作物种植面积的30%左右。

（二）面临的形势。化肥施用不合理问题与我国粮食增产压力大、耕地基础地力低、耕地利用强度高、农户生产规模小等相关，也与肥料生产经营脱离农业需求、肥料品种结构不合理、施肥技术落后、肥料管理制度不健全等相关。过量施肥、盲目施肥不仅增加农业生产成本、浪费资源，也造成耕地板结、土壤酸化。实施化肥使用量零增长行动，是推进农业“转方式、调结构”的重大措施，也是促进节本增效、节能减排的现实需要，对保障国家粮食安全、农产品质量安全和农业生态安全具有十分重要的意义。

（三）实施可行性。从国外的经验看，欧盟、北美、亚洲、中东部分发达国家的化肥施用量都呈现先快速增长、达到峰值后保持稳中有降或持续下降的趋势，逐步走上了减肥增效、高产高效的可持续发展之路。从我国的实际看，通过开展测土配方施肥，目前三大粮食作物氮肥、磷肥和钾肥利用率达到33%、24%和42%，比项目实施前（2005年）分别提高了5、12和10个百分点。在肥料利用率提高的同时，化肥用量增幅出现下降趋势。2013年全国化肥用量增长1.3%，分别比2012年和2005年低1.1个和1.5个百分点。如果科学施肥各项措施落实到位，耕地质量水平不断提升，肥料利用率逐步提高，到2020年化肥使用量零增长的目标是可以实现的。

二、总体思路、基本原则和目标任务

（一）总体思路

以保障国家粮食安全和重要农产品有效供给为目标，牢固树立“增产施肥、经济施肥、环保施肥”理念，依靠科技进步，依托新型经营主体和专业化农化服务组织，集中连片整体实施，加快转变施肥方式，深入推进科学施肥，大力开展耕地质量保护与提升，增加有机肥资源利用，减少不合理化肥投入，加强宣传培训和肥料使用管理，走高产高效、优质环保、可持续发展之路，促进粮食增产、农民增收和生态环境安全。

（二）基本原则

一是保障生产、节本增效。在减少化肥不合理投入的同时，通过转变肥料利用方式，提高肥料利用率，确保粮食稳定增产、农民持续增收、农业可持续发展。

二是因地制宜、循序渐进。根据不同区域、不同作物生产实际和施肥需要，加强分类指导，制定分阶段、分区域、分作物控肥目标任务，稳步推动各项措施落实。

三是统筹兼顾、综合施策。统筹考虑土肥水种等生产要素和耕作制度，按照农机农艺结合的要求，综合运用行政、经济、技术、法律等手段，有效推进科学施肥。

四是政府主导、多方参与。坚持政府主导、农民主体、企业主推、社会参与，创新实施方式，充分调动推广、科研、教学、企业和农民积极性，构建合力推进的长效机制。

（三）目标任务

到2020年，初步建立科学施肥管理和技术体系，科学施肥水平明显提升。2015—2019年，逐步将化肥使用量年增长率控制在1%以内；力争到2020年，主要农作物化肥使用量实现零增长。

一是施肥结构进一步优化。到2020年，氮、磷、钾和中微量元素等养分结构趋于合理，有机肥资源得到合理利用。测土配方施肥技术覆盖率达到90%以上；畜禽粪便养分还田率达到60%、提高10个百分点；农作物秸秆养分还田率达到60%、提高25个百分点。

二是施肥方式进一步改进。到2020年，盲目施肥和过量施肥现象基本得到遏制，传统施肥方式得到改变。机械施肥占主要农作物种植面积的40%以上、提高10个百分点；水肥一体化技术推广面积1.5亿亩、增加8 000万亩。

三是肥料利用率稳步提高。从2015年起，主要农作物肥料利用率平均每年提升1个百分点以上，力争到2020年，主要农作物肥料利用率达到40%以上。

三、技术路径和区域重点

（一）技术路径

一是精，即是推进精准施肥。根据不同区域土壤条件、作物产量潜力和养分综合管理要求，合理制定各区域、作物单位面积施肥限量标准，减少盲目施肥行为。

二是调，即是调整化肥使用结构。优化氮、磷、钾配比，促进大量元素与中微量元素配合。适应现代农业发展需要，引导肥料产品优化升级，大力推广高效新型肥料。

三是改，即是改进施肥方式。大力推广测土配方施肥，提高农民科学施肥意识和技能。研发推广适用施肥设备，改表施、撒施为机械深施、水肥一体化、叶面喷施等方式。

四是替，即是有机肥替代化肥。通过合理利用有机养分资源，用有机肥替代部分化肥，实现有机无机相结合。提升耕地基础地力，用耕地内在养分替代外来化肥养分投入。

（二）区域重点

东北地区。施肥原则：控氮、减磷、稳钾，补锌、硼、铁、钼等微量元素肥料。主要措施：结合深松整地和保护性耕作，加大秸秆还田力度，增施有机肥；适宜区域实行大豆、玉米合理轮作，在大豆、花生等作物推广根瘤菌；推广化肥机械深施技术，适时适量追肥；干旱地区玉米推广高效缓释肥料和水肥一体化技术。

黄淮海地区。施肥原则：减氮、控磷、稳钾，补充硫、锌、铁、锰、硼等中微量元素。主要措施：周期性深耕深松和保护性耕作，实施小麦、玉米秸秆还田，推广配方肥、增施有机肥，推广玉米种肥同播，棉花机械追肥，注重小麦水肥耦合，推广氮肥后移和“一喷三防”技术；蔬菜、果树注重有机无机肥配合，有效控制氮磷肥用量；设施农业应用秸秆和调理剂等改良盐渍化土壤，推广水肥一体化技术；使用石灰等调理剂改良酸化土壤，发展果园绿肥。

长江中下游地区。施肥原则：减氮、控磷、稳钾，配合施用硫、锌、硼等中微量元素。主要措施：推广秸秆还田技术，推广配方肥、增施有机肥，恢复发展冬闲田绿肥，推广果茶园绿肥；利用钙、镁、磷肥、石灰、硅钙等碱性调理剂改良酸化土壤，高效经济园艺作物推广水肥一体化技术。

华南地区。施肥原则：减氮、稳磷、稳钾，配合施用钙、镁、锌、硼等中微量元素。主要措施：推广秸秆还田技术，推广配方肥、增施有机肥，适宜区域恢复发展冬闲田绿肥种植；注重利用钙镁磷肥、石灰、硅钙等碱性调理剂改良酸化土壤；注重施肥技术与轻简栽培技术结合，高效经济园艺作物推广水肥一体化技术。

西南地区。施肥原则：稳氮、调磷、补钾，配合施用硼、钼、镁、硫、锌、钙等中微量元素。主要措施：推广秸秆还田技术，注重沼肥、畜禽粪便合理利用，恢复发展冬闲田绿肥种植；推广配方肥、增施有机肥，注重利用钙镁磷肥、石灰、硅钙等碱性调理剂改良酸化土壤，山地高效经济作物和园艺作物推广水肥一体化技术。

西北地区。施肥原则：统筹水肥资源，以水定肥、以肥调水，稳氮、稳磷、调钾，配合施用锌、硼等中微量元素。主要措施：配合覆膜种植推广高效缓释肥料，实施保护性耕作、秸秆还田，推广配方肥、增施有机肥；在棉花、果树、马铃薯等作物推广膜下滴灌、水肥一体化等高效节水灌溉技术；结合工程措施利用石膏等调理剂改良盐碱地。

四、重点任务

（一）推进测土配方施肥。在总结经验的基础上，创新实施方式，加快成果应用，在更大规模和更高层次上推进测土配方施肥。一是拓展实施范围。在巩固基础工作、继续做好粮食作物测土配方施肥的同时，扩大在设施农业及蔬菜、果树、茶叶等经济园艺作物上的应用，基本实现主要农作物测土配方施肥全覆盖。二是强化农企对接。充分调动企业参与测土配方施肥的积极性，筛选一批信誉好、实力强的企业深入开展合作，按照“按方抓药”“中成药”“中草药代煎”“私人医生”等四种模式推进配方肥进村入户到田。三是创新服务机制。积极探索公益性服务与经营性服务结合、政府购买服务的有效模式，支持专业化、社会化服务组织发展，向农民提供统测、统配、统供、统施“四统一”服务。创新肥料配方制定发布机制，完善测土配方施肥专家咨询系统，利用现代信息技术助力测土配方施肥技术推广。

（二）推进施肥方式转变。充分发挥种粮大户、家庭农场、专业合作社等新型经营主体的示范带头作用，强化技术培训和指导服务，大力推广先进适用技术，促进施肥方式转变。一是推进机械施肥。按照农艺农机融合、基肥追肥统筹的原则，加快施肥机械研发，因地制宜推进化肥机械深施、机械追肥、种肥同播等技术，减少养分挥发和流失。二是推广水肥一体化。结合高效节水灌溉，示范推广滴灌施肥、喷灌施肥等技术，促进水肥一体下地，提高肥料和水资源利用效率。三是推广适期施肥技术。合理确定基肥施用比例，推广因地、因苗、因水、因时分期施肥技术。因地制宜推广小麦、水稻叶面喷施和果树根外施肥技术。

（三）推进新肥料新技术应用。立足农业生产需求，整合科研、教学、推广、企业力量，加大研发投入力度，追踪国际前沿技术，开展联合攻关。一是加强技术研发。组建一批产学研推相结合的研发平台，重点开展农作物高产高效施肥技术研究，速效与缓效、大量与中微量元素、有机与无机、养分形态与功能融合的新产品及装备研发。二是加快新产品推广。示范推广缓释肥料、水溶性肥料、液体肥料、叶面肥、生物肥料、土壤调理剂等高效新型肥料，不断提高肥料利用率，推动肥料产业转型升级。三是集成推广高效施肥技术模式。结合高产创建和绿色增产模式攻关，按照土壤养分状况和作物需肥规律，分区域、分作物制定科学施肥指导手册，集成推广一批高产、高效、生态施肥技术模式。

（四）推进有机肥资源利用。适应现代农业发展和我国农业经营体制特点，积极探索有机养分资源利用的有效模式，加大支持力度，鼓励引导农民增施有机肥。一是推进有机肥资源化利用。支持规模化养殖企业利用畜禽粪便生产有机肥，推广“规模化养殖＋沼气＋社会化出渣运肥”模式，支持农民积造农家肥，施用商品有机肥。二是推进秸秆养分还田。推广秸秆粉碎还田、快速腐熟还田、过腹还田等技术，研发具有秸秆粉碎、腐熟剂施用、土壤翻耕、土地平整等功能的复式作业机具，使秸秆取之于田、用之于田。三是因地制宜种植绿肥。充分利用南方冬闲田和果茶园土肥水光热资源，推广种植绿肥。在有条件的地区，引导农民施用根瘤菌剂，促进花生、大豆和苜蓿等豆科作物固氮肥田。

（五）提高耕地质量水平。加快高标准农田建设，完善水利配套设施，改善耕地基础条件。实施耕地质量保护与提升行动，改良土壤、培肥地力、控污修复、治理盐碱、改造中低产田，普遍提高耕地地力等级。力争到2020年，耕地基础地力提高0.5个等级以上，土壤有机质含量提高0.2个百分点，耕地酸化、盐渍化、污染等问题得到有效控制。通过加强耕地质量建设，提高耕地基础生产能力，确保在减少化肥投入的同时，保持粮食和农业生产稳定发展。

五、保障措施

（一）加强组织领导。农业部成立由部领导任组长的化肥使用量零增长行动协调指导组，部内有关司局和单位负责同志为成员，种植业管理司负责具体工作。各省（自治区、直辖市）成立由农业厅（委、局）主要负责同志任组长的推进落实领导小组，加强协调指导，推进各项措施落实。

（二）上下联动推进。结合实施延伸绩效考核，建立上下联动、多方协作的工作机制，强化责任、整合力量、加强督查。重点实施区域要建立协作机制，相互交流、共同促进。充分发挥教学科研机构和行业协会的技术信息优势，鼓励开展技术推广、政策宣传、技术培训、服务指导等工作。

（三）完善扶持政策。加强与发展改革、财政等部门的沟通协调，扩大测土配方施肥、耕地质量保护与提升项目规模，支持秸秆还田、绿肥种植、增施有机肥和水肥一体化、机械施肥等技术推广。对新型经营主体、适度规模经营提供科学施肥服务和施用有机肥、配方肥、高效缓释肥料予以补助。积极争取金融、保险、税收等政策，支持化肥使用量零增长行动开展。

（四）强化技术支撑。农业部成立化肥使用量零增长行动专家指导组，提出具体技术方案，开展指导服务，把各项关键技术落实到位。落实好化肥农药减施综合技术研发重大专项。推动建立全国肥效监测网络，完善肥料使用调查统计制度，及时、准确掌握肥料使用和效应评价数据。地方各级农业部门也要成立相应的专家团队，围绕化肥使用量零增长行动开展技术指导服务。

（五）加强宣传培训。开展“科学施肥进万家”主题宣传活动，利用广播、电视、报刊、互联网等媒体，大力宣传科学施肥知识，增强农民科学用肥意识，营造良好社会氛围。结合新型职业农民培训工程、农村实用人才带头人素质提升计划，加强新型经营主体培训力度，着力提高种粮大户、家庭农场、专业合作社科学施肥技术水平。

（六）加强法制保障。抓紧制定出台《耕地质量保护条例》和《肥料管理条例》，加快建立健全耕地质量保护和肥料管理的各项规章制度。强化肥料使用管理，规范农业生产过程，加强肥料市场监管，打击假冒伪劣产品，切实维护农民群众利益。

附录三

《中华人民共和国种子法》

第一章 总则

第一条 为了保护和合理利用种质资源，规范品种选育、种子生产经营和管理行为，保护植物新品种权，维护种子生产经营者、使用者的合法权益，提高种子质量，推动种子产业化，发展现代种业，保障国家粮食安全，促进农业和林业的发展，制定本法。

第二条 在中华人民共和国境内从事品种选育、种子生产经营和管理等活动，适用本法。

本法所称种子，是指农作物和林木的种植材料或者繁殖材料，包括籽粒、果实、根、茎、苗、芽、叶、花等。

第三条 国务院农业、林业主管部门分别主管全国农作物种子和林木种子工作；县级以上地方人民政府农业、林业主管部门分别主管本行政区域内农作物种子和林木种子工作。

各级人民政府及其有关部门应当采取措施，加强种子执法和监督，依法惩处侵害农民权益的种子违法行为。

第四条 国家扶持种质资源保护工作和选育、生产、更新、推广使用良种，鼓励品种选育和种子生产经营相结合，奖励在种质资源保护工作和良种选育、推广等工作中成绩显著的单位和个人。

第五条 省级以上人民政府应当根据科教兴农方针和农业、林业发展的需要制定种业发展规划并组织实施。

第六条 省级以上人民政府建立种子储备制度，主要用于发生灾害时的生产需要及余缺调剂，保障农业和林业生产安全。对储备的种子应当定期检验和更新。种子储备的具体办法由国务院规定。

第七条　转基因植物品种的选育、试验、审定和推广应当进行安全性评价，并采取严格的安全控制措施。国务院农业、林业主管部门应当加强跟踪监管并及时公告有关转基因植物品种审定和推广的信息。具体办法由国务院规定。

第二章　种质资源保护

第八条　国家依法保护种质资源，任何单位和个人不得侵占和破坏种质资源。

禁止采集或者采伐国家重点保护的天然种质资源。因科研等特殊情况需要采集或者采伐的，应当经国务院或者省、自治区、直辖市人民政府的农业、林业主管部门批准。

第九条　国家有计划地普查、收集、整理、鉴定、登记、保存、交流和利用种质资源，定期公布可供利用的种质资源目录。具体办法由国务院农业、林业主管部门规定。

第十条　国务院农业、林业主管部门应当建立种质资源库、种质资源保护区或者种质资源保护地。省、自治区、直辖市人民政府农业、林业主管部门可以根据需要建立种质资源库、种质资源保护区、种质资源保护地。种质资源库、种质资源保护区、种质资源保护地的种质资源属公共资源，依法开放利用。

占用种质资源库、种质资源保护区或者种质资源保护地的，需经原设立机关同意。

第十一条　国家对种质资源享有主权，任何单位和个人向境外提供种质资源，或者与境外机构、个人开展合作研究利用种质资源的，应当向省、自治区、直辖市人民政府农业、林业主管部门提出申请，并提交国家共享惠益的方案；受理申请的农业、林业主管部门经审核，报国务院农业、林业主管部门批准。

从境外引进种质资源的，依照国务院农业、林业主管部门的有关规定办理。

第三章　品种选育、审定与登记

第十二条　国家支持科研院所及高等院校重点开展育种的基础性、前沿性和应用技术研究，以及常规作物、主要造林树种育种和无性繁殖材料选育等公益性研究。

国家鼓励种子企业充分利用公益性研究成果，培育具有自主知识产权的优良品种；鼓励种子企业与科研院所及高等院校构建技术研发平台，建立以市场为导向、资本为纽带、利益共享、风险共担的产学研相结合的种业技术创新体系。

国家加强种业科技创新能力建设，促进种业科技成果转化，维护种业科技人员的合法权益。

第十三条　由财政资金支持形成的育种发明专利权和植物新品种权，除涉及国家安全、国家利益和重大社会公共利益的外，授权项目承担者依法取得。

由财政资金支持为主形成的育种成果的转让、许可等应当依法公开进行，禁止私自交易。

第十四条　单位和个人因林业主管部门为选育林木良种建立测定林、试验林、优树收集区、基因库等而减少经济收入的，批准建立的林业主管部门应当按照国家有关规定给予经济补偿。

第十五条　国家对主要农作物和主要林木实行品种审定制度。主要农作物品种和主要林木品种在推广前应当通过国家级或者省级审定。由省、自治区、直辖市人民政府林业主管部门确定的主要林木品种实行省级审定。

申请审定的品种应当符合特异性、一致性、稳定性要求。

主要农作物品种和主要林木品种的审定办法由国务院农业、林业主管部门规定。审定办法应当体现公正、公开、科学、效率的原则，有利于产量、品质、抗性等的提高与协调，有利于适应市场和生活消费需要的品种的推广。在制定、修改审定办法时，应当充分听取育种者、种子使用者、生产经营者和相关行业代表意见。

第十六条　国务院和省、自治区、直辖市人民政府的农业、林业主管部门分别设立由专业人员组成的农作物品种和林木品种审定委员会。品种审定委员会承担主要农作物品种和主要林木品种的审定工作，建立包括申请文件、品种审定试验数据、种子样品、审定意见和审定结论等内容的审定档案，保证可追溯。在审定通过的品种依法公布的相关信息中应当包括审定意见情况，接受监督。

品种审定实行回避制度。品种审定委员会委员、工作人员及相关测试、试验人员应当忠于职守，公正廉洁。对单位和个人举报或者监督检查发现的上述人员的违法行为，省级以上人民政府农业、林业主管部门和有关机关应当及时依法处理。

第十七条　实行选育生产经营相结合，符合国务院农业、林业主管部门规定条件的种子企业，对其自主研发的主要农作物品种、主要林木品种可以按照审定办法自行完成试验，达到审定标准的，品种审定委员会应当颁发审定证书。种子企业对试验数据的真实性负责，保证可追溯，接受省级以上人民政府农业、林业主管部门和社会的监督。

第十八条　审定未通过的农作物品种和林木品种，申请人有异议的，可以向原审定委员会或者国家级审定委员会申请复审。

第十九条　通过国家级审定的农作物品种和林木良种由国务院农业、林业主管部门公告，可以在全国适宜的生态区域推广。通过省级审定的农作物品种和林木良种由省、自治区、直辖市人民政府农业、林业主管部门公告，可以在本行政区域内适宜的生态区域推广；其他省、自治区、直辖市属于同一适宜生态区的地域引种农作物品种、林木良种的，引种者应当将引种的品种和区域报所在省、自治区、直辖市人民政府农业、林业主管部门备案。

引种本地区没有自然分布的林木品种，应当按照国家引种标准通过试验。

第二十条　省、自治区、直辖市人民政府农业、林业主管部门应当完善品种选育、审定工作的区域协作机制，促进优良品种的选育和推广。

第二十一条　审定通过的农作物品种和林木良种出现不可克服的严重缺陷等情形不宜继续推广、销售的，经原审定委员会审核确认后，撤销审定，由原公告部门发布公告，停止推广、销售。

第二十二条　国家对部分非主要农作物实行品种登记制度。列入非主要农作物登记目录的品种在推广前应当登记。

实行品种登记的农作物范围应当严格控制，并根据保护生物多样性、保证消费安全和用种安全的原则确定。登记目录由国务院农业主管部门制定和调整。

申请者申请品种登记应当向省、自治区、直辖市人民政府农业主管部门提交申请文件和种子样品，并对其真实性负责，保证可追溯，接受监督检查。申请文件包括品种的种类、名称、来源、特性、育种过程以及特异性、一致性、稳定性测试报告等。

省、自治区、直辖市人民政府农业主管部门自受理品种登记申请之日起二十个工作日内，对申请者提交的申请文件进行书面审查，符合要求的，报国务院农业主管部门予以登记公告。

对已登记品种存在申请文件、种子样品不实的，由国务院农业主管部门撤销该品种登记，并将该申请者的违法信息记入社会诚信档案，向社会公布；给种子使用者和其他种子生产经营者造成损失的，依法承担赔偿责任。

对已登记品种出现不可克服的严重缺陷等情形的，由国务院农业主管部门撤销登记，并发布公告，停止推广。

非主要农作物品种登记办法由国务院农业主管部门规定。

第二十三条　应当审定的农作物品种未经审定的，不得发布广告、推广、销售。

应当审定的林木品种未经审定通过的，不得作为良种推广、销售，但生产确需使用的，应当经林木品种审定委员会认定。

应当登记的农作物品种未经登记的，不得发布广告、推广，不得以登记品种的名义销售。

第二十四条　在中国境内没有经常居所或者营业场所的境外机构、个人在境内申请品种审定或者登记的，应当委托具有法人资格的境内种子企业代理。

第四章　新品种保护

第二十五条　国家实行植物新品种保护制度。对国家植物品种保护名录内经过人工选育或者发现的野生植物加以改良，具备新颖性、特异性、一致性、稳定性和适当命名的植物品种，由国务院农业、林业主管部门授予植物新品种权，保护植物新品种权所有人的合法权益。植物新品种权的内容和归属、授予条件、申请和受理、审查与批准，以及期限、终止和无效等依照本法、有关法律和行政法规规定执行。

国家鼓励和支持种业科技创新、植物新品种培育及成果转化。取得植物新品种权的品种得到推广应用的，育种者依法获得相应的经济利益。

第二十六条　一个植物新品种只能授予一项植物新品种权。两个以上的申请人分别就同一个品种申请植物新品种权的，植物新品种权授予最先申请的人；同时申请的，植物新品种权授予最先完成该品种育种的人。

对违反法律，危害社会公共利益、生态环境的植物新品种，不授予植物新品种权。

第二十七条　授予植物新品种权的植物新品种名称，应当与相同或者相近的植物属或者种中已知品种的名称相区别。该名称经授权后即为该植物新品种的通用名称。

下列名称不得用于授权品种的命名：

（一）仅以数字表示的；

（二）违反社会公德的；

（三）对植物新品种的特征、特性或者育种者身份等容易引起误解的。

同一植物品种在申请新品种保护、品种审定、品种登记、推广、销售时只能使用同一个名称。生产推广、销售的种子应当与申请植物新品种保护、品种审定、品种登记时提供的样品相符。

第二十八条　完成育种的单位或者个人对其授权品种，享有排他的独占权。任何单位或者个人未经植物新品种权所有人许可，不得生产、繁殖或者销售该授权品种的繁殖材料，不得为商业目的将该授权品种的繁殖材料重复使用于生产另一品种的繁殖材料；但是本法、有关法律、行政法规另有规定的除外。

第二十九条　在下列情况下使用授权品种的，可以不经植物新品种权所有人许可，不向其支付使用费，但不得侵犯植物新品种权所有人依照本法、有关法律、行政法规享有的其他权利：

（一）利用授权品种进行育种及其他科研活动；

（二）农民自繁自用授权品种的繁殖材料。

第三十条　为了国家利益或者社会公共利益，国务院农业、林业主管部门可以作出实施植物新品种权强制许可的决定，并予以登记和公告。

取得实施强制许可的单位或者个人不享有独占的实施权，并且无权允许他人实施。

第五章　种子生产经营

第三十一条　从事种子进出口业务的种子生产经营许可证，由省、自治区、直辖市人民政府农业、林业主管部门审核，国务院农业、林业主管部门核发。

从事主要农作物杂交种子及其亲本种子、林木良种种子的生产经营以及实行选育生产经营相结合，符合国务院农业、林业主管部门规定条件的种子企业的种子生产经营许可证，由生产经营者所在地县级人民政府农业、林业主管部门审核，省、自治区、直辖市人民政府农业、林业主管部门核发。

前两款规定以外的其他种子的生产经营许可证，由生产经营者所在地县级以上地方人民政府农业、林业主管部门核发。

只从事非主要农作物种子和非主要林木种子生产的，不需要办理种子生产经营许可证。

第三十二条　申请取得种子生产经营许可证的，应当具有与种子生产经营相适应的生产经营设施、设备及专业技术人员，以及法规和国务院农业、林业主管部门规定的其他条件。

从事种子生产的，还应当同时具有繁殖种子的隔离和培育条件，具有无检疫性有害生物的种子生产地点或者县级以上人民政府林业主管部门确定的采种林。

申请领取具有植物新品种权的种子生产经营许可证的，应当征得植物新品种权所有人的书面同意。

第三十三条　种子生产经营许可证应当载明生产经营者名称、地址、法定代表人、生产种子的品种、地点和种子经营的范围、有效期限、有效区域等事项。

前款事项发生变更的，应当自变更之日起三十日内，向原核发许可证机关申请变更登记。

除本法另有规定外，禁止任何单位和个人无种子生产经营许可证或者违反种子生产经营许可证的规定生产、经营种子。禁止伪造、变造、买卖、租借种子生产经营许可证。

第三十四条　种子生产应当执行种子生产技术规程和种子检验、检疫规程。

第三十五条　在林木种子生产基地内采集种子的，由种子生产基地的经营者组织进行，采集种子应当按照国家有关标准进行。

禁止抢采掠青、损坏母树，禁止在劣质林内、劣质母树上采集种子。

第三十六条　种子生产经营者应当建立和保存包括种子来源、产地、数量、质量、销售去向、销售日期和有关责任人员等内容的生产经营档案，保证可追溯。种子生产经营档案的具体载明事项，种子生产经营档案及种子样品的保存期限由国务院农业、林业主管部门规定。

第三十七条　农民个人自繁自用的常规种子有剩余的，可以在当地集贸市场上出售、串换，不需要办理种子生产经营许可证。

第三十八条　种子生产经营许可证的有效区域由发证机关在其管辖范围内确定。种子生产经营者在种子生产经营许可证载明的有效区域设立分支机构的，专门经营不再分装的包装种子的，或者受具有种子生产经营许可证的种子生产经营者以书面委托生产、代销其种子的，不需要办理种子生产经营许可证，但应当向当地农业、林业主管部门备案。

实行选育生产经营相结合，符合国务院农业、林业主管部门规定条件的种子企业的生产经营许可证的有效区域为全国。

第三十九条　未经省、自治区、直辖市人民政府林业主管部门批准，不得收购珍贵树木种子和本级人民政府规定限制收购的林木种子。

第四十条　销售的种子应当加工、分级、包装。但是不能加工、包装的除外。

大包装或者进口种子可以分装；实行分装的，应当标注分装单位，并对种子质量负责。

第四十一条　销售的种子应当符合国家或者行业标准，附有标签和使用说明。标签和使用说明标注的内容应当与销售的种子相符。种子生产经营者对标注内容的真实性和种子质量负责。

标签应当标注种子类别、品种名称、品种审定或者登记编号、品种适宜种植区域及季节、生产经营者及注册地、质量指标、检疫证明编号、种子生产经营许可证编号和信息代码，以及国务院农业、林业主管部门规定的其他事项。

销售授权品种种子的，应当标注品种权号。

销售进口种子的，应当附有进口审批文号和中文标签。

销售转基因植物品种种子的，必须用明显的文字标注，并应当提示使用时的安全控制措施。

种子生产经营者应当遵守有关法律、法规的规定，诚实守信，向种子使用者提供种子生产者信息、种子的主要性状、主要栽培措施、适应性等使用条件的说明、风险提示与有关咨询服务，不得作虚假或者引人误解的宣传。

任何单位和个人不得非法干预种子生产经营者的生产经营自主权。

第四十二条　种子广告的内容应当符合本法和有关广告的法律、法规的规定，主要性状描述等应当与审定、登记公告一致。

第四十三条　运输或者邮寄种子应当依照有关法律、行政法规的规定进行检疫。

第四十四条　种子使用者有权按照自己的意愿购买种子，任何单位和个人不得非法干预。

第四十五条　国家对推广使用林木良种造林给予扶持。国家投资或者国家投资为主的造林项目和国有林业单位造林，应当根据林业主管部门制定的计划使用林木良种。

第四十六条　种子使用者因种子质量问题或者因种子的标签和使用说明标注的内容不真实，遭受损失的，种子使用者可以向出售种子的经营者要求赔偿，也可以向种子生产者或者其他经营者要求赔偿。赔偿额包括购种价款、可得利益损失和其他损失。属于种子生产者或者其他经营者责任的，出售种子的经营者赔偿后，有权向种子生产者或者其他经营者追偿；属于出售种子的经营者责任的，种子生产者或者其他经营者赔偿后，有权向出售种子的经营者追偿。

第六章　种子监督管理

第四十七条　农业、林业主管部门应当加强对种子质量的监督检查。种子质量管理办法、行业标准和检验方法，由国务院农业、林业主管部门制定。

农业、林业主管部门可以采用国家规定的快速检测方法对生产经营的种子品种进行检测，检测结果可以作为行政处罚依据。被检查人对检测结果有异议的，可以申请复检，复检不得采用同一检测方法。因检测结果错误给当事人造成损失的，依法承担赔偿责任。

第四十八条　农业、林业主管部门可以委托种子质量检验机构对种子质量进行检验。

承担种子质量检验的机构应当具备相应的检测条件、能力，并经省级以上人民政府有关主管部门考核合格。

种子质量检验机构应当配备种子检验员。种子检验员应当具有中专以上有关专业学历，具备相应的种子检验技术能力和水平。

第四十九条　禁止生产经营假、劣种子。农业、林业主管部门和有关部门依法打击生产经营假、劣种子的违法行为，保护农民合法权益，维护公平竞争的市场秩序。

下列种子为假种子：

（一）以非种子冒充种子或者以此种品种种子冒充其他品种种子的；

（二）种子种类、品种与标签标注的内容不符或者没有标签的。

下列种子为劣种子：

（一）质量低于国家规定标准的；

（二）质量低于标签标注指标的；

（三）带有国家规定的检疫性有害生物的。

第五十条　农业、林业主管部门是种子行政执法机关。种子执法人员依法执行公务时应当出示行政执法证件。农业、林业主管部门依法履行种子监督检查职责时，有权采取下列措施：

（一）进入生产经营场所进行现场检查；

（二）对种子进行取样测试、试验或者检验；

（三）查阅、复制有关合同、票据、账簿、生产经营档案及其他有关资料；

（四）查封、扣押有证据证明违法生产经营的种子，以及用于违法生产经营的工具、设备及运输工具等；

（五）查封违法从事种子生产经营活动的场所。

农业、林业主管部门依照本法规定行使职权，当事人应当协助、配合，不得拒绝、阻挠。

农业、林业主管部门所属的综合执法机构或者受其委托的种子管理机构，可以开展种子执法相关工作。

第五十一条　种子生产经营者依法自愿成立种子行业协会，加强行业自律管理，维护成员合法权益，为成员和行业发展提供信息交流、技术培训、信用建设、市场营销和咨询等服务。

第五十二条　种子生产经营者可自愿向具有资质的认证机构申请种子质量认证。经认证合格的，可以在包装上使用认证标识。

第五十三条　由于不可抗力原因，为生产需要必须使用低于国家或者地方规定标准的农作物种子的，应当经用种地县级以上地方人民政府批准；林木种子应当经用种地省、自治区、直辖市人民政府批准。

第五十四条　从事品种选育和种子生产经营以及管理的单位和个人应当遵守有关植物检疫法律、行政法规的规定，防止植物危险性病、虫、杂草及其他有害生物的传播和蔓延。

禁止任何单位和个人在种子生产基地从事检疫性有害生物接种试验。

第五十五条　省级以上人民政府农业、林业主管部门应当在统一的政府信息发布平台上发布品种审定、品种登记、新品种保护、种子生产经营许可、监督管理等信息。

国务院农业、林业主管部门建立植物品种标准样品库，为种子监督管理提供依据。

第五十六条　农业、林业主管部门及其工作人员，不得参与和从事种子生产经营活动。

第七章　种子进出口和对外合作

第五十七条　进口种子和出口种子必须实施检疫，防止植物危险性病、虫、杂草及其他有害生物传入境内和传出境外，具体检疫工作按照有关植物进出境检疫法律、行政法规的规定执行。

第五十八条　从事种子进出口业务的，除具备种子生产经营许可证外，还应当依照国家有关规定取得种子进出口许可。

从境外引进农作物、林木种子的审定权限，农作物、林木种子的进口审批办法，引进转基因植物品种的管理办法，由国务院规定。

第五十九条　进口种子的质量，应当达到国家标准或者行业标准。没有国家标准或者行业标准的，可以按照合同约定的标准执行。

第六十条　为境外制种进口种子的，可以不受本法第五十八条第一款的限制，但应当具有对外制种合同，进口的种子只能用于制种，其产品不得在境内销售。

从境外引进农作物或者林木试验用种，应当隔离栽培，收获物也不得作为种子销售。

第六十一条　禁止进出口假、劣种子以及属于国家规定不得进出口的种子。

第六十二条　国家建立种业国家安全审查机制。境外机构、个人投资、并购境内种子企业，或者与境内科研院所、种子企业开展技术合作，从事品种研发、种子生产经营的审批管理依照有关法律、行政法规的规定执行。

第八章　扶持措施

第六十三条　国家加大对种业发展的支持。对品种选育、生产、示范推广、种质资源保护、种子储备以及制种大县给予扶持。

国家鼓励推广使用高效、安全制种采种技术和先进适用的制种采种机械，将先进适用的制种采种机械纳入农机具购置补贴范围。

国家积极引导社会资金投资种业。

第六十四条　国家加强种业公益性基础设施建设。

对优势种子繁育基地内的耕地，划入基本农田保护区，实行永久保护。优势种子繁育基地由国务院农业主管部门商所在省、自治区、直辖市人民政府确定。

第六十五条　对从事农作物和林木品种选育、生产的种子企业，按照国家有关规定给予扶持。

第六十六条　国家鼓励和引导金融机构为种子生产经营和收储提供信贷支持。

第六十七条　国家支持保险机构开展种子生产保险。省级以上人民政府可以采取保险费补贴等措施，支持发展种业生产保险。

第六十八条　国家鼓励科研院所及高等院校与种子企业开展育种科技人员交流，支持本单位的科技人员到种子企业从事育种成果转化活动；鼓励育种科研人才创新创业。

第六十九条　国务院农业、林业主管部门和异地繁育种子所在地的省、自治区、直辖市人民政府应当加强对异地繁育种子工作的管理和协调，交通运输部门应当优先保证种子的运输。

第九章　法律责任

第七十条　农业、林业主管部门不依法作出行政许可决定，发现违法行为或者接到对违法行为的举报不予查处，或者有其他未依照本法规定履行职责的行为的，由本级人民政府或者上级人民政府有关部门责令改正，对负有责任的主管人员和其他直接责任人员依法给予处分。

违反本法第五十六条规定，农业、林业主管部门工作人员从事种子生产经营活动的，依法给予处分。

第七十一条　违反本法第十六条规定，品种审定委员会委员和工作人员不依法履行职责，弄虚作假、徇私舞弊的，依法给予处分；自处分决定作出之日起五年内不得从事品种审定工作。

第七十二条　品种测试、试验和种子质量检验机构伪造测试、试验、检验数据或者出具虚假证明的，由县级以上人民政府农业、林业主管部门责令改正，对单位处五万元以上十万元以下罚款，对直接负责的主管人员和其他直接责任人员处一万元以上五万元以下罚款；有违法所得的，并处没收违法所得；给种子使用者和其他种子生产经营者造成损失的，与种子生产经营者承担连带责任；情节严重的，由省级以上人民政府有关主管部门取消种子质量检验资格。

第七十三条　违反本法第二十八条规定，有侵犯植物新品种权行为的，由当事人协商解决，不愿协商或者协商不成的，植物新品种权所有人或者利害关系人可以请求县级以上人民政府农业、林业主管部门进行处理，也可以直接向人民法院提起诉讼。

县级以上人民政府农业、林业主管部门，根据当事人自愿的原则，对侵犯植物新品种权所造成的损害赔偿可以进行调解。调解达成协议的，当事人应当履行；当事人不履行协议或者调解未达成协议的，植物新品种权所有人或者利害关系人可以依法向人民法院提起诉讼。

侵犯植物新品种权的赔偿数额按照权利人因被侵权所受到的实际损失确定；实际损失难以确定的，可以按照侵权人因侵权所获得的利益确定。权利人的损失或者侵权人获得的利益难以确定的，可以参照该植物新品种权许可使用费的倍数合理确定。赔偿数额应当包括权利人为制止侵权行为所支付的合理开支。侵犯植物新品种权，情节严重的，可以在按照上述方法确定数额的一倍以上三倍以下确定赔偿数额。

权利人的损失、侵权人获得的利益和植物新品种权许可使用费均难以确定的，人民法院可以根据植物新品种权的类型、侵权行为的性质和情节等因素，确定给予三百万元以下的赔偿。

县级以上人民政府农业、林业主管部门处理侵犯植物新品种权案件时，为了维护社会公共利益，责令侵权人停止侵权行为，没收违法所得和种子；货值金额不足五万元的，并处一万元以上二十五万元以下罚款；货值金额五万元以上的，并处货值金额五倍以上十倍以下罚款。

假冒授权品种的，由县级以上人民政府农业、林业主管部门责令停止假冒行为，没收违法所得和种子；货值金额不足五万元的，并处一万元以上二十五万元以下罚款；货值金额五万元以上的，并处货值金额五倍以上十倍以下罚款。

第七十四条　当事人就植物新品种的申请权和植物新品种权的权属发生争议的，可以向人民法院提起诉讼。

第七十五条　违反本法第四十九条规定，生产经营假种子的，由县级以上人民政府农业、林业主管部门责令停止生产经营，没收违法所得和种子，吊销种子生产经营许可证；违法生产经营的货值金额不足一万元的，并处一万元以上十万元以下罚款；货值金额一万元以上的，并处货值金额十倍以上二十倍以下罚款。

因生产经营假种子犯罪被判处有期徒刑以上刑罚的，种子企业或者其他单位的法定代表人、直接负责的主管人员自刑罚执行完毕之日起五年内不得担任种子企业的法定代表人、高级管理人员。

第七十六条　违反本法第四十九条规定，生产经营劣种子的，由县级以上人民政府农业、林业主管部门责令停止生产经营，没收违法所得和种子；违法生产经营的货值金额不足一万元的，并处五千元以上五万元以下罚款；货值金额一万元以上的，并处货值金额五倍以上十倍以下罚款；情节严重的，吊销种子生产经营许可证。

因生产经营劣种子犯罪被判处有期徒刑以上刑罚的，种子企业或者其他单位的法定代表人、直接负责的主管人员自刑罚执行完毕之日起五年内不得担任种子企业的法定代表人、高级管理人员。

第七十七条　违反本法第三十二条、第三十三条规定，有下列行为之一的，由县级以上人民政府农业、林业主管部门责令改正，没收违法所得和种子；违法生产经营的货值金额不足一万元的，并处三千元以上三万元以下罚款；货值金额一万元以上的，并处货值金额三倍以上五倍以下罚款；可以吊销种子生产经营许可证：

（一）未取得种子生产经营许可证生产经营种子的；

（二）以欺骗、贿赂等不正当手段取得种子生产经营许可证的；

（三）未按照种子生产经营许可证的规定生产经营种子的；

（四）伪造、变造、买卖、租借种子生产经营许可证的。

被吊销种子生产经营许可证的单位，其法定代表人、直接负责的主管人员自处罚决定作出之日起五年内不得担任种子企业的法定代表人、高级管理人员。

第七十八条　违反本法第二十一条、第二十二条、第二十三条规定，有下列行为之一的，由县级以上人民政府农业、林业主管部门责令停止违法行为，没收违法所得和种子，并处二万元以上二十万元以下罚款：

（一）对应当审定未经审定的农作物品种进行推广、销售的；

（二）作为良种推广、销售应当审定未经审定的林木品种的；

（三）推广、销售应当停止推广、销售的农作物品种或者林木良种的；

（四）对应当登记未经登记的农作物品种进行推广，或者以登记品种的名义进行销售的；

（五）对已撤销登记的农作物品种进行推广，或者以登记品种的名义进行销售的。

违反本法第二十三条、第四十二条规定，对应当审定未经审定或者应当登记未经登记的农作物品种发布广告，或者广告中有关品种的主要性状描述的内容与审定、登记公告不一致的，依照《中华人民共和国广告法》的有关规定追究法律责任。

第七十九条　违反本法第五十八条、第六十条、第六十一条规定，有下列行为之一的，由县级以上人民政府农业、林业主管部门责令改正，没收违法所得和种子；违法生产经营的货值金额不足一万元的，并处三千元以上三万元以下罚款；货值金额一万元以上的，并处货值金额三倍以上五倍以下罚款；情节严重的，吊销种子生产经营许可证：

（一）未经许可进出口种子的；

（二）为境外制种的种子在境内销售的；

（三）从境外引进农作物或者林木种子进行引种试验的收获物作为种子在境内销售的；

（四）进出口假、劣种子或者属于国家规定不得进出口的种子的。

第八十条　违反本法第三十六条、第三十八条、第四十条、第四十一条规定，有下列行为之一的，由县级以上人民政府农业、林业主管部门责令改正，处二千元以上二万元以下罚款：

（一）销售的种子应当包装而没有包装的；

（二）销售的种子没有使用说明或者标签内容不符合规定的；

（三）涂改标签的；

（四）未按规定建立、保存种子生产经营档案的；

（五）种子生产经营者在异地设立分支机构、专门经营不再分装的包装种子或者受委托生产、代销种子，未按规定备案的。

第八十一条　违反本法第八条规定，侵占、破坏种质资源，私自采集或者采伐国家重点保护的天然种质资源的，由县级以上人民政府农业、林业主管部门责令停止违法行为，没收种质资源和违法所得，并处五千元以上五万元以下罚款；造成损失的，依法承担赔偿责任。

第八十二条　违反本法第十一条规定，向境外提供或者从境外引进种质资源，或者与境外机构、个人开展合作研究利用种质资源的，由国务院或者省、自治区、直辖市人民政府的农业、林业主管部门没收种质资源和违法所得，并处二万元以上二十万元以下罚款。

未取得农业、林业主管部门的批准文件携带、运输种质资源出境的，海关应当将该种质资源扣留，并移送省、自治区、直辖市人民政府农业、林业主管部门处理。

第八十三条　违反本法第三十五条规定，抢采掠青、损坏母树或者在劣质林内、劣质母树上采种的，由县级以上人民政府林业主管部门责令停止采种行为，没收所采种子，并处所采种子货值金额二倍以上五倍以下罚款。

第八十四条　违反本法第三十九条规定，收购珍贵树木种子或者限制收购的林木种子的，由县级以上人民政府林业主管部门没收所收购的种子，并处收购种子货值金额二倍以上五倍以下罚款。

第八十五条　违反本法第十七条规定，种子企业有造假行为的，由省级以上人民政府农业、林业主管部门处一百万元以上五百万元以下罚款；不得再依照本法第十七条的规定申请品种审定；给种子使用者和其他种子生产经营者造成损失的，依法承担赔偿责任。

第八十六条　违反本法第四十五条规定，未根据林业主管部门制定的计划使用林木良种的，由同级人民政府林业主管部门责令限期改正；逾期未改正的，处三千元以上三万元以下罚款。

第八十七条　违反本法第五十四条规定，在种子生产基地进行检疫性有害生物接种试验的，由县级以上人民政府农业、林业主管部门责令停止试验，处五千元以上五万元以下罚款。

第八十八条　违反本法第五十条规定，拒绝、阻挠农业、林业主管部门依法实施监督检查的，处二千元以上五万元以下罚款，可以责令停产停业整顿；构成违反治安管理行为的，由公安机关依法给予治安管理处罚。

第八十九条　违反本法第十三条规定，私自交易育种成果，给本单位造成经济损失的，依法承担赔偿责任。

第九十条　违反本法第四十四条规定，强迫种子使用者违背自己的意愿购买、使用种子，给使用者造成损失的，应当承担赔偿责任。

第九十一条　违反本法规定，构成犯罪的，依法追究刑事责任。

第十章　附　则

第九十二条　本法下列用语的含义是：

（一）种质资源是指选育植物新品种的基础材料，包括各种植物的栽培种、野生种的繁殖材料以及利用上述繁殖材料人工创造的各种植物的遗传材料。

（二）品种是指经过人工选育或者发现并经过改良，形态特征和生物学特性一致，遗传性状相对稳定的植物群体。

（三）主要农作物是指稻、小麦、玉米、棉花、大豆。

（四）主要林木由国务院林业主管部门确定并公布；省、自治区、直辖市人民政府林业主管部门可以在国务院林业主管部门确定的主要林木之外确定其他八种以下的主要林木。

（五）林木良种是指通过审定的主要林木品种，在一定的区域内，其产量、适应性、抗性等方面明显优于当前主栽材料的繁殖材料和种植材料。

（六）新颖性是指申请植物新品种权的品种在申请日前，经申请权人自行或者同意销售、推广其种子，在中国境内未超过一年；在境外，木本或者藤本植物未超过六年，其他植物未超过四年。

本法施行后新列入国家植物品种保护名录的植物的属或者种，从名录公布之日起一年内提出植物新品种权申请的，在境内销售、推广该品种种子未超过四年的，具备新颖性。

除销售、推广行为丧失新颖性外，下列情形视为已丧失新颖性：

1. 品种经省、自治区、直辖市人民政府农业、林业主管部门依据播种面积确认已经形成事实扩散的；

2. 农作物品种已审定或者登记两年以上未申请植物新品种权的。

（七）特异性是指一个植物品种有一个以上性状明显区别于已知品种。

（八）一致性是指一个植物品种的特性除可预期的自然变异外，群体内个体间相关的特征或者特性表现一致。

（九）稳定性是指一个植物品种经过反复繁殖后或者在特定繁殖周期结束时，其主要性状保持不变。

（十）已知品种是指已受理申请或者已通过品种审定、品种登记、新品种保护，或者已经销售、推广的植物品种。

（十一）标签是指印制、粘贴、固定或者附着在种子、种子包装物表面的特定图案及文字说明。

第九十三条　草种、烟草种、中药材种、食用菌菌种的种质资源管理和选育、生产经营、管理等活动，参照本法执行。

第九十四条　本法自 2016 年 1 月 1 日起施行。

参 考 文 献

[1] 陈殿元.种子营销.北京:中国农业出版社,2004

[2] 陈建飞.顾客心理学.北京:科学出版社,2009

[3] 陈玮.中国本土市场营销原理与实战.广州:广东经济出版社,2010

[4] 崔迅.顾客价值链与顾客满意.北京:经济管理出版社,2004

[5] 蔡国友.农药销售技巧与实战.北京:化学工业出版社,2008

[6] 蔡国友.种子销售技巧与实战.北京:化学工业出版社,2008

[7] 单凤儒.营销心理学.北京:高等教育出版社,2001

[8] 邓德胜,李本辉,甘瑁琴.新市场营销学.长沙:湖南人民出版社,2005

[9] 菲利普·科特勒,凯文·莱恩·凯勒.营销管理.上海:上海人民出版社,2012

[10] 高文虎.种子市场营销.北京:中国农业大学出版社,2010

[11] 龚晓莺.国际贸易理论与政策.北京:经济管理出版社,2008

[12] 李广华.肥料销售技巧与实战.北京:化学工业出版社,2009

[13] 刘建明.实用市场营销.合肥:安徽大学出版社,2009

[14] 刘春霖.论知识产权的出资方式[J].河北经贸大学学报,2005,(3):18.

[15] 刘剑.我国农药制造业发展现状及对策研究.广东农业科学,2012(2):219-222.

[16] 王国道.农业生产资料营销技术.北京:化学工业出版社,2009

[17] 王资.市场营销学.重庆:重庆大学出版社,2004

[18] 王荣.求实购买动机在市场营销组合中的运用[J].商业经济,1998

[19] 文信连,何礼健.种子实用技术与营销.南宁:广西科学技术出版社,2007

[20] 谢琼.技术成果出资入股若干问题研究[J].宁波审判研究,2002(2):46-50

[21] 朱玉童.渠道冲突.北京:企业管理出版社,2004

[22] 薛全义,董三星,郭正.农资市场营销.北京:中国农业大学出版社,2011

[23] 杨益军.我国农药流通渠道现状和趋势分析.农药市场信息,2013(21):4-6

参考资料

［1］ 中国农业信息网 http://www. agri. cn/

［2］ 中华人民共和国农业农村部 http://www. moa. gov. cn/

［3］ 农产品信息网 http://www. nongnet. com/

［4］ 种子信息网 http://www. chinaseed. net/

［5］ 中国化肥网 http://www. fert. cn/

［6］ 中国农药信息网 http://www. chinapesticide. org. cn/

［7］ 农资网 http://www. ampcn. com/